삶으로 읽는
로마서

삶으로 읽는
로마서

초판인쇄 2021년 12월 13일
초판발행 2021년 12월 17일

지은이   옥성석
펴낸이   장병주
펴낸곳   예책

등록번호 제 17-311호
주소   서울시 동작구 만양로8길 50, 106동 809호
영업부   031-906-9191
출판부   02-6401-2657
FAX   0505-365-9191
전자우편 jesusbooks@naver.com

ISBN 978-89-98300-22-7 03230
ⓒ 옥성석, 2021

옥성석 강해
시리즈 13
로마서

의와 거룩에 이르는 길

삶으로 읽는
로마서

옥성석 지음

복음은 삶으로 나타난다!

예책
Jesus books

복음은 삶으로 나타난다

1977년, 로마서에 관한 강해집을 처음 접했다. 당시 신학생이었던 나는 은사이신 오병세 교수를 통해 마틴 로이드 존스(David Martyn Lloyd-Jones, 1899-1981)의 『로마서 강해』를 소개받았다. 그가 런던의 웨스트민스터 교회에서 매주 금요일 밤 정규적으로 전했던 설교를 엮은 이 책은 학술적인 강의가 아니었다. 각 절과 구절들을 대충 훑어 지나가는 주석도 아니었다. 철저히 설교 형식을 취한 강해였다. 무엇보다 설교의 생명이라 할 수 있는 적용이 강했다. 비록 현장에서 직접 저자의 음성과 제스처를 접하지는 못했지만 그가 이 부분에서, 또 저 부분에서 어떤 억양과 표정으로 메시지를 전했을지를 상상하니 가슴에 더 와 닿았다.

그 후 로마서 마니아가 되었다. 서점에 들를 때면 먼저 로마서와 관련된 책을 손에 쥐었다. 서재 안에서 가장 눈에 띄는 곳에는 로마서와 관련된 책들을 꽂아 두었다. 하지만 로마서를 본문으로 메시지를 전한 것은 손가락에 꼽을 정도다. 1989년부터 32년째 한 교회 강단을 맡고 있으면서도 그렇다. 로마서를 대하면 대할수록, 관련된 책들을 접하면 접할수록 쉽게 범접할 수 없는 그 무엇을 느꼈기 때문이다. '설교자가 오히려 로마서가 담고 있는 그 깊고 풍성한 진리를 훼손시키면 어쩌나' 하는 두려움이 있었기 때문이다. 로이드 존스 목사도 로마서 강해에서는 앞부분을 건너뛰고 3장 19절부터 시작하지 않았던가!

하지만 늘 마음 한구석에는 로마서를 처음부터 끝까지, 그것도 주일 강단에서 성도들과 함께 나눴으면 하는 열망이 자리 잡고 있었다. 그 이유는 2천여 년 전 로마 교회처럼 오늘날 교회 안에도 복음을 들어야 할 자들이 많이 있음을 발견했기 때문이다. 무엇보다도 목회자인 나조차 구원의 감격과 삶의 아픔을 느끼지 못하는 무통의 사람이 되어 가고 있는 게 아닌가 하는 의구심이 일기도 했기 때문이다. 이런 우리, 또한 내가 살길이 어디 있는가? 로마서를 펴 들고 복음 앞에서 자신이 죄인임을 깨닫고, 십자가에 달려 피 흘리신 예수 그리스도를 바라보며, 그분을 믿는 믿음이 얼마나 위대한가를 체득하는 길밖에 없지 않은가.

지금 전 세계는 2020년 초에 발생한 코로나19 바이러스로 인해 유례없는 상황이 이어지고 있다. 교회 또한 전에 경험하지 못했던 위기 앞에서 이런저런 예상치 못한 일들을 경험하고 있다.

정규적인 예배 모임도 제대로 가질 수 없었다. 주일에도 예배 관계자만 넓은 예배당에서 허공을 향하여 메시지를 전하는 지경에까지 이르렀다. 여기에 차별금지법, 낙태법, 영아 살해, 안락사, 환경오염, 전체주의적 사상 등이 정치, 교육, 법체계를 뿌리부터 흔들었다. 이런 현실 가운데서 그리스도인들이 어떻게 대처해야 하는지에 대한 고민을 하지 않을 수 없었다. 다행히 유튜브 (YouTube)나 줌(Zoom) 등이 보편화되면서 가정, 직장 등 삶의 현장 어디서든 메시지가 들어갈 수 있는 여건이 마련되었다.

무릎을 쳤다. 이 시대에 꼭 필요한 메시지가 로마서에 담겨 있다고 확신했다. 그래서 로마서를 펼치기로 했다. 공교롭게도 2020년이 교회 창립 75주년이기도 했다. 32주에 걸쳐 로마서 강해를 이어 갔다. 하지만 발간을 놓고서는 한참이나 주저했다. 왜냐하면 로마서에 관한 좋은 책들이 이미 많이 출간되어 있기 때문이다. 그것도 내로라하는 분들의 강해서들이 말이다. 그러던 어느날, 문자를 하나 받았다.

"목사님, 로마서 강해 정말 잘 들었습니다. 주일마다 기다렸습니다. 그런데 그 강해를 책으로 발간할 계획은 없으신지요? 다른 목사님들과 달리 말씀을 우리 삶에 적용시키는 독특한 면이 있습니다. 두고두고 새김질하고 싶습니다. 꼭 한 번 고려해 보시면 감사하겠습니다."

이 문자에 용기를 내어 다시 원고를 뒤적였다. 중간 중간 미흡한 부분들이 눈에 들어왔다. 하지만 현장감 있게, 말씀을 전할 당시의 원고대로 출간해 보기로 했다. 장로님들도 로마서 강해에 큰 기대를 가지고 격려를 아끼지 않으셨다. 그래서 『삶으로 읽는 로마서』가 세상에 얼굴을 내밀게 된 것이다.

책은 전체 네 부분으로 나뉘어 있다. 제1부는 "나에게 쓴 편지, 로마서"다. 다른 사람이 아닌 내가 먼저 복음을 들어야 하며, 영적 떨림이 있어야 한다. 겉사람의 종교인이 아닌 속사람의 진정한 그리스도인이 되어야 한다는 주제를 다루었다. 제2부는 "의와 거룩에 이르는 길"이다. 하나님은 예수 그리스도 믿는 자를 의롭다고 여겨 주셨다. 의로 구원을 얻은 우리는 거룩에 이르러야 한다. 더 이상 죄의 종노릇을 할 수 없다. 하나님의 종이 되었기 때문이다. 제3부는 "하나님의 주권에 순종하는 자리"다. 믿음의 사람은 바울처럼 시선을 나라와 민족으로 향해야 한다. 나를 만드신 하나님 앞에서 아무것도 하지 않는 것은 죄라는 인식을 가져야 한다. 세상을 다스리시는 하나님의 주권에 순종해야 한다. 마지막 제4부는 "로마서를 따라 산다는 것"에 대해 다룬다. 과연 어떤 삶이 로마서를 따라 사는 삶일까? 그것은 진정한 영적 예배자가 되는 것이다. 구원은 삶으로 나타나야 한다. 무엇보다 하나님 나라는 의와 평강과 희락임을 잊지 말아야 한다.

나는 주께서 허락하시면 로마서를 꼭 한 번 더 강단에 올리고 싶다. 완전한 해설, 완벽한 설교란 어느 시대에나 없다고 하지만, 막상 설교를 활자화하고 나니 미흡한 부분이 여기저기 눈에 띄었기 때문이다. 하지만 하나님은 인간의 불완전함까지도 사용하시는 분이라고 믿기에 용기를 내어 독자들을 만나기로 했다. 바라기는, 지난날 로마 교회 성도들처럼 진정 복음을 들어야 할 자들과 구원의 감격을 잃어버려 속이 텅텅 비어 가는 목회자들이 있다면 이 책을 통해 회복의 은총을 맛보았으면 한다.

예책 장병주 대표의 격려와 도움이 컸다. 이번에도 구석구석 그의 손길과 아이디어가 미치지 않은 곳이 없다. 교정을 위해 수고해 준 최정현 목사에게 고마움을 표한다. 무엇보다 30여 년을 한결같이 강단에서 흘러나오는 말씀에 귀 기울여 준 충정교회 교우들은 마치 '리브가의 품'과 같다. 그 품이 있기에 오늘 내가 있다. 그 품을 통해서 지금까지 '별미와 떡'을 만들 수 있었음을 기억한다(창 27:17).

설교에 대해 충고와 조언을 할 수 있는 거의 유일한 사람이 있다면 아내다. 아내는 이번 로마서 강해에도 그 실력(?)을 유감없이 발휘했다. 40여 년을 동역자로 동행해 준 아내와 출간의 기쁨을 함께 나누고 싶다. 어느덧 가정을 이루어 손자들을 안는 기쁨이 어떠한지를 맛보게 해 준 사랑하는 딸 주리와 아들 찬영 부부를 떠올릴 때마다 하나님께 진심으로 감사드린다.

2021년 12월 성탄절에
옥성석

목차

1부

나에게 쓴 편지, 로마서

1.

진정한 영적 떨림이 있기를 바람

1:1-7

1989년 충정교회에 부임하여 강단을 맡으면서 품었던 소박한 꿈이 하나 있었다. 성경 66권 전체를 한번 다뤄 보겠다는 것이었다. 영의 양식인 말씀을 편식하지 않고 골고루 먹는 것이 영적 건강에 유익하다고 생각했고, 그때 내 나이가 30대 중반이었기 때문에 가능하다고 생각했다. 하지만 목회는 나를 책상에 앉아 있게만 하지 않았다. 이런저런 중요하고 급한 일들이 항상 생겨났고, 그 일들을 먼저 해결해 나가다 보니 강단에서 성경 전체를 다 전하겠다는 바람은 생각만큼 착착 진행되지 않았다. 그러던 중 이런 생각을 하게 되었다.

'강단에서 성경 66권 전체를 다 다루지 못한다면 그중에서 정말 다뤄야 하는 성경은 무엇일까? 성도들과 함께 나누지 못한 채 사역을 끝낸다면 두고두고 아쉽고 후회할 성경은 과연 무엇일까? 성경 66권이 다 중요하지만 내가 나의 생명처럼 사랑하는 성도들과 강단에서 꼭 나눠야 하는 말씀은 무엇일까?'

사랑하는 성도와 나누고 싶은 책, 로마서

그때 제일 먼저 떠오른 책이 로마서였다. 이유가 있었다. 독일 경건주의의 주도적 인물이었던 필립 스페너(Philipp Jacob Spener, 1635-1705)는 "성경 전체를 하나의 반지라고 한다면 로마서는 그 반지에 박힌 보석과 같다"고 했다. 마르틴 루터(Martin Luther, 1483-1546)나 장 칼뱅(Jean Calvin, 1509-1564) 같은 종교개혁자들은 "로마서를 제대로 알면 신구약성경을 제대로 알게 된다"고 말했다. 어떤 이는 "부득이한 경우 성경 전체가 없어도 로마서 한 권만 있어도 구원받는다"라고까지 말했다. 성경 중의 성경인 로마서가 이처럼 중요하다는 뜻이다. 그런데 이렇게 중요한 로마서를 그동안 부분을 다루기는 했지만 처음부터 끝까지 전체를 다룬 적은 단 한 번도 없었다. 이렇게 사역을 끝내면 정말 후회하겠다는 생각이 들었다.

두 번째로 떠오른 책은 요한계시록이다. 예나 지금이나 이단들이 창궐하고 있다. 그들의 무기는 단연 요한계시록이다. 그들은 요한계시록을 달달 외우고 다닌다. '14만 4천 명'이 누구인지, '이긴 자'(성경에는 '이기는 자'로 나오지만 이단은 '이긴 자'라고 쓴다)가 누구를 가리키는지, '새 하늘과 새 땅'은 어디에 있는지, '7년 대환난'은 어떤 것인지, 장차 이 모든 일이 어떻게 전개될 것인지에 대해 빠삭하다. 웬만한 신학자들도 당해 내지 못한다. 왜냐하면 분명히 그렇다고 믿고 덤벼들기 때문이다.

여기에 요한계시록은 묵시와 예언, 그리고 상징으로 가득한데, 그 내용에 대한 해석이 천차만별이다. 그중 어느 입장을 취해도 회중을 모두 만족시킬 수 없다. 논란이 생길 것은 불을 보듯 뻔하다. 그래서 목회자들은 강단에 요한계시록을 올려놓기를 주저한다. 나 역시 마찬가지였다. 그동안 요한계시록을 거의 다루지 않았다. 겨우 2-3장에 등장하는 소아시아에 있는 일곱 교회 정도만 다뤘을 뿐이다. 누군가 "목사님, '일곱 나팔', '일곱 대접', '일곱 인(印)'은 무엇을 뜻하나요?"라고 물을까 봐 사실 조마조마했다. 그런데 이제 아니다. 요한계시록을 설교해야 한다는 마음이 점점 커지고 간절해졌다.

성경 65권은 과거에 초점이 맞춰져 있다. 그런데 오직 요한계시록만이 장차 될 일에 초점을 두고 있다. 목회자가 이처럼 중요한 예언의 말씀을 덮어 둔다는 것은 직무 유기와 다를 바 없다. 따라서 요한계시록에 대한 울렁증을 털어 버리고 꼭 다루겠다는 마음을 가졌다. 로마서와 요한계시록 중에서 어느 책을 먼저 다루면 좋을지 고민했다.

언젠가 설 명절 끝 날 저녁이었다. 이런저런 얘기를 나누던 중 아내가 질문을 했다.

"예수님의 가르침을 면밀히 살피면 강조점이 '사랑'인 것 같은데, 바울은 '믿음'을 강조하잖아요. 어느 쪽을 따라야 해요? 구약성경에 천국의 존재에 대한 분명한 말씀이 있어요?"

우리는 이런 주제들을 놓고 꽤 오랜 시간 견해를 나누었다. 그런데 그 과정에서 차차 정리되기 시작했다.

'2016년부터 3년 반에 걸쳐 요한복음을 통해 예수님의 가르침을 자세히 다루었다면, 이번에는 먼저 바울 사상의 핵심인 로마서를 다루는 것이 좋겠다. 그다음 요한계시록을 다루자.'

성 어거스틴(St. Augustine, 354-430)은 두뇌가 명석한 교수요 철학자였으며 무엇보다 하나님을 믿는 자였다. 하지만 정작 회심은 경험하지 못했다. 그러던 어느 날 오후, 정원에 앉아 있는데 "톨레 레게"(Tolle lege, 책을 들어 읽어라)라는 어린아이의 목소리가 들려왔다. 그는 즉시 일어나 숙소로 가서 성경책을 펴서 읽었다. "낮에와 같이 단정히 행하고 방탕하거나 술 취하지 말며 음란하거나 호색하지 말며 다투거나 시기하지 말고 오직 주 예수 그리스도로 옷 입고 정욕을 위하여 육신의 일을 도모하지 말라"(롬 13:13-14)라는 말씀이었다. 그때 진리의 빛이 강하게 비쳤고, 그 순간 회심을 경험했다. 어거스틴은 완전히 변하여 새사람이 되었다. 로마서 때문이었다.

마르틴 루터는 1515년 학생들에게 로마서를 강의하기로 결심했다. 이신칭의(以信稱義), 즉 믿음으로만 의롭다 하심을 얻는다는 진리가 그의 이지(理智)와 마음과 전 존재를 사로잡았기 때문이다. 이 진리에 압도되자 그의 삶에 엄청난 변화가 일어났다. 그는 죄책과 양심의 고통에서 벗어날 수 있었고, 그것이 종교개혁의 시발점이 되었다. 로마서 때문이었다.

존 웨슬리(John Wesley, 1703-1791)는 믿음으로 의롭다 하심을 얻는다는 이 진리를 머리로는 이해하고 있었지만 마음으로는 받아들이지 않았다. 그때 누군가 루터의 『로마서 주석』 서문을 읽고 있었다. 가만히 듣던 웨슬리는 이상하게 마음이 뜨거워지는 것을 느꼈다. 그때 웨슬리는 하나님이 자기의 죄를 용서하셨다는 것을 비로소 깨닫고서는 "나 같은 죄인도!"라고 부르짖었다. 그 경험이 그로 하여금 능력 있는 복음 전도자가 되게 한 결정적 계기가 되었다. 역시 로마서 때문이었다.

모든 성도에게 로마서를 통해 동일한 일이 일어날 수 있길 바란다. 성 어거스틴과 같은 진정한 회심, 회개의 역사가 일어나길 바란다. 마르틴 루터와 같은 믿음, 금보다 귀한 믿음을 소유한 자들이 벌떼와 같이 일어나길 바란다. 존 웨슬리와 같이 말씀을 듣는 중에 이상하게 마음이 뜨거워지는 성령 충만한 역사를 경험하길 바란다.

무엇보다 로마서를 손에 들고 펴서 읽고, 전하고, 듣는 우리가 얼마나 추악한 죄인인지를 온몸이 떨리는 영적 진동으로 깨닫는 은혜가 임하길 바란다. 이 추악한 죄인을 살리는 유일한 길이요 소망이 십자가임을 절감하면서 그 십자가에 가까이 다가가고, 그 십자가를 붙잡고, 하나님의 긍휼과 자비를 구하는 은혜가 임하길 바란다. 더 나아가 이러한 자에게 나타나는 보혈의 능력이 얼마나 크고 강하고 위대한지 깨닫길 바란다.

로마서를 전하는 나에게도 성 어거스틴과 같은 회개의 역사, 마르틴 루터와 같은 믿음의 역사, 존 웨슬리와 같은 성령 충만한 역사가 일어나길 간절히 소원한다.

로마서의 저자

로마서의 저자는 바울이다. 이론의 여지가 없다. 바울이 주후 57년경 고린도에서 이 편지를 썼다. 세계적인 신학자 존 드레인(John William Drane)은 그의 책 『성경의 탄생』(옥당, 2011)에서 성경 66권의 탄생 비화를 밝혔다. 특히 로마서의 탄생과 관련해서는 당시의 시대적 상황을 비교적 상세하게 기술했다. 당시 로마 제국은 네로 황제(Nero, 37-68)가 통치하고 있었다. 우리는 흔히 네로하면 광기와 폭력의 대명사를 떠올리지만, 초기에는 전혀 그렇지않았다고 한다. 그는 네로가 17세에 황제에 즉위해 연장자와 현인의 조언에 귀를 기울였지만, 교회를 향한 환난과 핍박의 바람은이때부터 서서히 일어났다고 밝혔다. 이 같은 사실을 성령이 알려주셨을까? 그래서 바울이 로마서를 쓰게 되었을까?

잘 아는 대로 바울은 여러 서신을 썼다. 그리고 서신을 쓸 때는원칙이 있었다. 그는 자신이 세운 교회, 목회했던 교회, 그리고 잘아는 사람들을 대상으로 편지를 썼을 뿐이다. 그런데 로마 교회는 예외였다. 바울이 세운 교회가 아니다. 가 본 적도 없는 교회다.거리상으로도 멀리 위치한 교회다. "보지 않으면 마음도 멀어진다"(Out of sight, out of mind)라는 속담도 있지 않는가. 그런데 바울은 어쩌다가 로마 교회에 이 긴 편지를 써서 보내게 되었을까?성경 중의 성경 로마서는 어떻게 탄생하게 되었을까?

어떤 학자는 바울이 로마서를 쓴 주목적이 "로마 교회 안에 있던 소수의 유대인 그리스도인들이 다수의 이방인 그리스도인들과올바른 관계를 맺게 하기 위해서였다"라고 주장한다. 또 어떤 이는 "바울이 이제 소아시아에서는 더 일할 곳이 없으므로 로마 교회를 방문하여 약간의 선교 후원을 얻어 스페인으로 가려는 목적으로 로마서를 썼다"(롬 15:23-24, 28)고 주장하고, 또 다른 사람은로마서가 로마 교회의 현안을 다루고 있는 것을 볼 때 그 문제들을 우선적으로 해결하기 위해서 이 편지를 썼다고 주장하기도 한다. 이런저런 동기 때문에 로마서가 탄생했다는 일리 있는 주장을 하지만 전적으로 동의하기는 어렵다.

로마서가 탄생한 이유

그러면 바울이 로마서를 쓰게 된 계기, 로마서가 탄생하게 된 결정적 이유는 무엇일까? 우리는 그 이유를 로마서 1장 1-7절에서 발견할 수 있다.

"예수 그리스도의 종 바울은 사도로 부르심을 받아 하나님의 복음을 위하여 택정함을 입었으니"(롬 1:1).

바울이 쓴 다른 성경과 로마서를 비교하면 문맥상 무척 매끄럽지 못한, 아니 특이한 부분을 발견하게 된다. 즉 편지의 형식이 파격적이라는 것이다. 고린도전후서와 비교해 보자.

"하나님의 뜻을 따라 그리스도 예수의 사도로 부르심을 받은 바울과 형제 소스데네는 고린도에 있는 하나님의 교회 곧 그리스도 예수 안에서 거룩하여지고 성도라 부르심을 받은 자들과 또 각처에서 우리의 주 곧 그들과 우리의 주 되신 예수 그리스도의 이름을 부르는 모든 자들에게 하나님 우리 아버지와 주 예수 그리스도로부터 은혜와 평강이 있기를 원하노라"(고전 1:1-3).
"하나님의 뜻으로 말미암아 그리스도 예수의 사도 된 바울과 형제 디모데는 고린도에 있는 하나님의 교회와 또 온 아가야에 있는 모든 성도에게 하나님 우리 아버지와 주 예수 그리스도로부터 은혜와 평강이 있기를 원하노라"(고후 1:1-2).

바울이 쓴 편지 형태는 늘 형식이 일정하다. 발신자, 수신자, 그리고 축복 순이다. 그런데 로마서는 어떠한가? 1절에 발신자가 언급되지만, 이어서 나와야 할 수신자가 보이지 않는다. 수신자가 도대체 누구란 말인가? 목을 빼고 쭉 내려가다 보면 7절에 와서야 수신자가 보인다. '로마에서 성도로 부르심을 받은 모든 자'가 수신자다. 그야말로 파격이다. 무엇 때문에, 도대체 무엇을 강조하려고, 무엇을 언급하려다가 이런 파격이 나왔는가?

그렇다. 복음이다. 바울은 복음을 이야기하다 보니, 복음이란 단어를 쓰다 보니 그만 평정심을 잃었다. 감정이 격해졌다. 그렇지 않은가? 부부싸움에도 언제나 지켜야 할 마지노선이 있다. 금기사항이 있다. 콤플렉스가 있기 때문이다. 그러므로 끝까지 하지 말아야 할 말이 있다. 그런데 그 말을 자기도 모르게 입에 올렸다가는, 그다음에 일어나는 일은 상상을 초월한다. 그 말이 아킬레스건이기 때문이다. 방화나 살인 사건이 대단한 원인으로 발생하는 것이 아니다. 사소한 일로 인해 순간적으로 주체할 수 없는 감정이 폭발해 엄청난 사건, 사고로 이어지는 것이다.

마찬가지다. 바울은 지금 로마 교회에 뭔가를 이야기하려고 펜을 들었다. 그런데 "하나님의 복음"(롬 1:1), "복음"(롬 1:2)이라는 단어가 입에서 터져 나오자 자기도 모르게 편지의 형식, 즉 그다음에 이어서 당연히 기록되어야 할 수신자를 놓쳐 버린 것이다.

원어를 보면, 1-7절이 한 문장으로 되어 있다. 번역하면서 군데군데 끊어 놓았지만 원래는 그렇지 않다. 바울이 이 편지를 쓸 당시에 곁에서 더디오라는 사람이 도와주었다(롬 16:22). 그리고 이 편지를 뵈뵈라는 자매가 들고 로마에 가서 여러 성도들 앞에서 읽었다고 우리는 믿는다. 그러니까 로마 교회 성도들은 지금 이 편지를 읽는 것이 아니라 듣고 있다.

당시 뵈뵈는 무척 빠른 속도로 이 편지를 읽어 내려갔을 것이다. 어느 정도의 속도였을까? 바울은 1-7절을 한숨에 읽도록 의도적으로 한 문장으로 처리해 놓았다. 뵈뵈는 이러한 바울의 마음을 읽었다. 그래서 그녀는 아마 틀림없이 1-7절을 쉬지 않고 '한숨'에 읽어 내려갔을 것이다. 그야말로 혼신의 힘을 다하여 이 부분을 읽었을 것이다. 왜냐하면 주제, 강조점이 하나이기 때문이다. 바로 복음이다. 바울은 복음을 이야기하다 보니 스스로 감정 조절을 못한 채 '쉼표'도, '마침표'도 잊어버렸다.

그렇다면 바울이 말하는 복음의 핵심은 무엇인가? '성삼위 하나님이 나 같은 죄인을 위하여 일하셨다'는 것이다. 2절에는 '성부 하나님', 3절에는 '그의 아들이신 성자 예수님', 4절에는 '성결의 영이신 성령 하나님'이 언급된다. 성삼위 하나님은 무엇을 위하여 일하셨는가? 나를 "예수 그리스도의 것"(롬 1:6)으로 만들기 위해 일하셨다. 성삼위 하나님은 창조주시다. 천지 만물을 창조하신 하나님이시다. 그 삼위 하나님이 이제 나를 '예수 그리스도의 것'으로 재창조하시기 위해 일하셨다. 이것이 복음의 핵심이다.

지난날 우리는 어떤 사람이었는가?

"스스로 지혜 있다 하나 어리석게 되어 썩어지지 아니하는 하나님의 영광을 썩어질 사람과 새와 짐승과 기어 다니는 동물 모양의 우상으로 바꾸었느니라"(롬 1:22-23).

그래서 우리는 어떤 일들을 저질렀는가?

"곧 모든 불의, 추악, 탐욕, 악의가 가득한 자요 시기, 살인, 분쟁, 사기, 악독이 가득한 자요 수군수군하는 자요 비방하는 자요 하나님께서 미워하시는 자요 능욕하는 자요 교만한 자요 자랑하는 자요 악을 도모하는 자요 부모를 거역하는 자요 우매한 자요 배약하는 자요 무정한 자요 무자비한 자라"(롬 1:29-31).

구원받을 자격이나 조건이 있는가? 어느 한 구석이라도 소망이 있어 보이는가? 전혀 그렇지 않다.

"온 머리는 병들었고 온 마음은 피곤하였으며 발바닥에서 머리까지 성한 곳이 없이 상한 것과 터진 것과 새로 맞은 흔적뿐이거늘 그것을 짜며 싸매며 기름으로 부드럽게 함을 받지 못하였도다"(사 1:5b-6).

이런 우리를 '예수 그리스도의 것'으로 만들기 위하여 성삼위 하나님이 움직이셨고 일하셨다. 이것이 복음이다. 그래서 바울은 감격하지 않을 수 없었다. 흥분하지 않을 수 없었다. 주체할 수 없는 감사와 뜨거움으로 인해 복음이 무엇인지를 말하지 않을 수가 없었다. 형식 같은 것은 그다지 중요하지 않았다. 그래서 그는 펜을 들자마자 단숨에 복음을 노래하기 시작한 것이다.

"예수 그리스도의 종 바울은 사도로 부르심을 받아 하나님의 복음을 위하여 택정함을 입었으니 이 복음은 하나님이 선지자들을 통하여 그의 아들에 관하여 성경에 미리 약속하신 것이라"(롬 1:1-2).

"그러므로 나는 할 수 있는 대로 로마에 있는 너희에게도 복음 전하기를 원하노라 내가 복음을 부끄러워하지 아니하노니 이 복음은 모든 믿는 자에게 구원을 주시는 하나님의 능력이 됨이라⋯복음에는 하나님의 의가 나타나서 믿음으로 믿음에 이르게 하나니"(롬 1:15-17a).

여기서 끝나지 않는다. 바울은 로마서의 결언도 다시 복음으로 마무리한다.

"내가 예루살렘으로부터 두루 행하여 일루리곤까지 그리스도의 복음을 편만하게 전하였노라 또 내가 그리스도의 이름을 부르는 곳에는 복음을 전하지 않기를 힘썼노니"(롬 15:19b-20a).

"나의 복음과 예수 그리스도를 전파함은 영세 전부터 감추어졌다가⋯이 복음으로 너희를 능히 견고하게 하실 지혜로우신 하나님께 예수 그리스도로 말미암아 영광이 세세무궁하도록 있을지어다 아멘"(롬 16:25-27).

우리는 여기서 중요한 사실을 발견한다. 바울은 지금 무엇인가에 미쳐 있는 것이 분명하다. 그것이 무엇인가? 복음이다! 바울은 하나님의 복음에 미쳐 있었다. 온통 복음에 집중해 있었다. 바울의 관심은 오직 하나, 복음이었다. 바울이 로마에 그토록 가고 싶어 했던 이유가 무엇인가? 당시 세계 최고의 도시, 화려하기 그지없던 로마를 단지 한번 구경하고 싶어서였을까? 아니다. 복음 때문이었다.

바울은 일생 복음에 미친 사람으로 살았다. 어느 정도 미쳤는가? 1절에 등장하는 세 단어 '종', '바울', '사도'란 말을 놓치지 말아야 한다. 바울은 자기를 소개하면서 '나는 종이다', '나는 바울이다', '나는 사도다'라고 말했다. 무슨 뜻인가?

첫째, 바울은 복음을 위하여 '종'이 되는 것도 마다하지 않았다. 오늘날 우리에게는 '종'이라는 단어가 실감 나게 다가오지 않는다. 특히 교회 안에서 '종'이라는 단어가 너무 난무하고 있어 감동이 없다. 바울 당시 로마의 종 혹은 노예는 공장의 기계나 다를 바 없는 생산 수단이었다. "노예하고 당나귀는 똑같은데, 노예는 말을 할 줄 알고 당나귀는 말을 못 할 뿐이다"라는 말이 사람들의 입에 공공연히 오르내릴 정도였다. 종은 시장에 반나체로 진열된 채 흥정을 통해 팔리는 짐승과 똑같은 신분이었다. 바울은 여기서 '종'(doulos, 둘로스)이란 단어를 썼는데, 이는 종들 가운데서도 가장 신분이 낮은 자를 지칭한다. 바울은 그러한 종이 되는 것도 개의치 않을 정도로 복음에 미쳐 있었다.

둘째, 바울은 복음을 위하여 '바울'이 되는 것도 마다하지 않았다. '바울'이라는 이름은 헬라어로 'παῦλος'(파울로스)로, '작은 자'란 뜻이다. 또 하나 '파울로스'의 어근인 '파우어'에는 '포기하다'라는 뜻이 담겨 있다. 그는 하나님을 만나기 전에는 사울이었다. 그는 이스라엘 초대 왕을 배출한 베냐민 지파 사람이었다. 왕가의 후손이라는 뜻이다. 그는 큰 자였다. 모든 것을 가지려고 발버둥 치던 사람이었다. 그런데 그 모든 것을 내려놓고, 스스로 '지극히 작은 자보다 더 작은 자'가 되는 것도 마다하지 않았다(엡 3:8). 바울은 지금까지 자신이 유익하다고 생각하고 꽉 쥐려고 했던 모든 것을 잃어버리고, 심지어 그런 것들을 배설물로 여길 정도로 복음에 미쳐 있었다(빌 3:8).

셋째, 바울은 복음을 위하여 '사도'가 되는 것도 마다하지 않았다. 당시에는 이런저런 전쟁이 많았다. 이때 목숨을 걸고 적진에 뛰어드는 사람이 사도였다. 사도는 주인의 명을 받들어 주인의 뜻을 전하는 사람으로서, 그러다 적군에 의해 생명을 잃는 일이 다반사였다. 따라서 당시 사도는 끔찍한 직분이었다. 사도는 자신의 뜻, 의지가 없는 사람이었다. 오직 주인의 뜻만 있을 뿐이었다. 그러므로 '사도'(使徒)는 생명을 내어놓은 사람을 뜻한다. 바울은 이처럼 자신의 생명도 개의치 않을 정도로 복음에 미쳐 있었다.

바울이 복음에 미쳐 있었다는 것은 자원하는 종, 자원하는 바울, 자원하는 사도가 되었다는 뜻이다. 그는 복음에 미친 사람으로 살았다. 그렇다면 그렇게 복음에 미친 이유가 무엇일까?

코로나19 바이러스가 무서운 속도로 확산하여 전 세계로 퍼져 나갔다. 우리나라도 예외는 아니었다. 백신이나 치료제 없이는 이 바이러스를 이길 수 없다. 죄에 대한 백신이 있는가? 치료제가 있는가? 없다. 이 세상에는 없다. 그래서 죄 앞에서 픽픽 무너지고 넘어지며 자빠진다. 이런 인생을 구원하기 위하여 친히 '백신'으

로 이 땅에 오신 분이 계시다. 예수 그리스도시다. 예수 그리스도
는 죄에 대한 유일한 백신이시다. 이 백신을 맞으면, 그분을 받아
들이고 영접하면 안전하다. 다시 산다. 죄를 이기는 자가 된다. 죄
에 대하여, 사망에 대하여 외치는 자가 된다. 새 생명을 얻는다. 세
상을 이긴다. 죄를 이긴다. 어둠의 세력을 이긴다.

여기 중요한 도전이 있다.

"너희도 그들 중에서 예수 그리스도의 것으로 부르심을 받은 자니
라"(롬 1:6).

여기서 '너희'는 누구인가? 로마 교회 성도들을 가리키는가? 일
차적으로는 그렇다. 하지만 로마 교회 성도들에게만 아니라 오늘
우리에게도 해당되는 말이다. 바울만 복음과 상관있는 자가 아니
라는 의미다. 로마 교회 성도들만 복음과 관련된 자들이 아니라는
뜻이다. 우리 역시 '예수 그리스도의 것', 즉 종, 바울(작은 자), 사도
가 되어야 한다는 말이다(고전 6:19-20; 롬 14:7-8).

그런데 당시 로마 교회 성도들은 어떠했는가? 예수님을 믿고 있
던 로마 교회 성도들은 복음에 대한 열정이 식어 버렸다. 형식과 껍
데기, 그럴듯한 외양만 남았다. 복음을 위하여 자원하는 종, 바울
(작은 자), 사도가 되려고 하지 않았다. 이 사실을 안타깝게 여긴 바
울이 그들을 향해 쓴 편지가 바로 로마서다. 자신과 같이 복음에
미친 사람이 되기를 도전한 것이다. 이것이 로마서가 탄생하게 된
이유다.

사랑하는 여러분!

세상에는 두 부류의 사람들이 있다. 한 부류는 세상, 보이는 것, 해 아래의 것에 미쳐 그것들이 전부인 양 전력투구하는 사람들이다. 다른 부류는 복음, 보이지 않는 것, 해 위의 것을 사모하며 그것들을 위해 전심전력하는 사람들이다.

세상 것에 미쳐 있던 대표적인 인물로 솔로몬을 들 수 있다. 솔로몬은 생의 마감을 앞두고 어떤 고백을 했는가?

"헛되고 헛되며 헛되고 헛되니 모든 것이 헛되도다"(전 1:2b).

그러나 복음에 미친 바울은 죽음을 앞두고 무엇이라 외쳤는가?

"나는 선한 싸움을 싸우고 나의 달려갈 길을 마치고 믿음을 지켰으니 이제 후로는 나를 위하여 의의 면류관이 예비되었으므로 주 곧 의로우신 재판장이 그날에 내게 주실 것이며 내게만 아니라 주의 나타나심을 사모하는 모든 자에게도니라"(딤후 4:7-8).

그렇다면 나는 무엇에 전력투구하고 있는가? 무엇을 위해 사는가? 무엇에 미쳤는가? 나는 솔로몬인가, 바울인가?

2.

선(善)은 막고, 악(惡)을 허용하실 때

1:8-15

충정교회는 인도네시아 바탐(Batam)에 선교사를 파송한 후 몇 가지 중요한 프로젝트를 진행해 왔다. 비전센터와 초등학교, 게스트하우스에 이어 중고등학교를 건축, 설립했다. 널따란 운동장, 주차장까지 완비되어 있다. 개교회가 해외에 이처럼 규모 있는 사역을 해 온 사례는 매우 드물다. 특히 4개 층 28개 교실의 중고등학교를 준공한 일은 바탐 프로젝트에 있어서 화룡점정을 찍은 일이었기에, 2020년 2월 25일 현지 도지사, 교육감, 국회의원, 시장들, 유관 기관장들과 주민들을 초청하여 준공 감사 예배를 드리기로 계획했다.

이 일에 충정교회 성도들 60여 명도 참여하겠노라고 의사를 밝혔다. 그래서 교회는 준공 예배에 대한 준비를 착착 진행했다. 60여 명의 항공권을 구입하고 현지 숙소 예약도 마쳤다. 그런데 코로나19 바이러스라는 악재가 터졌다. 바탐으로 갈 것인지, 유보할지 고민이 깊어졌다. 왕복 항공권을 취소하려니 위약금이 상당했다. 하지만 당회에서는 예정된 계획을 다음 기회로 미루자고 의견을 모았다.

최대 이슬람 국가 국민에게 하나님의 영광을 드러내고 복음을 전할 수 있는 절호의 기회인데, 왜 이런 일이 생겼는가? 아니, 왜 이 좋은 일을 하나님이 막으셨는가? 이 장 본문에서 바울도 우리와 똑같은 심정이었다. 하나님은 왜 복음을 전하려는 바울의 길을 막으셨는가?

바울, 기도 중에 로마를 품다

이방인의 사도로 부르심을 받은 바울은 소아시아 여러 지방으로 다니면서 복음을 전했다. 사도행전 13-15장에는 바울의 제1차 전도 여행의 행적이, 16-18장에는 제2차 전도 여행의 행적이, 19-21장에는 제3차 전도 여행의 행적이 각각 소상하게 기록되어 있다. 하지만 그런 중에도 바울이 가장 많은 관심을 기울인 도시가 로마였다. 바울의 로마에 대한 관심은 어떻게 나타났는가?

"내가 그의 아들의 복음 안에서 내 심령으로 섬기는 하나님이 나의 증인이 되시거니와 항상 내 기도에 쉬지 않고 너희를 말하며"(롬 1:9).

기도할 때 나의 기도 속에 누가 들어오는가? 누구의 얼굴이 떠오르는가? 누구를 위해서 정말 간절히, 그리고 오래 기도하는가? 아마도 기도 속에 자주 간절히 등장하는 사람이야말로 자신이 정말 사랑하고 소중히 여기며 아끼는 사람일 것이다.

그럼 바울의 기도 속에는 누가 자주 등장했는가? 로마 교회 성도들이다. 바울은 그들을 위해 간절히 중심을 모아 기도했다. 중심을 보시는 하나님이 그 기도를 인정하신다고 바울은 말했다. 사실 로마 교회는 바울이 세운 교회도, 목회했던 교회도 아니다. 지금껏 한 번도 가 본 적 없는 교회다. 그런데 이상하게도 바울이 기도할 때마다 성령이 로마 교회를 위해 기도하게 하셨다. 바울은 기도하는 것으로 끝나지 않았고, 기도 중에 소원이 생겼다. 그것은 바로 로마 교회에 꼭 한 번 가겠다는 바람이었다.

> "어떻게 하든지 이제 하나님의 뜻 안에서 너희에게로 나아갈 좋은 길 얻기를 구하노라 내가 너희 보기를 간절히 원하는 것은 어떤 신령한 은사를 너희에게 나누어 주어 너희를 견고하게 하려 함이니"(롬 1:10-11). "형제들아 내가 여러 번 너희에게 가고자 한 것을 너희가 모르기를 원하지 아니하노니…지금까지 길이 막혔도다"(롬 1:13).

이 문맥에서 무엇이 느껴지는가? 바울이 '하나님의 뜻 안에서' 로마 교회에 꼭 한 번 가기를 원했는데, 이상하게 '하나님이 길을 막으신다'는 것이다. 그렇다면 바울은 왜 로마에 가려고 했을까? 여행하고 쉬고 싶어서였을까? 단연코 아니다. 하나님 나라의 확장을 위해서, 복음을 전하기 위해서 로마에 가고자 했다. 그러므로 바울이 로마를 방문하려던 동기와 목적은 선하고 고상하다. 무엇보다 영적이다.

그런데 이상하게도 하나님이 그 길을 막으셨다. 그것도 한두 번이 아니었다. 로마를 향해 발걸음을 내디디려 할 때마다 자꾸 길이 막혔다. 예기치 못한 일이 생겨 계속해서 다음으로 미룰 수밖에 없었다. 바울은 자유인이 아닌가. 더군다나 당시 누구나 부러워하던 로마 시민권까지 가지고 있었다. 그는 자유인으로서, 로마 시민권자로서 언제든지, 어디든지 가고자 마음만 먹으면 갈 수 있는 입장이었다.

바울은 지난날 많은 지역을 다녔다. 소아시아는 물론 갈라디아, 빌립보, 마게도냐, 고린도, 그리스, 데살로니가, 갑바도기아, 에베소, 브루기아, 본도, 아가야, 구브로, 베니게 등 이루 헤아릴 수 없을 지경이다. 그 어디든 거침이 없었다. 가려는 곳이라면 어디든지 갔다. 그 누구도 바울의 열정과 그의 발걸음을 막을 수 없었다. 그런데 로마는 아니었다. 가려고 했으나 이상하게 길이 막혔다.

로마서가 던지는 두 가지 대주제

로마로 향한 길이 왜 막혔을까? 선한 뜻을 담아 로마로 가려고 했는데, 왜 하나님이 그 길을 막으셨을까? 이에 대한 답은 잠시 유보하자. 왜냐하면 이어지는 1장 후반부(롬 1:18-32)에서 바울이 또 하나의 중요한 주제를 다루기 때문이다. 여기서 우리는 3회나 반복해서 사용되는 단어를 놓치지 말아야 한다. 바로 '내버려 두사'라는 단어다.

"내버려 두사"(롬 1:24).

"내버려 두셨으니"(롬 1:26).

"내버려 두사"(롬 1:28).

헬라어로 'παραδίδωμι'(파라디도미)인 이 단어는 '위임하다', '허락하다', 심지어 '항복하다'라는 뜻을 담고 있다. 이 단어는 하나님의 주권과 관련이 있다. 내버려 두시는 주체, 허용하시는 주체가 하나님이시라는 의미다. 하나님이 그냥 내버려 두시는 것이다. 마음대로 행하도록 허용하시는 것이다. 위임하시는 것이다. 구체적으로 어떤 일을 하도록 내버려 두시고, 허용하시는가?

> "그러므로 하나님께서 그들을 마음의 정욕대로 더러움에 내버려 두사 그들의 몸을 서로 욕되게 하게 하셨으니"(롬 1:24).
> "이 때문에 하나님께서 그들을 부끄러운 욕심에 내버려 두셨으니 곧 그들의 여자들도 순리대로 쓸 것을 바꾸어 역리로 쓰며"(롬 1:26).
> "또한 그들이 마음에 하나님 두기를 싫어하매 하나님께서 그들을 그 상실한 마음대로 내버려 두사 합당하지 못한 일을 하게 하셨으니" (롬 1:28).

열거된 일련의 행동들은 하나님이 정말 미워하시는 말, 행동, 태도들이다. 그러므로 하나님이 정말 살아 계신다면 이런 일들을 행하는 자들에게 불을 내려 심판하셔야 한다. 소돔과 고모라를 심판하셨듯이 말이다(창 19:24). 그런데 이상하게 하나님은 그냥 내버려 두신다. 불의, 죄악, 탐욕, 음란, 악의, 시기, 살인, 분쟁, 사기, 악독을 행하는 자들이 아무 일 없이 잘 살도록, 형통하도록 그냥 내버려 두신다(시 42:3, 10).

이유가 무엇일까? 왜 이번에는 하나님이 그냥 방치하시는 것일까? 정말 막으셔야 마땅한데, 방치하시는 이유는 무엇일까? 바울은 지금 로마서를 열면서 다음과 같은 대단히 중요한 두 주제를 다룬다.

"왜 하나님은 선인의 길을 막으시는가?"
"왜 하나님은 악인의 악을 허용하시는가?"
이 두 주제는 로마서를 지탱하는 두 개의 기둥이다. 그러므로 우리는 이 두 가지 근본적인 의문에 대해 답을 가지고 살아가야 한다. 만일 그렇지 않으면 흔들리게 되며, 깊은 회의의 바닥에 내동댕이쳐진다. 욥의 아내처럼 "그런 하나님이면 하나님을 욕하고 죽으라" 하고 소리치며 믿음에서 떠나갈 수도 있다. 따라서 바울은 로마서를 열면서 제일 먼저 중요한 이 두 주제를 다룬 것이다.
이 질문들에 답을 가지고 있는가? 로마서를 열면서 우리는 이 두 가지 질문에 대한 답, 아니 하나님의 음성, 하나님의 뜻을 분명히 들어야 한다. 로마서는 읽는 책이 아니고 듣는 책이다. 말씀에 귀 기울이는 자들에게 이 의문에 대한 답이 들릴 것이다.

왜 막으시는가?
첫째, 왜 하나님은 선인의 길을 막으시는가? 바울은 분명 선하고 가치 있는 일을 하려고 했다. 하나님의 일을 위해서 로마로 가려고 했다. 사리사욕과 개인의 영달을 목적으로 로마에 가려는 것이 아니었다. 오직 하나님의 뜻, 하나님의 영광, 복음을 위하는 순수한 목적이었다. 그런데 자꾸 길이 막혔다. 아니, 하나님이 길을 막으셨다. 몇 번이나 로마로 가려고 했는데, 하나님이 자꾸 막으셨다. 물론 이외에도 성령이 막으신 경우가 있다.

"가고자 애쓰되 예수의 영이 허락하지 아니하시는지라"(행 16:7b).

하나님 나라 확장을 위해 나아가려는데 하나님의 영이 막으셨다. 바울이 '도대체 무슨 뜻일까?' 하고 궁금해하던 그때 마게도냐 사람이 환상 중에 나타나 "건너와서 우리를 도우라"(행 16:9)라고 말했다. 그제야 바울은 깨달았다. '아, 하나님의 뜻이 마게도냐 쪽에 있구나! 마게도냐에 가서 복음 전하기를 원하시는구나!' 이후 바울은 즉시 아시아로 향하던 발걸음을 마게도냐 쪽으로 옮겼다. 하나님의 뜻을 깨달았기에 그 어떤 갈등도 없었다.

그런데 지금은 아니다. 하나님이 막으시는 것이 분명한데 그 뜻, 이유가 나타나지 않았다. 주의 영이 나타나 알려 주시면 좋겠는데 끝까지 묵묵부답으로 계속 막으셨다. 그때 바울이 어떻게 했는가? 하나님을 원망하거나 낙심하여 주저앉았는가? 아니다. 그의 뇌리를 스치며 지나가는 생각이 있었다. 그것은 편지를 쓰는 것이었다. 로마 교회에 직접 가지 못한다면 편지라도 써서 자신의 뜻을 전하면 되겠다고 생각했다. 그래서 바울은 어떻게 했는가?

"이 편지를 기록하는 나 더디오도 주 안에서 너희에게 문안하노라"(롬 16:22).
"내가 겐그레아 교회의 일꾼으로 있는 우리 자매 뵈뵈를 너희에게 추천하노니"(롬 16:1).

이미 시력이 나쁘고 기력이 쇠하여 편지를 쓸 수 없던 바울은 더디오의 도움을 받아 편지를 쓰기 시작했다. 한 자, 한 자에 간절함과 진지함을 담았다. 지적 수준이 상당한 로마 교회 성도들이기에 논리적, 수사적으로도 빈틈이 없도록 문맥에 심혈을 기울였다. 그리고 이 편지를 자매 뵈뵈의 손에 들려 보내면서 자신의 심중을 전달해 달라고 부탁했을 것이다. 그래서 뵈뵈는 아마도 로마 교회 성도들 앞에서 로마서 1장 1-7절을 한숨에 읽어 내려갔을 것이다. 바울이 말하려는 복음이 그 속에 녹아 있었기 때문이다.

바울은 복음을 이야기하다 보니 감정을 주체하지 못했다. 그 복음은 창조 현장에서 함께 역사하셨던 삼위 하나님이 나 같은 죄인을 구원하기 위하여 일하셨다는 것이다. 복음은 모든 믿는 자들에게 구원을 주시는 하나님의 능력이라고 고백하는 바울의 편지를 뵈뵈는 혼신의 힘을 다하여 읽어 내려갔을 것이다. 그때 그 편지를 읽는 뵈뵈의 눈에서는 뜨거운 눈물이 흘러내렸을 것이며, 그 편지를 듣는 로마 교회 성도들의 가슴에는 무엇이라 표현할 수 없는 감격이 넘쳤을 것이다. 그 편지가 바로 우리가 펼치고 있는 로마서다.

그런데 만일 로마로 가는 길이 열렸다면, 그래서 바울이 자신의 소원대로 로마로 갔다면 어떤 일이 일어났을까? 성경에서 이처럼 커다란 비중을 차지하는 로마서가 오늘 우리 손에 쥐어졌겠는가? 로마서가 탄생했겠는가? 만약 길이 열려 바울이 로마에 갔다고 가정해 보자. 바울은 분명 로마 교회 성도들에게 복음을 전했을 것이다. 하지만 그 바울의 메시지는 그 순간 다 허공으로 날아갔을 것이다.

그러므로 만일 로마로 가는 길이 열렸다면 어떻게 되었을까? 성 어거스틴의 회심이 있었을까? 마르틴 루터가 종교 개혁의 횃불을 높이 들었을까? 존 웨슬리의 가슴이 이상하게 뜨거워졌을까? 그 뒤를 이어 충격과 도전과 은혜를 받은 수많은 그리스도인의 영적 변화가 과연 존재할 수 있었을까? 그토록 많은 사람이 로마서를 통해 마음이 녹고, 무릎을 꿇고, 새로운 다짐을 하는 역사가 일어났을까? 그때 하나님이 로마로 가려는 바울의 발걸음을 막으셨기에 오늘 로마서가 우리 손에 들리게 된 것이다.

하나님이 어떤 선한 일을 막으실 때는 깊은 뜻이 있다. 분명히 선한 일, 바른 일, 의로운 일임에도 이상하게 풀리지 않을 때, 길이 막힐 때 우리는 로마서를 떠올려야 한다. 로마서가 탄생한 배경을 생각하고 낙심하지 말아야 한다. 결국은 하나님이 합력하여 선을 이루신다. 더 좋은 일을 이루실 것이다.

바울은 로마로 가려는 길이 막혀도, 여러 번 막혀도 낙심하거나 하나님을 원망하지 않았다. 길이 막힌 그 상황에서 자신이 할 수 있는 일을 찾아 최선을 다했다. 이것이 전능하신 하나님을 믿는 자들이 가져야 하는 믿음의 자세다. 길이 막힐 때 로마서를 떠올리자.

왜 허용하시는가?

둘째, 왜 하나님은 악인의 악을 허용하시는가? 왜 내버려 두시는가? 사실 하박국은 이 문제로 정말 힘들어했다. 도대체 이유를 알 수가 없었기 때문이다. 그래서 하박국이 하나님께 무엇이라고 항의했는가?

"어찌하여 내게 죄악을 보게 하시며 패역을 눈으로 보게 하시나이까

겁탈과 강포가 내 앞에 있고 변론과 분쟁이 일어났나이다 이러므로 율법이 해이하고 정의가 전혀 시행되지 못하오니 이는 악인이 의인을 에워쌌으므로 정의가 굽게 행하여짐이니이다"(합 1:3-4).

하나님은 왜 악인들의 악을 방치하시는가? 왜 정말 방치하시는 것일까? 로마서 1장 1-7절에서 '내버려 두시다'라는 단어가 3회나 반복되는 것은 사실이다. 하지만 하나님이 내버려 두시는 것을 어떻게 해석해야 하는가? 방치하신다고 보면 될까? 아니다. 이 반복되는 단어 앞에 등장하는 표현 하나를 놓치지 말아야 한다. 그것은 '하나님의 진노'라는 단어다.

"하나님의 진노가 불의로 진리를 막는 사람들의 모든 경건하지 않음과 불의에 대하여 하늘로부터 나타나나니"(롬 1:18).

바울은 하나님의 진노가 일반적으로는 어떻게 나타난다고 말하는가?

"악을 행하는 각 사람의 영에는 환난과 곤고가 있으리니"(롬 2:9a).

일반적인 '하나님의 진노'는 환난과 곤고, 즉 징계로 나타난다. 사랑하면 징계한다. 하나님의 진노를 가장 많이 받은 백성이 있다. 바벨론, 블레셋, 미디안, 앗수르가 아니다. 택한 백성 이스라엘이다. 하나님은 너무 사랑하시기에 그들이 죄를 범하면 가차 없이 징계하셨다.

"대저 여호와께서 그 사랑하시는 자를 징계하시기를 마치 아비가 그 기뻐하는 아들을 징계함같이 하시느니라"(잠 3:12).

"주께서 그 사랑하시는 자를 징계하시고 그가 받아들이시는 아들마다 채찍질하심이라 하였으니 너희가 참음은 징계를 받기 위함이라 하나님이 아들과 같이 너희를 대우하시나니 어찌 아버지가 징계하지 않는 아들이 있으리요"(히 12:6-7).

그러므로 징계는 엄밀히 말해서 진노가 아니다. 사랑이다. 하나님이 징계를 통해서 깨닫게 하시고, 결국 돌아오게 하시기 때문이다. 그렇다면 진정한 진노는 어떤 것일까? 앞서 언급했듯이, 로마서 1장 24절에 "내버려 두사", 26절에 "내버려 두셨으니", 28절에 "내버려 두사"가 반복된다. 이것이 하나님의 진노다. 죄를 범한 인간, 제멋대로인 인간을 그대로 내버려 두시는 것이다. 사실 내버려 두시는 것만큼 무섭고 두려운 진노가 없다. 그렇지 않은가?

어떤 부모에게 속 썩이는 자식이 있다고 하자. 그 부모는 자식을 사람 만들려고 말로 꾸짖고, 때로 매를 들어 종아리를 치기도 한다. 그래도 자식이 돌이키지 않을 때 부모가 꺼내는 마지막 카드가 무엇인가? "네 마음대로 해라!" 하고 그냥 내버려 두는 것이다. 이것은 자유를 만끽하라는 의미가 아니다. 부모의 가장 무서운 진노의 표현이다.

"나는 너를 애굽 땅에서 인도하여 낸 여호와 네 하나님이니 네 입을 크게 열라 내가 채우리라 하였으나 내 백성이 내 소리를 듣지 아니하며 이스라엘이 나를 원하지 아니하였도다 그러므로 내가 그의 마음을 완악한 대로 버려 두어 그의 임의대로 행하게 하였도다"(시 81:10-12).

믿는 자, 하나님의 자녀라면서 자신이 행하고 싶은 대로, 욕심
나는 대로 거침없이 살아가는 사람이 있다고 하자. 무슨 일을 해
도 제동이 걸리지 않는다. 하는 일마다 이상하게 잘된다. 그 과정
에서 아무 일도 일어나지 않는다. 그것이 정녕 복일까?

사업이 너무 잘되어서 예배드릴 시간이 없다. 머리가 좋고 높은
직위에 올라 교회에서 봉사하는 것쯤은 시시하기 그지없다. 주일
에 고리타분하게 교회에 나가는 것보다 골프채를 잡고 그린 위에
서 푸른 하늘을 향해 샷을 날린다. 부당한 방법으로 수입을 챙겨
창고를 점점 키워 나간다. 그래도 이상하게 건강하다. 하는 일마다
잘 풀린다. 자식들도 척척 잘된다. 아무 일도 일어나지 않는다. 특
히 그는 감사하지도 않는다(롬 1:21). 왜냐하면 자기 힘과 능력으로
모든 것을 이루었다고 생각하기 때문이다. 그래도 아무 일도 일어
나지 않는다. 이것이 과연 복일까?

그들이 꼭 기억해야 할 것이 있다.

"다만 네 고집과 회개하지 아니한 마음을 따라 진노의 날 곧 하나님의
의로우신 심판이 나타나는 그날에 임할 진노를 네게 쌓는도다"(롬 2:5).
"네 자손은 사 대 만에 이 땅으로 돌아오리니 이는 아모리 족속의 죄악
이 아직 가득 차지 아니함이니라 하시더니"(창 15:16).
"둘 다 추수 때까지 함께 자라게 두라 추수 때에 내가 추수꾼들에게 말
하기를 가라지는 먼저 거두어 불사르게 단으로 묶고 곡식은 모아 내
곳간에 넣으라 하리라"(마 13:30).

아무 일도 일어나지 않을 때, 사실 그것은 아무 일도 일어나지 않는 것이 아니다. 지금 장차 임할 진노를 쌓고 있는 것이다. 폭우가 쏟아지면 댐에 물이 모인다. 그러다가 댐에 물이 가득 차 수문을 열면 어떤 일이 일어나는가? 주체할 수 없이 많은 물이 한 번에 쏟아져 나간다. 그러므로 여기서 '내버려 두사'라는 말은 영원히 내버려 두신다는 뜻이 아니다. 일시적이다. 그런 이유로 당장 아무 일도 일어나지 않는다고 자만해서는 안 된다.

지금 아무 일도 일어나지 않는가? 그것은 결코 복이 아니다. 이상하게 잘 풀려 나가는가? 형통한가? 뭐든지 잘 해결되고 있는가? 그 자체가 하나님의 무서운 진노일 수 있다. 은밀한 일들이 폭로되지 않고 있으니 '다행이다', '운이 좋다', '용의주도하다'고 생각하는가? 그 자체가 진노일 수 있다. "은밀한 것을 심판하시는 그 날"(롬 2:16)이 점점 다가오고 있기 때문이다.

그러므로 아무 일도 일어나지 않을 때, 그때 그 자리에서 멈춰야 한다. 내 멋대로, 내 생각과 고집과 욕심과 정욕에 따라 생활하는데도 아무 일이 일어나지 않을 때, 바로 그때 그 자리에 서야 한다. 내가 지금 '내버려 두시는 진노' 아래 놓여 있는 것은 아닌지, 내가 잠시 후에 쏟아질 무서운 진노를 쌓고 있는 것은 아닌지 스스로를 돌아봐야 한다. 그것이 가장 무서운 하나님의 진노일 수 있기 때문이다.

사랑하는 여러분!

우리는 중요한 두 주제를 다루었다. 첫째는 "왜 하나님은 선인의 길을 막으시는가?"이고, 둘째는 "왜 하나님은 악인의 악을 허용하시는가?"이다.

하나님이 선인의 길을 막으시는 것이 아니다. 절대 아니다. 하나님은 더 크고 귀하고 복된 일을 예비해 놓고 계신다. 하나님은 나를 통해 그 일을 이루기 원하신다. 이 사실을 잊지 말기 바란다. 또 하나, 하나님은 악을 방치하고 내버려 두시는 분이 결코 아니다. 하나님의 눈은 온 땅을 두루 감찰하신다(대하 16:9). 하나님은 우리를 저울에 달아 보신다(단 5:25-27). 내가 앉고 일어섬을 아시고, 멀리서도 나의 생각을 밝히 아신다(시 139:2). 우리는 그 하나님 앞에서 그 날에 임할 진노를 쌓는 어리석은 자들이 되지 말아야 한다.

> "그러나 하나님이 하시는 일의 시종을 사람으로 측량할 수 없게 하셨도다"(전 3:11b).

3.

하나님 앞에선 판단을 멈춤

2:1-11

'병식'(病識)이라는 단어는 의사들 사이에서 주로 사용되는 용어로, '자신이 어떤 병에 걸려 있다는 사실을 아는 것'을 뜻한다. 어떤 환자들은 도무지 병식이 없다. 특히 정신과 환자들의 경우 병식이 없는 이들이 대부분이다. 자신이 어떤 병을 가지고 있는지 알지 못하거나 인정하지 않는다. 이런 상태에서 제대로 된 치료가 가능할까? 자신이 알코올에 중독되었다는 사실을 인식조차 못하는 알코올 의존증 환자가 술을 끊을 수 있을까? 당연히 불가능하다.

병식이 없는 환자는 결국 심각한 상태에 빠진다. 하지만 병식이 있는 사람은 통증을 느낀다. 그런 의미에서 통증과 병식은 관계가 있고 좋은 것이다. 하지만 죽음은 영원히 통증과 병식을 느끼지 못하게 한다. 나는 병식을 가지고 있는가? 통증을 느끼고 있는가? 자신의 상태에 대해 어느 정도 정확히 진단하고 있는가?

자신에 대한 판단은 항상 옳은가?

『가운을 벗자』(일조각, 2011)라는 책의 저자인 서울의대 임재준 박사는 호흡기 질환 분야의 권위자다. 그는 이렇게 말한다.

"최고로 똑똑한 집단이라고 할 수 있는 의사들도 심각한 착각 속에서 사는 경우가 있다. 예를 든다면 밑에서 배우는 수련의들은 전혀 그렇게 생각하지 않는데 자기는 대단히 괜찮은 지도교수라고 생각한다. 병식이 없다는 말이다. 관절염이 심할 때 무릎 관절에 약물을 주입하는 시술을 한다. 그런데 미국에서는 정형외과, 일반 의사, 임상 간호사, 의사 보조원도 다 이 시술을 할 수 있다. 문제는 시술에 임하는 자신감이다. 의사는 자신감이 5.32점, 간호사나 보조원은 2.78점으로 나왔다. 하지만 객관적으로 평가된 시술 능력은 의사 6.36점, 간호사나 보조원은 6.40점으로 나왔다. 그만큼 자기 자신에 대한 착각이 크다는 것이다."

이런 통계도 있다. 2005년 현재의 아버지가 생물학적 아버지가 아닌(내가 내 자식으로 알고 키운 자녀가 생물학적으로 내 자녀가 아닌) 비율이 나라별로 얼마나 되는지에 대한 연구 결과가 발표되어 세상을 경악케 했다. 물론 친자감별 검사를 의뢰한 경우의 통계이기는 하지만, 연구 결과 영국 전체는 13%, 영국 남부 지방은 30%, 미국은 무려 53%나 나왔다. 분명 내 자식이라고 철석같이 믿고 키웠는데 아니었던 것이다.

우리나라는 어떠할까? 심리학자 허태균 씨가 쓴 『가끔은 제정

신: 우리는 늘 착각 속에 산다』(쌤앤파커스, 2012)라는 책에 의하면, 한국에서 친자감별 검사를 요청해 온 사례를 가지고 통계를 내 보니 다른 사람의 아이로 판명된 경우가 30% 정도였다. 물론 친자감별 검사를 의뢰할 정도면 애초부터 의심이 든 경우였을 것이다. 하지만 검사 요청인 100명 중 3명꼴이라는 통계 수치는 결코 가볍게 넘길 일이 아니다.

허태균 씨는 그래서 우리는 늘 착각 속에 산다면서, 자기 능력을 과신하는 '자신감 착각', 모르면서 안다고 우기는 '지식 착각', 우연의 일치를 놓고 얼토당토않은 이론을 만들어 내는 '원인 착각', 훈련을 통해 지력을 몇 곱절 증대시킬 수 있다고 믿는 '잠재력 착각' 등을 조목조목 짚어 낸다.

『가운을 벗자』의 저자는 글을 이렇게 마무리한다.

"세상에는 아주 단단한 것이 세 가지 있다. 강철, 다이아몬드, 그리고 자신에 대한 인식이다. 자신의 판단이 언제나 정확하다고 굳게 믿고 있는 동료, 자신의 수술 솜씨가 대한민국 최고라는 동료들도 드물지 않다. 하지만 과연 누가 자기 자신에 대해 자신 있게 말할 수 있을까. 잘난 척하지 말아야 한다. 그게 의학적이다. 그러므로 가운을 벗어야 한다."

스스로에 대한 판단도 이처럼 허점투성이다. 그런데 그런 내가 나 아닌 다른 사람을 판단하는 것은 과연 어떠할까?

1986년부터 무려 5년 동안 경기도 화성 주변에서 일어난 연쇄살인사건은 여성만 골라서 10명을 살해한 끔찍한 사건으로, 당시 그 지역뿐만 아니라 우리나라 전역을 공포의 도가니로 몰아넣었다. 그런데 범인은 오리무중이었다. 그러던 중 유일하게 8차 사건의 범인이 잡혔다. 13세 여아를 성폭행한 후 잔인하게 살해한 윤 모 씨였다. 범인은 형을 선고받고 20년간 옥살이를 한 후 만기 출소했다.

그런데 뜻밖의 사건이 터졌다. 부산교도소에 복역 중이던 이 모 씨가 8차 사건의 DNA와 일치한다는 사실이 드러났다. 결국 진범은 강간살인죄로 20년 동안 형을 살았던 윤 모 씨가 아니라 이 모 씨로 밝혀졌다. 그러면 그때 형사, 검사, 심지어 20년형을 선고했던 판사는 도대체 무엇을 했던가? 그 긴 세월 동안 억울한 옥살이를 한 윤 모 씨의 청춘은 누가 어떻게 보상한단 말인가? 우리가 무엇을 판단하기란 그렇게 쉬운 일이 아니다. 특히 남을 판단하는 일은 결코 만만치 않다.

그런데 여기 로마서 2장에 한 사람이 등장한다. 그 사람은 '남을 판단하는 사람'이라는 별명을 갖고 있다. 도대체 어떤 사람이기에 이런 별명을 갖고 있을까?

그는 들켰고, 나는 아직 들키지 않았을 뿐이다

앞서 살핀 대로, 바울은 로마에 직접 가고자 부단히 애를 썼다. 그런데 이상하게 길이 막히자 편지를 쓰기로 했다. 더디오의 도움을 받아 한 번도 서로 직접 대면한 적이 없는 로마 교회 성도들에게 편지를 쓰기 시작했다. 그러므로 이 편지의 수신자는 '로마 교회 성도들'이다. 그렇다면 이 편지는 단지 로마 교회 성도들만을 위한 편지였을까?

로마서 1장 18절 이하는 '불의로 진리를 막는 사람들'을 향한 말씀으로, 그들이 수신자다. 그러니까 이방인은 물론 유대인을 포함한 인류 전체가 수신자라고 할 수 있다. 그렇다면 로마서 2장 1절 이하의 수신자는 누구일까? 로마 교회 성도들, 특히 그중에서 '남을 판단하기 좋아하는 사람들'이다. 그들은 구체적으로 어떤 사람들일까?

로마 교회는 역사가 꽤 깊다. 오순절 성령의 역사를 체험했던 일단의 성도들이 예루살렘에 모여서는 예루살렘 교회를, 로마에 가서는 로마 교회를 세웠다. 그러니까 예루살렘 교회와 로마 교회는 역사를 거의 함께한다. 바울이 로마서를 쓸 당시 약 30년의 역사를 갖고 있었다. 여기에 로마 교회는 지적인 수준, 재정적인 배경도 대단했다. 세계 최고의 도시, 최고의 교회, 최고로 많은 성도가 모이는 공동체가 되어 있었다. 따라서 로마 교회 성도들은 자신들이 이 같은 교회에 소속된 것에 대해 은근한 우월감이 분명 있었을 것이다. 그렇다 보니 아주 심각한 문제가 불거졌다. 그들은 너무 쉽게 남을 판단했다.

여기에 사용된 '판단'(κρίνω, 크리노)이란 단어는 '언도하다', '선고하다', '정죄하다'라는 뜻을 담고 있는 법정 용어다. 번복할 수 없이 확실하게 결론을 내릴 때 쓰는 단어다. 그렇기에 이 단어는 자신이 재판장, 아니 하나님이라도 되는 양 결정적인 선고를 내리듯 남에 대해서 말하고 행동하며 단정하는 일을 가리킨다. '분별'이라는 단어와는 차원이 다르다. 어떤 사람이 남을 판단하는 자리에 즐겨 앉을까?

도덕적으로 양심이 예민한 사람, 스스로 도덕적 의식이 있는 사람일 수 있다. 그는 나름 건전한 윤리관과 가치관을 갖고 있어서 율법이 요구하는 공의로움에 공감할 줄 아는 사람일 수 있다. 그는 비교적 건전한 사고를 가지고 있으며, 시민 의식과 윤리 의식, 여기에 전통적인 가치관까지 갖고 있다. 옳고 그름이 분명하고, 다른 사람의 불의에 대해서 분개하기까지 한다. 바로 이런 유형의 사람들이다. 그런데 그들을 향하여 성경은 질타한다.

"그러므로 남을 판단하는 사람아, 누구를 막론하고 네가 핑계하지 못할 것은 남을 판단하는 것으로 네가 너를 정죄함이니 판단하는 네가 같은 일을 행함이니라"(롬 2:1).

부자를 심히 욕하는 사람은 자기 안에 부하고 싶은 마음이 가득한 사람일 수 있다. 상사를 향해 권위적이라고 비난하는 사람은 오히려 자신이 매우 강한 권위 의식을 가진 사람일 수 있다. 힘을 가진 자들을 향해 삿대질하는 사람은 자신이 그 자리에 올라 힘을 행사하길 은근히 바라는 사람일 수 있다. 다른 사람의 동기를 의심하고 판단하는 사람은 이미 자기 안에 잘못된 동기를 숨기고 있는 사람일 수 있다.

무슨 의미인가? 우리가 남을 판단하는 대부분의 문제가 우리 안에 고스란히 녹아 있다는 말이다. 더 나아가 남을 판단하는 것을 자신의 죄악과 약점을 숨기기 위한 방편으로 삼고, 시선과 관심을 타인에게로 돌려 자신의 허물이 드러나지 않게 하려는 고도의 지능적인 전략이 그 속에 숨어 있을 수 있다.

그와 나는 다른 사람이 아니다. 그는 행했고, 나는 행하지 않았을 뿐이다. 그는 들켰고, 나는 아직 들키지 않았을 뿐이다. 그의 손에 있는 떡은 썩은 떡이고, 내 손에 있는 떡은 쉰 떡이다. 못 먹기는 마찬가지다. 양상은 달라 보여도 본질은 같다.

생각해 보라. 분명히 바른말을 했는데, 나중에 보면 오히려 수모를 당한다. 발목이 잡힌다. 족쇄가 된다. 이유가 무엇일까? 그 바른말을 자신에게 먼저 하지 않고 남에게만 했기 때문이다. 그러므로 나 자신은 돌아보지 않고 남의 허물과 죄만 들춰내려는 심성에는 마귀가 자리 잡고 있음을 알아야 한다. 항상 남에게 날 선 칼날을 들이대는 사람은 참소자 마귀의 도구가 된다는 뜻이다.

비판하지 않는 사람이 인격자다

그러므로 우리는 나를 분노케 하고 화나게 하는 내 곁의 사람들을 통해서 나 자신의 모습을 먼저 보아야 한다. 그 거울이 바로 로마서 1장 29절 이하의 말씀이다.

"곧 모든 불의, 추악, 탐욕, 악의가 가득한 자요 시기, 살인, 분쟁, 사기, 악독이 가득한 자요 수군수군하는 자요 비방하는 자요 하나님께서 미워하시는 자요 능욕하는 자요 교만한 자요 자랑하는 자요 악을 도모하는 자요 부모를 거역하는 자요 우매한 자요 배약하는 자요 무정한 자요 무자비한 자라"(롬 1:29-31).

이 21개 항목에서 나와 상관없는 것이 도대체 몇 개나 되겠는

가. 나단 선지자가 정의 앞에서 흥분한 다윗을 향해 무엇이라고 일갈했던가?

"나단이 다윗에게 이르되 당신이 그 사람이라"(삼하 12:7a).

우리가 바로 그 사람이다. 이렇게 남을 판단하는 자들을 하나님은 어떻게 처리하시는가? 로마서 2장 1절 이하는 이렇게 말한다.

첫째, 남을 판단하는 것은 자기가 자기 자신을 정죄하는 것이다(롬 2:1). 둘째, 남을 판단하는 자에게는 하나님의 심판이 진리대로(엄격히) 나타난다(롬 2:2-3). 셋째, 남을 판단하는 것은 하나님의 인자하심, 용납하심, 참으심을 멸시하는 것이다(롬 2:4). 넷째, 남을 판단하는 것은 하나님의 진노를 자신의 머리 위에 쌓는 것이다(롬 2:5). 다섯째, 남을 판단하는 자에게는 환난과 곤고가 분명 있을 것이다(롬 2:9).

결국 남을 판단하는 자를 하나님은 더 엄격히 다루신다는 말이다. 왜 그러실까?

"하나님을 알되 하나님을 영화롭게도 아니하며 감사하지도 아니하고 오히려 그 생각이 허망하여지며 미련한 마음이 어두워졌나니"(롬 1:21). "그들이 이 같은 일을 행하는 자는 사형에 해당한다고 하나님께서 정하심을 알고도 자기들만 행할 뿐 아니라 또한 그런 일을 행하는 자들을 옳다 하느니라"(롬 1:32).

여기 '알다'라는 단어를 눈여겨봐야 한다. 무엇을 알고 있는가?

알고 있으면서도 어떻게 행동하는가? 우리는 하나님이 계시다는 것과 하나님이 무엇을 싫어하시는지와 그것이 죄라는 사실과 죄의 대가가 얼마나 무서운지를 알고 있으면서 죄를 짓는다. 자신의 죄 때문에 하나님이 독생자 예수 그리스도를 십자가에 내어 주심으로써 죄 없으신 예수님이 십자가에서 살을 찢고 피를 흘리셨다는 사실을 알면서도 어떤 가책도 없이 죄를 짓는다.

따라서 하나님은 믿지 않는 사람들보다 믿는 사람들에게 더 엄격하시다. 잘 기억하라. 그래서 하나님은 믿는 자들의 죄에 더 예민하시다. 그렇지 않은가? 똑같은 죄를 지었다. 그런데 알고 짓는 죄와 모르고 짓는 죄는 분명 다르다. 법규를 몰라서 어긴 사람과 법규를 뻔히 알면서도 오히려 지능적으로 법망을 교묘히 피하면서 죄를 지은 사람 중 누가 더 손가락질을 받으며 지탄의 대상이 되어야겠는가?

하나님은 믿는 자들에게 더 예민하시다. 믿는 자들의 죄를 더 엄격하게 다루신다. 분노하신다. 더 큰 죄인으로 여기신다.

"한 번 빛을 받고 하늘의 은사를 맛보고 성령에 참여한 바 되고 하나님의 선한 말씀과 내세의 능력을 맛보고도 타락한 자들은 다시 새롭게 하여 회개하게 할 수 없나니 이는 그들이 하나님의 아들을 다시 십자가에 못 박아 드러내 놓고 욕되게 함이라"(히 6:4-6).

찰스 스윈돌(Charles R. Swindoll) 목사는 우리가 하나님처럼 판단하고 비판하는 자리에 서서 '남을 비판하지 말아야 할 일곱 가지 이유'를 알려 준다.

첫째, 우리는 모든 사실을 다 알지는 못한다.

정당한 비판을 위해서는 모든 사실을 알아야 한다. 하지만 우리는 늘 제한된 사실에 대한 지식만 가지고 있을 뿐이다.

둘째, 우리는 그 동기를 다 이해할 수 없다.

우리가 누군가를 비판할 때 우리는 그 사람의 동기를 완전히 파악할 수 없다. 겉으로 드러나는 행동이나 말, 표정을 통해서 그 동기를 100% 알 수는 없는 것이다.

셋째, 완전히 객관적으로 사고할 수 없다.

인간의 판단은 항상 객관성과 주관성을 모두 가지고 있다. 상대방을 비판하고자 할 때 그것은 우리 자신의 주관성이 개입된 것이라는 점을 늘 인식해야 한다.

넷째, 상황을 완전히 알지 못한다.

어떤 사실이나 사건은 모두 상황 맥락을 고려해야 한다. 동일한 사실도 어떤 상황에서는 다른 의미를 갖게 된다. 미장이가 벽돌을 쌓다가 조수에게 '벽돌!' 하고 외치면, 그것은 '벽돌을 가져오라'는 의미다. 하지만 공사장 아래를 지나가는 사람에게 '벽돌!' 하고 외치면, 그것은 '떨어지는 벽돌을 피하라'는 의미가 되기도 한다. 이처럼 상황을 제대로 알지 못하고서는 쉽게 누군가를 비판할 수 없는 것이다.

다섯째, 인간들이 보지 못하는 부분들이 있다.

우리의 인식은 늘 제한적이다. 제한적이기 때문에 우리가 보고 싶어도 보지 못하는 부분들이 있다.

여섯째, 우리는 편견이 있으며 시야가 흐려질 수 있다.
모든 사람에게는 편견이 있다. 이것은 주관성보다 훨씬 더 우리 자신을 슬프게 하는 모습이다.

일곱째, 우리 자신은 불완전하며 일관성이 없다.
누군가를 비판하다가도 어느 순간 별일 아닌 일에 우호적으로 바뀔 수 있다.

우리 중에 비판하고 싶은 유혹으로부터 자유로운 사람은 아무도 없다. 모든 사람이 이런 유혹 속에서 쉽게 험담과 비판을 즐긴다. 비판하지 않는 사람이 진정한 인격자다. 겸허히 자신을 변화시키는 데 시간을 내야 한다. 자신의 마음을 가꾸기에 힘써야 한다. 다른 사람을 있는 모습 그대로 인정해야 한다. 사람은 사랑의 대상이지, 우리가 변화시켜야 할 대상이 아니다.

사랑하는 여러분!
별명이 있는가? 별명이 무엇인가? 혹시 로마 교회 성도들처럼 '남을 판단하는 사람'은 아닌가? '비판하는 사람', '흉보는 사람', '남을 짓밟는 사람', '말을 퍼트리는 사람', '남의 말을 좋아하는 사람', '부정적인 사람', '뒷담화하는 사람', '수군수군하는 사람' 등은 혹시 아닌가? 설령 별명까지는 아닐지라도, 나를 바라보는 누군가가 이런 표현을 떠올리고 있지는 않는가?

병식을 가지고 있는가? 진통을 느낄 때가 있는가? 영적 병식이 있어야 한다. 영적 진통이 있어야 한다. 영적 병식이 없으면 영적으로 죽은 자다. 영적 진통이 없으면 영적 호흡이 끊어진 자다. 병식이 있는 자는 안타까움을 가진다. 진통이 있는 자는 이렇게 소리친다.

"죄인 중에 내가 괴수니라"(딤전 1:15b).

"이 사망의 몸에서 누가 나를 건져 내랴"(롬 7:24b).

"주여 나를 떠나소서 나는 죄인이로소이다"(눅 5:8b).

"내가 주께만 범죄하여 주의 목전에 악을 행하였사오니"(시 51:4a).

하지만 판단에 급급한 사람들은 남을 판단하고 정죄하는 데 열을 쏟고 입을 연다. 진정한 교회는 남을 판단하는 소리보다 내가 죄인임을 회개하는 소리가 더 커야 한다. 오늘날 모든 교회가 이런 교회가 되기를 바란다. 지금 교회의 진짜 위기는 '내가 죄인이다'라는 죄인 의식이 없는 것이다. 판단하는 말들은 하늘을 찌를 듯한데 가슴을 치며 통회하고 자복하는 소리가 들리지 않는다. 우리는 하나님 앞에서 '판단'을 멈추어야 한다. 판단하는 것을 그분께 맡겨야 한다.

4.

겉사람의 종교인이 아닌
속사람의 그리스도인 되기

2:17-29

코로나19 사태로 인한 의료진들의 수고가 눈물겹다. 그들은 의료 최전선에서 흰 가운을 입고 온몸을 던져 바이러스와 싸우고 있다. 의료계에 종사하는 사람들은 대체로 흰 가운을 선호한다. 왜일까? 흰색이 청결, 생명, 순수, 결백, 초인(超人) 혹은 친절의 상징이기 때문일까? 아니면 의학의 아버지 히포크라테스(Hippocrates)가 의사들은 '히포크라테스 선서'를 할 때 필히 흰 가운을 입으라고 했기 때문일까? 그것도 아니면 의사들이 흰 가운을 입고 나타났을 때 환자들이 존경하며 신뢰한다고 생각하기 때문일까?

일단 의사들은 자신들에게 가장 적합한 복장이 흰 가운이라고 생각한다는 연구 결과가 있다. 언젠가 미국 사우스캐롤라이나 의과대학의 샤카이브 레만(Shakaib U. Rehman) 교수팀이 흰 가운을 놓고 설문 조사를 한 결과, 치료하는 의사나 치료를 받는 환자나 모두 흰 가운을 신뢰하고 있음이 밝혀졌다. 그래서인지 의사들은 진료 때뿐만 아니라 세미나를 할 때도 흰 가운을 즐겨 착용한다.

흰 가운이 아닌 편한 복장으로 참여하는 의사를 이상한 눈으로 볼 정도라고 하니 얼마나 흰 가운에 집착하는지 알 수 있다. 가끔 병원에서 의료인들이 드리는 예배를 인도할 때가 있다. 모두가 예외 없이 흰 가운을 입고 참석한다. 이처럼 어느새 흰 가운은 의사의 상징 의복이 되었다.

2008년 미국의 한 의과대학에서 세미나가 있었다. 당시 149명의 의사가 참석했는데, 의사들 모두 예외 없이 흰 가운을 입고 있었다. 그때 한 연구자가 의사들에게 양해를 구하고서 현장에서 의사들이 입고 있던 가운 149벌을 모두 수거했다. 그리고 가운을 집중 조사했는데, 포도상 구균 등 세균들이 대거 검출되었다. 어떤 가운에는 항생제도 잘 듣지 않는 독한 균까지 묻어 있었다. 특히 입원 환자들을 직접 처치하고 진료하는 전공의들의 가운에서 오염 비율이 가장 높게 나왔다.

흰 가운이 겉으로는 청결, 순수, 믿음의 상징임은 틀림없다. 하지만 실상은 각종 세균이 서식하는 소굴일 수 있다. 다른 사람에게 세균을 전파하는 감염원이 될 수 있다. 하기야 병균과 싸우니 그럴 만도 하다.

겉모습만 종교인이었던 로마 유대인

의사들이 흰 가운을 즐겨 입는다면 사람들은 '종교'라는 가운을 즐겨 입는다. 왜 그럴까? 하나님이 인생을 창조하실 때 '영원'을 사모하는 마음을 주셨기 때문이다(전 3:11). 그래서 바울은 아테네 시민들을 향하여 이렇게 말했다.

"아덴 사람들아 너희를 보니 범사에 종교심이 많도다"(행 17:22b).

사람들은 종교라는 가운을 걸치길 좋아한다. 천주교 신부나 수녀의 복장이나 신발을 보면 어떤 느낌을 받는가? 승려의 짧은 머리와 장삼, 원불교 여성들의 머리 모양 및 복장을 보면 정말 뭔가 남달라 보이지 않는가? 마치 세속을 달관한 것 같은 느낌마저 받는다. 그리스도인들은 어떠한가? 주일이면 깨끗한 복장으로 성경책을 들고 교회를 향하는 모습을 보면서 세상 사람들은 어떤 생각을 할까?

그런데 종교적 열심을 따질 때 둘째가라면 서러운, 그야말로 종교적 대표 주자들이 있다. 유대인들이다. 그들은 어느 곳에서 보아도 단박에 알아차릴 수 있는 자신들만의 복장, 헤어스타일을 고집한다. 지름이 약 20cm 되는 검정 베레모까지 쓴다. 전쟁터에 나갈 때도 철모 밑에 이 모자를 쓴다. 귀밑머리는 평생 자르지 않고 돌돌 감아서 처리한다. 수염도 자르지 않는 사람들이 있다. 복장은 상하 전체가 검은색이다. 몸가짐에 흐트러짐이 없다. 그들은 과거나 지금이나 자기들만의 가운 입기를 즐겨 한다. 그런데 바울이 로마서 2장에서 바로 그 유대인을 불러냈다.

"유대인이라 불리는 네가 율법을 의지하며 하나님을 자랑하며"
(롬 2:17).

유대인의 뿌리는 어디인가? 주전 2200년경 하나님은 갈대아 우르의 아브라함을 부르셨다.

"내가 너로 큰 민족을 이루고 네게 복을 주어 네 이름을 창대하게 하리니 너는 복이 될지라"(창 12:2).

이때부터 아브라함은 모든 민족 중에 하나님이 선택하신 믿음의 조상이 되었다. 그의 손자 야곱은 얍복 나루터에서 밤새도록 하나님과 씨름했다. 새벽이 되었다. 그래도 야곱은 하나님을 놓지 않았다.

"그가 이르되 날이 새려 하니 나로 가게 하라 야곱이 이르되 당신이 내게 축복하지 아니하면 가게 하지 아니하겠나이다"(창 32:26).

하나님이 "네 이름이 무엇이냐?"라고 물으셨다. "야곱이니이다"라는 야곱의 말에 하나님은 "네 이름을 다시는 야곱이라 부를 것이 아니요 이스라엘이라 부를 것이니"(창 32:28)라고 말씀하셨다. '이스라엘'이란 이름은 '하나님을 이긴 자'라는 뜻이다(창 32:28).

그때부터 그들은 이스라엘이라는 이름을 굉장히 자랑스럽게 생각했다. 여기에 모세는 하나님께로부터 직접 십계명을 위시한 율법까지 받았다. 그들은 자신들이야말로 세계 온 민족 가운데 유일하게 선택받은 선민(選民), 구별된 하나님의 친백성이라는 긍지와 자부심이 가득했다. 가나안 땅에 나라를 세울 때 나라 이름을 '이스라엘'이라 하였다.

그런데 주전 722년 이스라엘의 한 축인 북쪽 이스라엘이 앗수르에 짓밟히면서 혼혈 민족이 되어 버렸다. 하지만 남쪽 유다는 혈통의 순수성을 유지했다. 그때부터 남쪽 유다는 북쪽 이스라엘을 개와 같이 취급하면서 지금까지 자랑스럽게 생각한 '이스라엘'이란 이름 대신에 '유대인'이란 호칭을 더 선호하기 시작했다. 바로 그 유대인을 바울이 현장에 불러낸 것이다.

그런데 풍기는 뉘앙스가 예사롭지 않다. "유대인이라 불리는 네가"라고 부르기 때문이다. 처음에는 '그들'이라고 했다(롬 1:19, 24, 26, 28, 32). 대개 '그들'이라고 하면 남의 이야기, 나와는 별 상관이 없는 얘기로 여겨 부담 없이 가볍게 듣는다. 그런데 로마서 2장에 와서는 2인칭으로 바뀌었다(롬 2:1, 3, 5). 그러면 어떤 느낌이 드는가? 남의 얘기가 아니고, '혹시 내 문제, 내 이야기가 아닐까?' 하여 은연중에 긴장하면서 집중하기 시작한다.

그런데 이번에는 직접 이름을 거명했다. "유대인이라 불리는 네가", 즉 "너!" 하며 손가락으로 나를 가리킨 것이다. 그것도 무려 12회나 "너", "너", "너" 했다. 바울은 본문에서만 의도적으로 '너'라는 단어를 12회 사용했다. 우리말 성경에는 11회 나오지만, 20절 "스스로 믿으니"라는 말씀도 "네가 믿으니"라고 번역하는 것이 더 정확하다. 그러므로 모두 12회다. 성경에서 12라는 숫자가 무엇을 의미하는지 우리는 잘 안다.

이 편지의 수신자가 누구인가? 로마 교회의 유대인들이다. 초면이다. 그것도 처음 보내는 편지다. 예의를 갖출 법하지 않은가? 그런데 바울은 이처럼 도전적이며 과격한 표현을 썼다. 상당히 이례적이다. 뭔가 단단히 결심한 것 같은 느낌을 받지 않는가? 왜 바울은 이처럼 작심한 듯 분위기를 끌고 나가는가?

우리는 여기에서 바울이 누구 때문에, 왜 그렇게 로마에 가려고 애썼는지, 가는 길이 막혔을 때도 왜 시도하고 또 시도했는지, 왜 편지라도 써서 보내려고 했는지 비로소 알 수 있다. 진정한 수신자가 누구인지 드디어 밝혀지고 있다. 그 수신자는 바로 로마 교회에 소속된 유대인들이었다. 바로 이 유대인들 때문에 그렇게도 로마에 가려고 했던 것이다.

유대인, 그들은 누구인가? 당시 유대인들 중에는 나라가 망하면서 이리저리 흩어진 자들, 즉 디아스포라(Diaspora)들이 많았다. 하지만 그들은 유월절, 오순절 등 중요한 절기 때가 되면 어김없이 예루살렘을 방문했다. 그러던 어느 유월절, 예루살렘을 방문했던 자들은 신기한 경험을 했다.

> "홀연히 하늘로부터 급하고 강한 바람 같은 소리가 있어 그들이 앉은 온 집에 가득하며 마치 불의 혀처럼 갈라지는 것들이 그들에게 보여 각 사람 위에 하나씩 임하여 있더니 그들이 다 성령의 충만함을 받고 성령이 말하게 하심을 따라 다른 언어들로 말하기를 시작하니라"(행 2:2-4).

이때 그들도 성령 충만함을 입었다. 예수 그리스도를 구주로 고백했다. 유대인들이 회심을 경험한 것이다. 이 일단의 무리가 로마로 돌아와 교회를 세웠는데, 그 교회가 바로 로마 교회다. 감사하게도 로마 교회는 얼마 있지 않아 예루살렘 교회를 능가하는 최고, 최대의 교회로 성장했다. 그 교회의 개척 멤버들, 교회의 중심 뼈대가 바로 이 유대인들이었다. 그렇다 보니 그들은 자신들도 모르게 특권 의식, 영적 긍지와 자부심이 그 밑바닥에 짙게 깔리게 되었다. 더군다나 그들은 자세 또한 남달랐다. 그야말로 나무랄 데가 없었다. 여기에 할례를 받은 선명한 흔적까지 지니고 있었다.

종교라는 흰 가운을 잘 착용하고 있었다는 뜻이다.

하지만 그들을 향하여 바울은 단정적으로 말했다. "너희들은 표면적이다." 표면적이라는 말이 무슨 뜻인가? 겉으로 드러나거나 눈에 띄는 어떤 모습, 그것뿐이라는 의미가 아닌가. 겉모습만 종교인이었다는 말이다. 유대인들은 구체적으로 어떠했기 때문에 이런 책망을 들었는가?

첫째, 유대인들은 하나님을 자랑하고 있었다.

"유대인이라 불리는 네가 율법을 의지하며 하나님을 자랑하며"(롬 2:17).

이것은 칭찬받을 일이다. 하지만 하나님을 어떻게 자랑했던가? 그들은 이레에 두 번씩 금식하고 또 소득의 십일조를 드렸다(눅 18:12). 회당과 거리에서 나팔을 불었다. 구제할 때에는 오른손이 하는 것을 모든 사람이 알도록 했다(마 6:2-4). 기도할 때는 회당과 큰 어귀에 서서 큰 소리로 기도했다(마 6:5). 이런 방법으로 하나님을 자랑했다. 그러나 사실은 하나님을 자랑한 것이 아니다. 자신을 드러냈을 뿐이다.

둘째, 유대인들은 선악을 분별하고 있었다.

"율법의 교훈을 받아 하나님의 뜻을 알고 지극히 선한 것을 분간하며"(롬 2:18).

그들은 무엇이 선이며 악인지를, 하나님의 뜻이 어디 있는지를 잘 분간했다. 하나님이 계신 것과 그 하나님이 무엇을 싫어하시는지, 그리고 그것이 죄이며, 죄의 대가가 얼마나 무서운지, 아울러 그 죄 때문에 하나님이 독생자를 십자가에 내어 주셨다는 것, 그 독생자가 십자가에서 살을 찢고 피를 흘리셨다는 것을 잘 알고 있었다. 또한 하나님이 무엇을 기뻐하시는지를 잘 알고 있었다. 하지만 그 결과는 무엇이었던가?

"하나님을 알되 하나님을 영화롭게도 아니하며 감사하지도 아니하고 오히려 그 생각이 허망하여지며 미련한 마음이 어두워졌나니"(롬 1:21).
"그들이 이 같은 일을 행하는 자는 사형에 해당한다고 하나님께서 정하심을 알고도 자기들만 행할 뿐 아니라 또한 그런 일을 행하는 자들을 옳다 하느니라"(롬 1:32).

그들은 알고 있었지만 그것으로 하나님을 영화롭게 하지 않았다. 생각이 허망해지고 미련한 마음이 어두워졌다. 이것이 선악을 분별한 자의 태도일까? 이것이 진정한 앎일까? 유대인들은 겉모습뿐이었다.

셋째, 유대인들은 율법의 교사요 선생임을 자부하고 있었다.

"율법에 있는 지식과 진리의 모본을 가진 자로서 어리석은 자의 교사요 어린아이의 선생이라고 스스로 믿으니"(롬 2:20).

'모본', '교사', '선생'이란 단어가 눈에 들어온다. 그들은 교리에 능통했다. 체계를 갖추고 그 내용을 훤히 습득한 후 가르치고 있었다. 남들을 맹인이라 하고 성경을 제대로 알지 못하는 어리석은 어린아이들이라고 치부했다. 그래서 율법을 가르쳤다. 하지만 실상은 어떠했던가?

"그러면 다른 사람을 가르치는 네가 네 자신은 가르치지 아니하느냐 도둑질하지 말라 선포하는 네가 도둑질하느냐 간음하지 말라 말하는 네가 간음하느냐 우상을 가증히 여기는 네가 신전 물건을 도둑질하느냐 율법을 자랑하는 네가 율법을 범함으로 하나님을 욕되게 하느냐 기록된 바와 같이 하나님의 이름이 너희 때문에 이방인 중에서 모독을 받는도다"(롬 2:21-24).

그들은 다른 사람을 잘 가르치면서 자신은 가르치지 않았다. 말씀을 자신에게는 적용하지 못했다. 그 말씀으로 자신을 변화시키지 못했다. 가르치는 것은 그럴듯했다. "도둑질, 절대로 해서는 안 된다"고 가르쳤지만 도둑질을 도맡아서 했다. 그들은 돈, 물질만 도적질한 것이 아니라 압살롬처럼 왕에게 향해야 할 마음까지 도적질했다(삼하 15:6). "간음하지 말라"고 가르치면서 자신은 그 길에서 빠져나오지 못했다. "하나님이 제일 미워하시는 것이 우상이다"라고 가르치면서 정작 자신은 물질, 돈, 권력, 쾌락, 이성에 푹 빠져 있었다. 그 결과, 하나님의 이름이 이방인들 중에서 모독을 받게 만들었다. 하나님의 영광을 가린 것이다.

그들은 겉과 속이 달랐다. 안과 밖이 전혀 딴판이었다. 말씀의 현미경으로 들여다보니 유대인들이 걸치고 있는 종교라는 흰 가운에는 세균들이 득실대고 있었다. 그래서 주님은 말씀하셨다.

"그러므로 무엇이든지 그들이 말하는 바는 행하고 지키되 그들이 하는 행위는 본받지 말라 그들은 말만 하고 행하지 아니하며"(마 23:3).

겉모습만 종교인에서 벗어나는 법

문제는 바울이 여기서 불러낸 표면적 유대인이 과연 누구냐는 것이다. 2천 년 전 천리만리 떨어진 로마 교회의 유대인들만을 가리키는 것일까?

"그러면 어떠하냐 우리는 나으냐 결코 아니라 유대인이나 헬라인이나 다 죄 아래에 있다고 우리가 이미 선언하였느니라 기록된 바 의인은 없나니 하나도 없으며 깨닫는 자도 없고 하나님을 찾는 자도 없고 다 치우쳐 함께 무익하게 되고 선을 행하는 자는 없나니 하나도 없도다"(롬 3:9-12).

바울은 집요하게 그 포위망을 오늘 나에게로 좁힌다. "그들"(롬 1:19), "남을 판단하는 사람"(롬 2:1), "유대인"(롬 2:17)에서 바로 우리에게, 아니 나에게로 활을 겨눈다. 지금 나를 지목하고 있다. 여기서 '유대인'은 바로 오늘 우리다. 아니 나다. 먼저 믿은 자, 그리스도인인 우리다. 특히 믿은 지 오래된 자, 오늘의 교회가 있기까지 지대한 영향을 끼친 자, 땀과 눈물과 물질로 교회를 일군 자,

지도자의 위치에 있는 자, 즉 우리다. 우리 모두가 여기 유대인들이다.

오늘 우리는 다 나름의 가운을 걸치고 나타난다. 목사, 장로, 권사, 집사, 찬양대원이라는 흰 가운을 걸치고 있다. 연륜, 직분, 기여도라는 가운을 걸쳤다. 겉으로 볼 때는 정말 그럴듯하다. 그러나 때가 너무 많이 묻어 있지는 않은가? 세탁한 지 너무 오래되어 그야말로 찌들어 있지는 않은가? 죄악의 세균, 바이러스가 묻어 있지는 않은가? 이제 어떻게 해야 할 것인가? 방법은 하나밖에 없다. 이면적 그리스도인이 되어야 한다. 그렇다면 어떤 자가 이면적 그리스도인일까?

"오직 이면적 유대인이 유대인이며 할례는 마음에 할지니 영에 있고 율법 조문에 있지 아니한 것이라 그 칭찬이 사람에게서가 아니요 다만 하나님에게서니라"(롬 2:29).

첫째, 할례를 마음에 받은 자다.

할례가 무엇인가? 할례를 어떻게 행했는가? 부싯돌로 할례를 행했다(수 5:3). 할례를 행할 때 어느 정도 고통스러웠을까? 당시 제대로 된 마취제나 진통제, 지혈제가 있었겠는가? 수술 칼이 있었겠는가? 그러니 얼마나 고통스러웠겠는가?

"너희는 옷을 찢지 말고 마음을 찢고 너희 하나님 여호와께로 돌아올지어다"(욜 2:13a).

하나님 앞에 언제 이런 통곡을 했는가? 울부짖고 회개한 때가 언제인가? 다윗처럼 밤새도록 눈물로 침상을 띄우며 요를 적셔 본 경험이 있는가(시 6:6)?

"너희는 이 세대를 본받지 말고 오직 마음을 새롭게 함으로 변화를 받아 하나님의 선하시고 기뻐하시고 온전하신 뜻이 무엇인지 분별하도록 하라"(롬 12:2).

둘째, 하나님을 의식하며 사는 자다.

"영에 있고 율법 조문에 있지 아니한 것이라"(롬 2:29).
"오직 하나님이 성령으로 이것을 우리에게 보이셨으니 성령은 모든 것 곧 하나님의 깊은 것까지도 통달하시느니라"(고전 2:10).

영이신 하나님을 의식하며 살아야 한다. 겉으로 드러난 율법 조문은 더 이상 의미가 없다. 표면적이기 때문이다. 이젠 더 이상 사람을 의식하지 말고, 어떻게 하면 하나님 앞에서 하나님을 의식하는 삶을 살 것인가를 고민해야 한다.

셋째, 칭찬받는 삶을 살아가는 자다.

"그 칭찬이 사람에게서가 아니요 다만 하나님에게서니라"(롬 2:29b).

이 말씀은 로마서 2장 24절과 대조를 이룬다.

"기록된 바와 같이 하나님의 이름이 너희 때문에 이방인 중에서 모독을 받는도다"(롬 2:24).

칭찬받는 삶은 하나님의 이름에 영광이 돌아가는 삶이다. 이것이 내 삶의 행동 지침이 되어야 한다.

"끝으로 형제들아 무엇에든지 참되며 무엇에든지 경건하며 무엇에든지 옳으며 무엇에든지 정결하며 무엇에든지 사랑받을 만하며 무엇에든지 칭찬받을 만하며 무슨 덕이 있든지 무슨 기림이 있든지 이것들을 생각하라"(빌 4:8).

사랑하는 여러분!

어느 순간부터 예배는 무조건 좋은 느낌보다는 불편함을 주어야 한다는 생각을 갖게 되었다. 예배드리는 우리는 완전하시고 전지전능하신 하나님 앞에 죄인으로 앉아 있기 때문이다. 당연히 그 자리가 불편해야 하지 않을까? 찰스 스펄전(Charles Haddon Spurgeon, 1834-1892) 목사는 "때로 우리가 말씀을 듣는 자리가 이 세상에서 가장 불편한 자리여야 한다"고 말한 바 있다.

우리는 하나님의 말씀을 내 삶에 비춰 볼 때 '내가 또 하나님과 어긋나고 있구나!'라고 생각하며 불편해야 한다. 어긋난 뼈를 맞추면 우두둑우두둑 소리를 내면서 아프다. 예배 시간은 내가 영적으로 맞춰지는 시간, 제정신으로 돌아가는 시간이다. 눈물을 흘리고 회개하며 마음을 새롭게 함으로 변화를 받는 시간이다. 당연히 불편해야 한다. "형제여, 어찌 할꼬!"라는 탄식이 우리 안에서 터져 나와야 한다. 그런 우리에게 예수의 보혈이 머리로부터 발끝까지 흘러내릴 것이다. 그런 우리를 향하여 "일어나 네 자리를 들고 걸어가라 네 죄 사함을 받았느니라"라는 사죄의 선포가 임할 것이다.

로마서 강해를 이어 가면서 나 스스로가 말씀 앞에서 진통하고 있다. 누구에게 설교하는 것이 아니라 나 자신에게 설교하고 있기 때문이다. 그래서 아프고 힘들다. 말씀의 칼이 내 온몸을 후벼 파는 듯하다. 말씀의 방망이가 나의 머리를 내리치는 느낌이 생생하다. 바라기는 이 느낌이 모든 독자에게 전달되었으면 한다. 이제는 겉으로 그럴듯한 모습, 직함, 연륜이라는 종교의 가운을 벗자. 진실로 내 마음에 할례를 행해 보자. 하나님을 의식하는 삶을 살자. 하나님의 칭찬을 받는 나날이 되자. 그리고 이런 질문을 던지자.

"나는 과연 겉사람뿐인가, 속사람까지 그리스도인가?"

5.

세상에서 죄와 거리 두기

3:9-18

죄인이 아니라고 주장하는 사람들

바울이 로마서를 쓰면서 상당히 심혈을 기울이고 있다는 느낌을 받는다. 아니, 바울은 매우 조심스럽게 주제를 다루고 있다. 그는 로마 교회 성도들 중에 특히 유대인 그리스도인들을 무대에 올리기 위하여 있는 지혜를 다 동원했다. 그런데 처음부터 이들을 언급하지는 않았다. "불의로 진리를 막는 사람들"(롬 1:18)을 등장시켰다. "남을 판단하는 사람"(롬 2:1)을 등장시켰다. 그러고 난 뒤에야 비로소 유대인에 관해서 신랄하게 접근했다(롬 2:17).

먼저, 모든 것은 결국 다 드러난다는 것이다.

"숨은 것이 장차 드러나지 아니할 것이 없고 감추인 것이 장차 알려지고 나타나지 않을 것이 없느니라"(눅 8:17).
"지으신 것이 하나도 그 앞에 나타나지 않음이 없고 우리의 결산을 받으실 이의 눈앞에 만물이 벌거벗은 것같이 드러나느니라"(히 4:13).

더 중요한 것은, 인간이란 좀체 자기 잘못을 인정하려 하지 않는다는 것이다. 명명백백한 증거물들이 드러났고, 사회적 파장이 무척 컸으며, 치열한 법리 논쟁이 있은 후 선고를 받았다 하자. 그래서 죄에 상응한 형을 살았음에도 불구하고 여전히 인정하지 않는다. 존 칼빈은 이렇게 말한 바 있다.

"사람은 자존심이 골수에까지 박혀 있다. 그래서인지 남은 다 못돼 먹었고, 몹쓸 인간들이지만 자신이 죄인이라는 사실을 인정하는 것은 결코 쉬운 일이 아닌 못된 본성을 가지고 있다."

이 못된 본성의 뿌리는 어디인가? 에덴동산이다. 첫 사람 아담이 자신의 죄를 솔직히 인정했는가? 하나님과 하와에게 책임을 전가했다. 하와는 자신의 죄를 솔직히 인정했는가? 뱀에게 전가했다. 아담의 아들 가인은 동생을 쳐 죽이고 나서 "잘못했습니다"라고 솔직히 인정했는가? 가인은 하나님께 "내 죄벌이 지기가 너무 무거우니이다"(창 4:13)라고 아뢰었다.

그들은 이런저런 변명과 원망을 늘어놓았다. 우리는 모두 그들의 후손이다. 그러므로 인간은 자신의 죄를 어떻게 해서든 숨기거나 인정하지 않으려는 못된 속성을 가지고 있다. 내 핏속에도 똑같이 흐르고 있음을 인정해야 한다. 그러나 인정하지 않으려 한다. 그래서 성경은 어떤 방법을 쓰는가?

우리는 로마서를 계속해서 살펴 나가고 있다. 그런데 이어지는 말씀이 너무 부담스럽고 무겁다. 삶의 현장에서 너무 힘들어 하나님의 말씀을 편안하게 받고 환하게 웃으며 덩실덩실 춤추며 세상으로 나가고 싶은데 정반대다. 갈수록 그 강도가 더 심해진다. 그러면 말씀을 받는 회중은 물론 설교자도 부담되는 것이 사실이다. 노련한 설교자가 회중이 어떤 메시지를 원하는지, 무엇을 좋아하는지 그 정도를 모르겠는가.

바울 또한 마찬가지였다. 그는 지금 위성으로 설교하고 있다. 고린도에 있으면서 저 멀리 로마 교회 성도들에게 설교하고 있다는 뜻이다. 그 노련한 설교자가 회중의 심리를 파악하지 못했을까? 그런데 왜 이처럼 부담스런 메시지를 계속 이어 간 것일까?

미국 남가주 최초로 1만 명이 넘는 대형 교회가 된 수정교회를 알 것이다. 한때 전 세계 많은 목회자가 그 교회를 벤치마킹하기 위해 줄을 서기도 했다. 그럴 때면 그 교회를 담임한 로버트 슐러(Robert Harold Schuller, 1926-2015) 목사는 자신만의 목회 노하우를 이렇게 소개하곤 했다.

"만일 예수님이 이 자리에서 말씀하신다면 여러분을 향해 죄인이라고 부르실까요? 천만에요. 평생 그분은 그렇게 부르신 적이 없습니다. 저도 깨달았습니다. 그래서 강단에서 절대로 죄인이라는 용어를 쓰지 않기로 마음먹었습니다. 이 결심, 단 한 번도 바뀐 적이 없습니다. 사람들이 듣기 싫어하는 말을 설교자가 입에 담는 것은 지혜롭지 못한 것입니다."

그의 목회 노하우는 간단했다. 사람들의 귀에 아첨하는 말, 듣기 좋은 말만 들려주는 것으로, 이것이 성공 비결이었던 것이다. 이것이 정말 성경적일까? 하나님의 뜻을 바르게 전달한 것일까? 지금 수정교회의 상황을 보라. 그 대형 교회가 연방법원에 파산 신청을 했다.

로버트 슐러 목사는 노먼 빈센트 필(Norman Vincent Peale, 1898-1993) 목사의 영향을 받았다. 이 계보를 현재 미국에서 가장 큰 레이크우드교회의 담임인 조엘 오스틴(Joel Osteen) 목사가 이어 가고 있다. 이들의 메시지에 무조건 "아멘" 해도 될까? 물론 격려와 축복의 말씀도 필요하지만, 하나님의 말씀은 편식하거나 한쪽으로 치우쳐서는 안 된다.

우리는 모두 죄인이다

로마서는 성경 중의 성경이다. 그리고 로마서의 주제는 "복음"이다. 그런데 분명 듣기 좋은 말인 'εὐαγγέλιον'(유앙겔리온), 즉 기쁜 소식으로 시작하지 않는다. 집요할 정도로, 몸서리쳐질 정도로 죄를 반복하여 지적한다. 그만하면 좋겠는데, 이제 좀 듣기 좋은 말을 들으면 좋겠는데, 그러지 않는다. 1장에 이어 2장, 그리고 3장으로 이어지며 그 강도가 점점 더 심해진다.

1장에서는 '그들'의 죄를 지적하고, 2장에서는 '너희'의 죄를 지적한다. 그러다가 한 걸음 더 나아가 '너희'가 유대인임을 밝힌다. 3인칭에서 2인칭으로 점점 수사망을 좁혀 오는 것 같은 느낌을 받는다. 그러다가 드디어 로마서 3장 9절에 와서 바울은 이렇게 도전했다.

"그러면 어떠하냐 우리는 나으냐 결코 아니라 유대인이나 헬라인이나 다 죄 아래에 있다고 우리가 이미 선언하였느니라"(롬 3:9).

이방인, 헬라인, 유대인만 죄인이 아니라는 것이다. 여기서 '우리'는 편지를 쓰는 바울을 포함한 우리 모두, 즉 이 편지를 읽고 이 말씀을 듣는 오늘날 우리 모두를 지칭한다. 우리 모두가 죄인이라는 것이다. 죄인이되 보통 죄인이 아니라는 뜻이다. 어느 정도인가?

"그들의 목구멍은 열린 무덤이요 그 혀로는 속임을 일삼으며 그 입술에는 독사의 독이 있고 그 입에는 저주와 악독이 가득하고 그 발은 피흘리는 데 빠른지라 파멸과 고생이 그 길에 있어 평강의 길을 알지 못하였고 그들의 눈앞에 하나님을 두려워함이 없느니라 함과 같으니라"(롬 3:13-18).

정말 듣기 부담스럽고 인격이 완전히 짓밟히는 느낌이다. 우리의 목구멍을 가리켜 '열린 무덤'이라고 한다. 뿐만 아니라 계속해서 정신이 없을 정도로 강편치를 날린다. 지금까지 1-2장에서 '그들', '너희', 혹은 '유대인들'에게 한 말보다 더 강하고 매서운 표현으로, 그야말로 집요하게 우리의 치부를 들추어낸다.

왜 이렇게 집요하게 '죄', '죄', '죄'를 다루는 것일까? 간단하다. 우리는 모두 어떻게 하든지 자신의 죄를 인정하지 않으려는 못된 속성을 가지고 있기 때문이다. 어떻게 해서든 빠져나가려 하고, 변명하려 하고, 이유를 대고, 책임을 전가하려는 아주 못된 습성이 우리 혈관 속에 면면히 흐르고 있다. 얻어맞아 터지고, 그래서 머리부터 발끝까지 얻어맞은 흔적을 가지고 있으면서도(사 1:6) 이를 끝까지 인정하지 않으려 한다. 세 살배기 자식을 죽였어도, 어머니를 살해했어도, 수십 명을 욕보이고 죽이고 빼앗았어도 다 이유가 있다. 자신의 잘못을 인정하지 않으려 한다.

따라서 바울은 '나는 죄인이다'라는 사실을 솔직히 인정하도록 하기 위해 지금까지 여러 부류의 사람들, 즉 이방인을 포함해 죄 없다고 자부하는 유대인들까지 동원했다. 그들이 죄인임을 먼저 지적함으로써 우리가 더 이상 변명하거나 빠져나갈 수 없도록 하려는 것이다. 적당히 추궁하거나 한두 개의 증거를 가지고서는 인정하지 않을 자들이기에 죄상을 수없이 열거한 것이다. 자신이 죄인임을 인정하기를 바라면서 말이다.

바울만 그렇게 말했는가? 세례 요한은 세상에 나와 제일 먼저 이렇게 외쳤다.

"요한이 많은 바리새인들과 사두개인들이 세례 베푸는 데로 오는 것을 보고 이르되 독사의 자식들아 누가 너희를 가르쳐 임박한 진노를 피하라 하더냐"(마 3:7).

성령 받은 베드로의 입에서는 제일 먼저 어떤 말이 터져 나왔던가?

"그런즉 이스라엘 온 집은 확실히 알지니 너희가 십자가에 못 박은 이 예수를 하나님이 주와 그리스도가 되게 하셨느니라 하니라"(행 2:36).

일곱 집사로 뽑힌 스데반의 입에서는 어떤 메시지가 선포되었는가?

"목이 곧고 마음과 귀에 할례를 받지 못한 사람들아 너희도 너희 조상과 같이 항상 성령을 거스르는도다"(행 7:51).

공생애를 시작하신 주님의 첫마디는 무엇이었는가?

"이때부터 예수께서 비로소 전파하여 이르시되 회개하라 천국이 가까이 왔느니라 하시더라"(마 4:17).

모두 한결같이 '죄인이다'라는 말로 시작했다. 강한 메시지로 입을 열었다. 그 메시지 앞에 사람들은 한결같이 마음이 찔렸다. 그래서 어떤 사람들은 죄를 회개했다. 회개하지 않을 때에는 설교자를 돌로 쳐 죽이기까지 했다. 중요한 것은 이 메시지가 누군가의 "그래도 괜찮아. 복 받을 거야"라는 귀에 달콤하고 듣기 좋은 말이 아니었다는 것이다. 죄인인데도 죄인이 아니라고 왜곡하지 않았다.

이렇게 볼 때 로마서 1장 1절부터 3장 8절까지의 말씀은 사실 3장 9절, "그러면 어떠하냐 우리는 나으냐", 이 한 말씀을 위한 것이었다. '그들', '너희', '이방인', '헬라인', '유대인'을 등장시켜 그들의 죄를 들추어낸 것도 사실은 나의 죄를 들추어내기 위해서였다. 3인칭, 2인칭, 1인칭 복수를 동원한 것도 내가 죄인임을 솔직히 인정하도록 하기 위함이었다.

죄인임을 인정하지 않을 때

그러면 왜 자신이 죄인임을 인정하고 고백하는 것이 이렇게도 중요한가? 세 가지 이유 때문이다.

첫째, 자신이 죄인임을 인정하지 않으면 예수님이 필요 없다.

"내가 의인을 부르러 온 것이 아니요 죄인을 불러 회개시키러 왔노라"(눅 5:32).

주님은 죄인 때문에, 죄인을 위해 오셨다. 그런데 자신이 죄인임을 인정하지 않는 사람에게는 예수님이 필요 없다. 복음, 십자가도 전혀 상관이 없다.

유월절 저녁, 예수님이 만찬 후 수건을 가져다가 허리에 두르시고 제자들의 발을 하나씩 씻기기 시작하셨다. 드디어 베드로 앞에 오셨다. 베드로가 "내 발을 절대로 씻지 못하시리이다"(요 13:8a)라고 거절하자 주님은 "내가 너를 씻어 주지 아니하면 네가 나와 상관이 없느니라"(요 13:8b)라고 말씀하셨다. 주님은 우리의 죄를 씻어 주기 위해 오셨다. 그러므로 죄 없는 사람에게는 주님이 필요 없다. 죄 없는 사람은 주님과 상관이 없다. 주님은 그 사람의 구원자가 되실 수 없다.

둘째, 자신이 죄인임을 인정하지 않으면 하나님을 거짓말하는 이로 만든다.

"만일 우리가 범죄하지 아니하였다 하면 하나님을 거짓말하는 이로 만드는 것이니 또한 그의 말씀이 우리 속에 있지 아니하니라"(요일 1:10).

하나님이 하실 수 없는 것이 단 하나 있다. 그것은 거짓말이다(히 6:18). 하나님은 거짓이 없는 분이시다(딛 1:2). 왜냐하면 거짓의 아비는 사탄이기 때문이다. 그러므로 '나는 죄인이 아니다'라고 한다면 하나님을 사탄과 한 부류로 만드는 것이 된다.

셋째, 자신이 죄인임을 인정하지 않으면 하나님의 은혜가 나타나지 않는다.

"율법이 들어온 것은 범죄를 더하게 하려 함이라 그러나 죄가 더한 곳에 은혜가 더욱 넘쳤나니"(롬 5:20).

여기서 '죄가 더한 곳'이란 말은 '자신의 죄를 인정하는 곳'이라는 의미다. 그곳에 은혜가 더욱 넘친다. 하지만 자기가 의인이라고 생각하면 그곳에 은혜가 나타나지 않는다. 누가복음 15장에 등장하는 탕자와 맏아들을 살펴보라. 한 사람은 자기가 죄인이라고 고백한다. 하지만 맏아들은 자신은 잘못한 일이 전혀 없는 의인이라고 자부하고, 드러낸다. 아버지의 은혜가 누구에게 나타났는가? 성전에서 두 사람이 기도하고 있다(눅 18:10). 한 사람은 자기가 대단히 의롭다고 드러내며 자랑한다. 하지만 또 한 사람은 감히 고개를 들지 못한 채 죄인이라고 고백한다. 누구에게 은혜가 나타났는가? 은혜 받기를 원하는가? 자신이 죄인임을 솔직히 인정하라. 그곳에 하나님의 은혜가 넘친다.

시편 51편은 다윗이 자신의 죄를 인정하고 고백한 현장이다.

"하나님이여 주의 인자를 따라 내게 은혜를 베푸시며 주의 많은 긍휼을 따라 내 죄악을 지워 주소서 나의 죄악을 말갛게 씻으시며 나의 죄를 깨끗이 제하소서 무릇 나는 내 죄과를 아오니 내 죄가 항상 내 앞에 있나이다"(시 51:1-3).
"우슬초로 나를 정결하게 하소서 내가 정하리이다 나의 죄를 씻어 주소서 내가 눈보다 희리이다"(시 51:7).

시편 51편은 모두 19절로 이루어져 있다. 그런데 여기에 '주'라는 단어가 28회, '나'라는 단어가 32회나 나온다. 다윗은 지금 하나님을 직면하고 있다. 그 누구도 끼어들거나 끼워 넣지 않는다. 자신의 잘못을 변명하지 않는다. 그 누구에게 잘못을 전가하거나 합리화하지도 않는다. 내가 죄인이라는 것이다. 내가 죽일 놈이라는 것이다. 이것이 다윗의 강점이었다. 바로 이 이유 때문에 다윗은 은혜를 가장 많이 받은 사람이 되었다.

사랑하는 여러분!
블레즈 파스칼(Blaise Pascal, 1623-1662)은 이렇게 말했다.

"사람들은 위인, 의인, 성자를 가장 존경할 대상으로 삼는다. 하지만 나는 이 세 가지 단어를 신뢰하지 않는다. 나는 위인이나 의인이나 성자가 존재한다는 것을 믿지 않는다. 이 땅에는 오직 한 가지 종류의 사람만이 존재한다. 그리고 그것은 죄인이다."

우리가 누군가를 의인, 대단한 위인이라는 생각으로 우러러보다가 약한 부분을 발견하고는 실망한 경우가 얼마나 많은가. 성자라고 생각하며 존경했는데 사실은 전혀 그렇지 않아서 충격을 받는 일들이 어디 한두 번인가.

우리 모두 영적 경기장의 출발선상에 다시 서자. 내가 죄 아래 있음을 고백하자. 모친이 죄 중에서 나를 잉태하였음을 인정하자. 나의 목구멍은 열린 무덤과 같으며, 혀로는 속임을 일삼으며, 입술에는 독사의 독이 있었음을 솔직히 인정하자. 나의 발은 피 흘리는 데 빨랐고, 무엇보다 하나님을 믿는다고 하면서도 하나님을 두려워함이 없었음을 진심으로 고백하며 회개하자. 늦지 않았다. 이런 자들에게 하나님의 은혜가 나타난다.

"만일 우리가 우리 죄를 자백하면 그는 미쁘시고 의로우사 우리 죄를 사하시며 우리를 모든 불의에서 깨끗하게 하실 것이요"(요일 1:9).

이 말씀 앞에서 그동안의 삶을 되돌아보자. 혹시 그리스도인으로서 멀리해야 할 것을 너무 가까이하지는 않았는가? 세상 가치나 트렌드를 따라가려고 발버둥을 치지는 않았는가? 그래서 영적으로 심각하게 오염되지는 않았는가? 세상과 밀착하면서 어느새 세상과 다르지 않은 교회, 그리고 내가 되어 버렸다면 이제는 돌이켜야 한다.

물론 교회와 나는 모두 세상 속에 존재하고 있다. 하지만 우리는 땅에 있어도 하늘에 소망을 두고 사는 사람들이다. 그러므로 '거리 두기'를 해야 한다. 가치가 다르고 추구하는 것이 달라야 한다. 시간과 공간으로는 여전히 세상 속에 살지만, 심리적으로나 영적으로는 거리를 둬야 할 것들이 있음을 잊지 말아야 한다. 사도 요한은 단도직입적으로 말한다.

"이 세상이나 세상에 있는 것들을 사랑하지 말라"(요일 2:15a).

거리 두기를 하라는 것이다. 한편, 하나님은 '이 세상'을 '이처럼' 사랑하셨다. 그래서 독생자를 보내셨고, 그 독생자는 아픔과 외로움, 질병, 죽음으로 벌벌 떠는 이웃에게 다가가셨다. 그들을 친히 만져 주시고 손을 잡아 일으키셨다. 주님은 거리 두기를 포기하셨다. 지금 코로나19 의료 현장에 투입된 의료진들을 보라. 그들은 거리 두기를 아예 포기하고 있다.

우리는 세속적 가치와는 거리를 두되 주님의 마음과 손으로는 세상을 향하여 다가가야만 한다. 지혜로운 거리 두기를 실천해야 한다. 뱀같이 지혜롭고, 비둘기같이 순결해야 한다(마 10:16). 멀리해야 할 것과 가까이해야 할 것을 분별해야 한다. 그래서 코로나19로 인해 거리 두기를 실천해야 하는 이때를 세상의 빛과 소금으로 재탄생되는 전화위복의 계기로 삼아야 할 것이다.

6.

하나님의 의가 나타나는 사람

3:19-24

요한계시록은 읽는 자와 듣는 자, 그리고 그 가운데에 기록한 것을 지키는 자에게 보낸 편지다(계 1:3). 이들이 수신자란 의미다. 하지만 사실은 당시 소아시아에 있었던 일곱 교회가 수신자였다.

로마서를 대할 때도 수신자가 누구인지 관심을 가져야 한다. 물론 수신자는 로마 교회 성도들이다(롬 1:7). 하지만 그저 단순히 넘길 문제가 아니다. 왜냐하면 1장 18절에 '불의로 진리를 막는 사람들'이 수신자로 등장하기 때문이다. 그런데 이어지는 2장 1절에는 '남을 판단하는 사람'이 또 수신자로 등장한다. 여기서 그치지 않는다. 2장 17절에 '유대인'이 세 번째 수신자로 등장하기 때문이다. 즉 바울은 로마 교회 성도들 가운데서도 특별히 이 세 부류를 염두에 두고 이 편지를 썼다는 것을 알 수 있다.

로마서의 수신자는 바로 죄인인 우리다

바울은 '불의로 진리를 막는 사람들'에게 경고했다. 그래서 그들에게 나타날 하나님의 진노가 어떠한지를 알려 주었다. 그 진노는 '내버려 두심'(롬 1:24, 26, 28)이었다. 그냥 내버려 두시는 것이다. 사실 하나님이 내버려 두시는 것만큼 무서운 진노는 없다.

이어서 바울은 '남을 판단하는 사람'에게 경고했다. 그들에게 나타날 진노는 어떤 것인가? 바울은 남을 판단하는 그 일 자체가 장차 자신에게 임할 진노를 쌓는 것임을 일깨워 주었다.

"진노의 날 곧 하나님의 의로우신 심판이 나타나는 그날에 임할 진노를 네게 쌓는도다"(롬 2:5b).

주님도 산상보훈에서 "너희가 비판하는 그 비판으로 너희가 비판을 받을 것이요 너희가 헤아리는 그 헤아림으로 너희가 헤아림을 받을 것이니라"(마 7:2)라고 말씀하셨다. 그러므로 바울은 '판단하는 것'을 하나님께 맡기라고 권면했다(롬 12:19).

마지막으로 바울은 유대인들에게는 무엇이라고 말했는가? 그들이 그렇게도 소중하게 생각하는 할례가 무용지물이 된다는 것을 일깨웠다(롬 2:28).

바울은 로마 교회 성도들 중에서 이 세 부류를 표적 삼아 편지를 썼다는 것을 알 수 있다. 이 세 부류가 수신자라는 뜻이다. 그런데 이어지는 3장 9절을 보면서 우리는 적지 않게 충격을 받는다. 또 한 부류의 수신자가 언급되기 때문이다.

"그러면 어떠하냐 우리는 나으냐 결코 아니라 유대인이나 헬라인이나 다 죄 아래에 있다고 우리가 이미 선언하였느니라"(롬 3:9).

앞서 열거한 세 부류만 수신자인 줄 알았는데, 그렇지 않다. 또한 부류의 수신자가 등장한다. 그 수신자는 바로 '우리'다. 그러고 보니 간음하다 현장에서 붙잡혀 광장으로 끌려온 여인처럼 바울은 우리를 광장에 끌어내기 위해 먼저 세 부류를 언급했다. '그들', '너희', '우리' 등 3인칭, 2인칭, 1인칭 등으로 부르면서 점층법, 반복법, 대구법 같은 현란한 수사법을 사용해 우리를 지목한 것이다. "그러면 어떠하냐 우리는 나으냐", 이 한마디를 하기 위해서다. 그리고 그 한마디를 통해 우리는 모두 예외 없이 죄인이라는 것, 그래서 그 죄의 대가로 죽음의 골짜기에 던져질 수밖에 없는 존재임을 선언한 것이다.

바울은 우리를 위해 펜을 들었다. 그러므로 최종 수신자는 우리다. 물론 바울은 우리를 만난 적도 없다. 그러므로 당연히 우리를 알지 못한다. 하지만 사무엘 선지자가 사울이 행한 일을 다 알고 있었듯이(삼상 15:10-11), 나단 선지자가 다윗이 은밀히 행한 일을 정확하게 꿰뚫고 있었듯이(삼하 12:7) 바울은 우리 안에 있는 죄의 특성을 정확히 알고 있었으며(갈 5:17), 더 나아가 그 죄가 종국에는 우리를 어떤 파멸의 길로 인도할 것인지, 종착지가 어디인지를 알고 있었다. 그래서 그는 실제로 죄와 맞서 싸워 보았다. 하지만 그 결과가 어떠했던가?

"내 지체 속에서 한 다른 법이 내 마음의 법과 싸워 내 지체 속에 있는 죄의 법으로 나를 사로잡는 것을 보는도다"(롬 7:23).

바울은 죄 앞에서 질질 끌려가는 자신을 보았다. 막강한 힘과 권세를 가진 죄는 자기가 원하는 방향으로 우리를 끌고 간다. 사슬에 매여 끌려가는 노예를 본 적이 있는가? 수갑을 찬 채 끌려가는 죄수를 본 적이 있는가? 노예처럼, 죄수처럼 꽁꽁 묶여서 끌려가는 것이 바로 인간의 모습이요, 나의 현주소다. 죄는 결코 추상명사가 아니다. 그래서 바울은 단호하게 도전한다.

"그러면 어떠하냐? 우리는 나으냐? 불의로 진리를 막는 사람들보다 나으냐? 남을 판단하는 사람들보다 나으냐? 유대인들보다 나으냐?"

우리는 예외 없이 영적 암세포를 지니고 있다. 죽음이 이미 그 안에 잉태된, 사형 선고를 받은 존재다. 뿌리로부터 잘린 꽃이 있다. 얼마간은 화려해 보인다. 하지만 그 화려한 꽃은 죽었는가, 살았는가? 죽었다. 이미 꺾였기 때문이다. 뿌리로부터 잘렸기 때문이다. 하지만 사람들은 이 엄연한 사실을 애써 외면하려 한다. 마치 암세포가 없는 듯, 잘리지 않은 듯, 그래서 죽음을 극복할 수 있는 듯 허세를 부린다. 의료, 첨단 과학, 재물, 권력으로 죽음을 다스리려 한다. 아니, 온갖 수단과 방법을 다 동원하여 죄악이라는 암세포를 극복하려 한다.

1969년 7월 20일, 미국은 닐 암스트롱(Neil Alden Armstrong, 1930-2012)을 달에 착륙시켰다. 그 일을 계기로 미국 사회는 과학 기술을 통해 인류 행복을 방해하는 어떤 장애물이든 극복할 수 있다는 긍지와 자부심으로 출렁거렸다. 드디어 1971년 리처드 닉슨

(Richard Milhous Nixon, 1913-1994) 대통령은 '우주를 정복했는데 암쯤이냐!' 하며 암과의 전쟁을 공식 선포했다. 그때부터 미국립 암연구소에 엄청난 예산을 투입했다. 연구소는 암 조기 발견 프로그램을 만들기 시작했다. 그리고 나타난 성과물이 '종합 검진'이라는 매뉴얼이다. 암은 조기에 발견하기만 하면 퇴치가 가능하다고 보았기 때문이다.

과연 그럴까? 아이슬란드 의학자 흐라폰 툴리니우스(H. Tulinius) 박사는 세계 여러 나라의 연구팀과 연계하여 암으로 사망한 시신 1,327구를 부검해 보았다. 그 결과, 남성들의 경우 전립선암, 여성들의 경우 유방암, 폐암 등에는 그 암을 굳이 찾아 수술하거나 치료할 필요가 없는 특이한 사례가 있다는 사실을 밝혀냈다. 이런 사람은 암을 몸 안에 지니고도 천수를 누린다는 것이다.

그러니까 암에는 두 종류가 있다. 하나는 가능한 빨리 발견하여 수술 등의 방법으로 치료하는 것이 최선인 암이고, 또 하나는 더불어 일상생활을 하는 것이 최선인 암이다. 암은 조기에 발견하는 것이 능사가 아니라 그 암이 어떤 성향이냐를 밝히는 것이 더 중요하다는 것이다. 그 암이 성장 속도가 빨라 치명적인 손상을 입힐 것인지, 죽을 때까지 아무 문제도 일으키지 않을지를 구분해내는 것이 중요하다는 것이다. 문제는 그것을 아무도 알 수 없다는 것이다.

그런데 오늘날 첨단 종합 검진은 어떠한가? 그냥 두어도 문제가 전혀 없는 세세한 암까지 속속들이 검사해 내고는 "당신은 암입니다" 하고 통보한다. 이 통보를 받은 당사자는 어떤 종류든 암이란 판정에 사형 선고를 받은 듯하다. 여러 치료를 적극적으로 받아야겠다는 조바심이 생긴다. 몰랐더라면 아무 문제가 없을, 평생을 함께 가도 되는 종류의 암일 수도 있는데 말이다.

그렇다면 종합 검진의 한계는 어디까지인가? 내 몸에 치명적인 암이 서식하고 있음을 확인시켜 주는 것까지다. 다시 말하면, 건강 검진은 "당신은 이제 서서히 죽어 갈 것입니다"라고 사형 선고를 내리는 것까지만 할 수 있다. 그 이상도, 그 이하도 아니다.

지금 내 안에 죄라는 암세포들이 우글거리고 있다. 이를 어떻게 찾아내는가? 율법이라는 MRI, CT, 내시경, 초음파, 엑스레이, 혈액 검사, 소변 검사를 통해 면면이 다 드러난다. 죄라는 암을 지니지 않은 사람은 단 한 사람도 없다. 차라리 몰랐다면 더 좋았을 텐데, 검사를 받고 보니 더 기가 막히는 것이다. 지금 행복하든지 불행하든지, 가난하든지 부하든지, 나이가 많든지 적든지, 건강하든지 약하든지 우리 모두는 죄라는 암세포를 지니고 있다. 그야말로 시한부 인생이다. 그래서 불안, 초조, 두려움이 온몸을 휘감는다.

"그러므로 율법의 행위로 그의 앞에 의롭다 하심을 얻을 육체가 없나니 율법으로는 죄를 깨달음이니라"(롬 3:20).

마틴 로이드 존스는 이렇게 말했다.

"우리가 우리 자신을 그렇게 알아야 함은 언제고 절대적으로 중요하다. 어느 누구도 자기가 전혀 소망이 없음을 깨닫지 않고서는 그리스도인이 될 수 없다. 만일 여러분이 여러분의 절망과 무력을 알지 못한다면 '그리스도에게 오는 것'에 대하여 말하는 것은 무익한 일이다."

여기서 우리는 두 가지를 확인했다. 첫째, 로마서의 수신자는 다른 사람이 아니라 우리, 아니 나다. 둘째, 나는 죄인이다. 더 이상 소망이 없는, 완전히 절망에 빠진 죄인이다. 이 두 가지 사실을 확인한 자라면 자신도 모르게 이렇게 소리치지 않을 수 없다.

"오호라 나는 곤고한 사람이로다 이 사망의 몸에서 누가 나를 건져 내랴"(롬 7:24).

"그러면 더 이상 소망이 없단 말인가! 이것이 돌이킬 수 없는 운명이란 말인가!"라고 부르짖게 된다. 바로 이렇게 탄식하는 자의 귀에 선명하게 들리는 음성이 있다. 그것은 바로 3장 21절, '그러나 이제는'(But Now)이다.

'그러나 이제는'(But Now) 새 길을 여셨다

"이제는 율법 외에 하나님의 한 의가 나타났으니 율법과 선지자들에게 증거를 받은 것이라"(롬 3:21).

우리말 성경은 '이제는'이라고 시작한다. 하지만 원문은 그렇게 밋밋하지 않다. '그러나 이제는'이라고 시작한다. 이 두 단어는 대반전, 대전환을 예고하는 단어다. 어떤 반전, 전환인가? 또 다른 한

길, 아니 전혀 다른 새 길이 있다는 것이다.

물론 율법을 지키면 의롭게 된다. 혼신의 힘을 쏟아 율법을 완벽히 지키면 의에 이를 수 있다. 이 법은 여전히 유효하다. 그런데 그 율법이 어느 정도인가? 시내 산 율법이 613가지다. 신약에서는 1,051가지다. 도합 1,664가지다. 이를 다 지켜야 한다. 특별히 신약에는 이런 말씀도 있다.

"음욕을 품고 여자를 보는 자마다 마음에 이미 간음하였느니라"(마 5:28b).
"그 형제를 미워하는 자마다 살인하는 자니 살인하는 자마다 영생이 그 속에 거하지 아니하는 것을 너희가 아는 바라"(요일 3:15).

이를 지켜야 한다. 지키되 어느 수준으로 지켜야 하는가?

"그러므로 하늘에 계신 너희 아버지의 온전하심과 같이 너희도 온전하라"(마 5:48).

여기서 내려지는 결론은 무엇인가? '사람으로는 할 수 없다. 율법을 지켜 의에 이를 수 없다'는 것이다. 그래서 하나님은 새 길을 열어 놓으셨다. 의에 이르는 전혀 새로운 길, 방법을 우리 앞에 제시하셨다. 그 길, 방법이 무엇인가?

"곧 예수 그리스도를 믿음으로 말미암아 모든 믿는 자에게 미치는 하나님의 의니 차별이 없느니라"(롬 3:22).

그것은 '믿는 자에게 미치는 하나님의 의'다. 여기서 '하나님의 의'란 '하나님이 새롭게 제시하신 하나님의 방법'이란 뜻이다. 이 방법만 붙잡으면 의롭다 칭하심을 받는다. 하나님의 기준에 도달한다. 그래서 죄를 이기고 사탄의 권세를 깨트리며 나아가 죽음을 극복하는 대반전이 내 앞에서, 아니 내 안에서 일어난다. 그 핵심이 무엇인가? '믿는 자에게 미치는 하나님의 의', 즉 믿음이다.

그러면 구체적으로 무엇을 믿어야 하는가?

"곧 예수 그리스도를 믿음으로 말미암아 모든 믿는 자에게 미치는 하나님의 의니 차별이 없느니라"(롬 3:22).
"보라 그리스도가 여기 있다 보라 저기 있다 하여도 믿지 말라"(막 13:21b).

더 나아가 예수의 무엇을 믿는단 말인가?

"그리스도 예수 안에 있는 속량으로 말미암아 하나님의 은혜로 값없이 의롭다 하심을 얻은 자 되었느니라 이 예수를 하나님이 그의 피로써 믿음으로 말미암는 화목 제물로 세우셨으니 이는 하나님께서 길이 참으시는 중에 전에 지은 죄를 간과하심으로 자기의 의로우심을 나타내려 하심이니"(롬 3:24-25).

여기 중요한 두 단어가 있다. '속량'과 '화목 제물'이다. 그런데 '속량'은 '예수 안에 있는 속량'이다. '화목 제물' 역시 '예수'다. 이 두 단어는 골고다 십자가 사건을 떠올리게 한다. 2천여 년 전 골고다 위에 저주의 십자가가 하나 세워졌다. 그 십자가에 한 청년이 높이 매달려 있다. 가만히 보니 속옷, 겉옷도 이미 다 벗겨졌다. 희롱과 채찍질을 당하고 있다. 멸시와 조롱을 당하고 있다. 더 가까이 가서 보니 온몸이 찢겨 있고, 가시 면류관 틈 사이로, 못 박힌 상처들 사이로, 창에 찔린 옆구리 사이로 피가 쏟아지고 있다. 예수 그리스도가 속량, 화목 제물이 되신 현장이다.

이것이 하나님이 예비하신 길이다. 유일한 길이다. 하나님의 공의와 그분의 사랑을 동시에 만족시킬 수 있는 길은 이 길밖에 없기에 우리를 속량하시기 위해 독생자를 화목 제물로 던지신 것이다. 그래서 그 아들이 "엘리 엘리 라마 사박다니"(나의 하나님, 나의 하나님, 어찌하여 나를 버리셨나이까, 마 27:46) 하고 절규하실 때에도 하나님은 침묵하신 것이다.

이제 하나님의 시선과 관심은 천수백 가지의 율법을 지키느냐, 지키지 않느냐에 고정되어 있지 않다. 오직 한 가지, '예수를 믿는 믿음이 있느냐, 골고다의 십자가 사건을 진정으로 받아들이고 있느냐, 진심으로 인정하고 있느냐'에 주목하신다.

사랑하는 여러분!
이 믿음을 가질 때 임하는 은혜와 복을 아는가?

첫째, 하나님이 내 죄를 간과하신다.

"이는 하나님께서 길이 참으시는 중에 전에 지은 죄를 간과하심으로 자기의 의로우심을 나타내려 하심이니"(롬 3:25b).

둘째, 하나님으로부터 의롭다 칭하심을 받는다.

"그러므로 사람이 의롭다 하심을 얻는 것은 율법의 행위에 있지 않고 믿음으로 되는 줄 우리가 인정하노라"(롬 3:28).

셋째, 하나님과의 관계가 회복된다.

"하나님은 다만 유대인의 하나님이시냐 또한 이방인의 하나님은 아니시냐 진실로 이방인의 하나님도 되시느니라"(롬 3:29).

넷째, 죄를 이기는 능력자가 된다.

"그런즉 우리가 믿음으로 말미암아 율법을 파기하느냐 그럴 수 없느니라 도리어 율법을 굳게 세우느니라"(롬 3:31).

다섯째, 마음에 할례를 받게 된다.

"할례는 마음에 할지니 영에 있고 율법 조문에 있지 아니한 것이라"(롬 2:29a).

그때부터 생각, 태도, 행동, 삶, 가치관, 목표, 시선 등 모든 것이 달라진다. 왜냐하면 그때부터 하나님이 내 안에 좌정하시기 때문이다. 하나님의 영이 나를 지배하시기 때문이다. 하나님이 나의 주인이 되시기 때문이다. 외양은 전과 똑같지만 안은 완전히 바뀐다. 겉사람은 후패하나 속사람은 새로워진다. 주님이 나를 위해 죽으신 순간, 나는 죽고 주님이 내 안에 사시는 것이다. 그래서 베드로 사도는 이 믿음이 '금보다 더 귀한 것'이라고 단언했다(벧전 1:7).

우리도 이 믿음을 다시 한 번 붙잡아야 한다. 내가 지은 죄를 간과해 주심으로 의롭다 인정하심을 받고, 하나님 아버지와의 관계를 회복하며, 남은 생애 죄를 이기는 능력자가 되며, 마음에 할례를 받아 하나님의 자녀로 인 치심을 받는 큰 기쁨의 소유자들이 다 될 수 있기를 바란다.

7.

의(義)로 여기심을 받은 사람

4:1-10

아이를 키우는 사람이면 누구나 경험하듯이 숨바꼭질을 잘해야
한다. 네다섯 살 아이는 숨바꼭질을 좋아한다. 눈을 뜨면 방 안 어
디엔가 숨어 있는 아이의 흔적이 훤히 보인다. 그런데 참 엉성하
다. 어디에 있는지 단번에 알 정도로 머리, 엉덩이, 손, 발이 삐쭉
나와 있다. 심지어 안방에 숨어 있으면서 주방에, 거실에, 화장실
에 숨어 있다고 소리를 지르기까지 한다. 부모는 다 알지만 그냥
속아 준다. "그래, 그래" 하면서 짐짓 찾지 못하는 듯 이쪽저쪽을
헤맨다. 결국은 아이가 이긴다. 아이는 그게 그렇게 재밌는지 자꾸
하자고 조른다.

　갈수록 아이를 낳지 않는 세대가 되어 가는 것 같다. 나는 이
지면을 빌어 아이를 많이 낳으라고, 그래서 아이들과 함께하는
숨바꼭질의 행복을 누려 보라고 권하고 싶다. 육아의 어려움이
있는 줄 안다. 하지만 이 즐거움이 분명 그 어려움을 상쇄하리라
믿는다.

정말 본받을 만한 믿음인가?

손주와 숨바꼭질 놀이를 하면서 하나님과 우리 사이를 떠올렸다. 하나님이 모르실까? 우리의 모습을 보지 못하실까? 우리가 하나님의 눈을 피해 어딘가 꼭꼭 숨을 수 있을까? 내 모습, 허물, 약한 부분을 과연 숨길 수 있을까?

"그런즉 하나님 앞에서 사람이 어찌 의롭다 하며 여자에게서 난 자가 어찌 깨끗하다 하랴 보라 그의 눈에는 달이라도 빛을 발하지 못하고 별도 빛나지 못하거든 하물며 구더기 같은 사람, 벌레 같은 인생이랴"(욥 25:4-6).
"속임으로 그 미움을 감출지라도 그의 악이 회중 앞에 드러나리라"(잠 26:26).

그래서 다윗은 이렇게 고백했다.

"내가 주의 영을 떠나 어디로 가며 주의 앞에서 어디로 피하리이까"(시 139:7).

하늘에 올라갈지라도, 스올에 자리를 펼지라도, 새벽 날개를 치며 바다 끝으로 가서 숨을지라도 하나님의 시선을 피할 수 없다(시 139:8-10). 숨는다고 하는데 다 보인다. 머리털까지 세신 바 되신 그분 앞에 다 드러난다(마 10:30). '불꽃같은' 그분의 눈앞에서 우리의 약한 부분, 추악한 모습이 다 노출된다(계 1:14). 이 허물, 죄를 해결할 수 있는 유일한 길은 무엇인가? 예수 그리스도, 그분의 피밖에 없다. 그래서 바울은 이렇게 말했다.

> "그리스도 예수 안에 있는 속량으로 말미암아 하나님의 은혜로 값없
> 이 의롭다 하심을 얻은 자 되었느니라"(롬 3:24).

그런데 유대인들은 고개를 가로저었다. 말씀을 받아들일 수 없다는 반응이었다. '이신칭의'가 무척 생소하게 들렸기 때문이다. 왜냐하면 지난 긴 세월 동안 조상 대대로 생명처럼 붙잡았던 율법이 이제 필요 없게 되어 헌신짝처럼 취급당하는 것 같았기 때문이다. 그래서 '믿음으로 구원받는다'라는 가르침을 거부할 뿐 아니라 변질시키려는 자들까지 나타났다. 특히 로마 교회에서 그러했다. 그들은 끼리끼리 모여 세를 결집했고, 지금까지 대대로 지켜 내려온 율법을 지켜야 한다는 생각을 굽히지 않았다. 그러면서 그 근거로 내세운 사람이 그들의 조상 아브라함이었다. 그들은 이렇게 주장했다.

"우리 조상 아브라함을 보라. 그는 하나님 앞에서 인정받았다. 그는 일생 동안 말씀에 순종했고, 신실한 행위를 보여 주었다. 제2성전 시대, 유대 문헌인 『아브라함의 계약』, 『희년서』, 『제1마카비서』 등을 살펴보라. 우리 조상 아브라함은 완전했고 전 생애에 걸쳐 의로운 삶을 살았다고 증언하고 있다. 뿐만 아니라 아브라함은 하나님이 모세를 통해 율법을 주시기 전부터 이미 율법을 알고 지켰다. 그래서 그런 그가 인정과 칭찬을 받았던 것이다. '이는 아브라함이 내 말을 순종하고 내 명령과 내 계명과 내 율례와 내 법

도를 지켰음이라 하시니라'(창 26:5).

더 나아가 그는 할례를 행함으로 완전한 자로 인정을 받았다(창 17:1, 23). 그러므로 적어도 아브라함은 행함으로 의롭다 하심을 받았고, 행함으로 구원을 받은 것이 틀림없다. 그러므로 '이신칭의'는 받아들일 수 없다. 아브라함은 예외다. 우리도 예외다."

바울은 교회 안에 마치 코로나19 바이러스처럼 번지는 이런 주장에 메스를 가할 필요를 느꼈다. 그래서 로마서 4장에서 아브라함을 불러내 이 문제를 정면으로 다뤘다. 무엇이라고 시작하는가?

"그런즉 육신으로 우리 조상인 아브라함이 무엇을 얻었다 하리요 만일 아브라함이 행위로써 의롭다 하심을 받았으면 자랑할 것이 있으려니와 하나님 앞에서는 없느니라"(롬 4:1-2).

바울은 입을 열자마자 아브라함도 하나님 앞에서는 자랑할 것, 내세울 것이 없다고 말했다. 행위로 의롭다 하심을 받은 것이 아니라는 뜻이다. 바울은 지금 아브라함을 과소평가하고 있는가? 아브라함에게 아주 짜고 냉정하게 점수를 주고 있는 것인가? 바울은 아브라함을 어떻게 보고 있었는가?

"아브라함이 바랄 수 없는 중에 바라고 믿었으니 이는 네 후손이 이 같으리라 하신 말씀대로 많은 민족의 조상이 되게 하려 하심이라 그가 백 세나 되어 자기 몸이 죽은 것 같고 사라의 태가 죽은 것 같음을 알고도 믿음이 약하여지지 아니하고 믿음이 없어 하나님의 약속을 의심하지 않고 믿음으로 견고하여져서 하나님께 영광을 돌리며 약속하신 그것을 또한 능히 이루실 줄을 확신하였으니"(롬 4:18-21).

바울은 아브라함을 절대 과소평가하지 않았으며, 후하고 넉넉하게 점수를 주었다. 그를 존경했다. 오히려 바울은 "아브라함이 정말 그런 사람이었는가?" 하며 논란을 일으킬 정도로 좋은 점수를 주었다.

아브라함은 정말 바울이 평가한 그런 사람이었는가? 첫째로, 아브라함은 바랄 수 없는 중에 바라고 믿었는가? 둘째로, 아브라함은 나이 백 세가 되었을 때 아내의 태가 죽은 것 같음을 알고도 믿음이 약해지지 않았는가? 셋째로, 아브라함은 정말 믿음이 견고해져서 하나님의 약속을 의심하지 않고 그 약속이 능히 이루어질 것을 확신했는가? 사실을 확인해 보자.

아브라함은 주전 2166년 갈대아 우르에서 출생했다. 어느 날 하나님이 그에게 나타나 "네 고향과 친척을 떠나 내가 네게 보일 땅으로 가라"(행 7:3)고 말씀하셨다. 이것이 하나님의 첫 번째 명령이다. 아브라함은 이 명령에 어떤 태도를 취했는가? 말씀에 온전히 순종했던가? 천만의 말씀이다. 마지못해 떠나는 시늉은 했지만 아버지 집을 떠나지는 않았다. 친척도 떠나지 않았다. 하나님이 지시하신 땅으로는 갔는가? 그는 가나안 땅이 목적지라는 사실을 분명히 알았다(창 11:31). 하지만 가나안 땅과는 전혀 다른, 북쪽 비옥한 델타 지역을 따라 하란으로 올라가 그곳에 주저앉았다. 국경을 넘으려는 그 어떤 시도도 하지 않았다.

아브라함은 경계인이었다. 필요에 따라 이쪽 사람으로, 또 저쪽 사람으로 살았다. 이런 아브라함을 향해 하나님은 두 번째로 말씀하셨다.

"여호와께서 아브람에게 이르시되 너는 너의 고향과 친척과 아버지의 집을 떠나 내가 네게 보여 줄 땅으로 가라"(창 12:1).

아브라함은 그제야 마지못해 다시 짐을 꾸려 가나안에 들어갔다. 자원하여 가나안에 들어간 것이 아니라 보이지 않는 하나님의 손길이 앞에서 끌고, 뒤에서 등을 떠밀었기 때문에 그 땅에 발을 들여놓게 된 것이다.

그런데 가자마자 어떤 일이 일어났는가? 복 받고 잘될 줄 알았는데 그 땅에 심한 기근이 찾아왔다(창 12:10). 그러자 아브라함은 기근을 핑계로 그곳을 미련 없이 떠나 애굽 땅으로 내려가 버렸다. 뿐만 아니라 자기 목숨 하나 부지해 보려고 아내 사라를 누이라 하며 다른 사람들을 속였다. 그 대가로 엄청난 재물을 챙기기까지 했다.

그런 아브라함은 다시 가나안에 들어왔고, 점점 재물이 늘어났다. 318명의 식솔을 거느린 거부가 되었다. 하지만 그는 땅을 한 평도 구입하지 않았다. 그 이유가 무엇일까? 아브라함이 자신을 어떻게 소개했는지 보자.

"나는 당신들 중에 나그네요 거류하는 자이니"(창 23:4a).

아브라함은 나그네, 즉 여행객으로 가나안에 머물고 있었다. 여차하면 고향으로 가려는 생각을 가지고 있었다는 뜻이다. 그래서 동네 사람들이 그에게 별명까지 붙여 주었다. 아브라함의 별명이 무엇이었던가?

"도망한 자가 와서 히브리 사람 아브람에게 알리니"(창 14:13a).

'히브리'란 말은 두 가지 뜻이 있다. 하나는 '강을 건너온 사람'이고, 또 하나는 '에블라 나라 사람'이라는 뜻이다. 에블라는 아브라함 시대에 하란을 중심으로 세워졌던 대제국이다. 바울 시대의 로마, 오늘로 치면 미국이라고 할 수 있다. 아브라함은 자신이 대제국의 시민권자임을 은근히 과시하며 자랑했다. 오죽하면 동네 사람들이 "에블라 사람", "에블라 사람" 했겠는가. 아브라함이 어디를 그리워하며 가고 싶어 했는지를 넉넉히 짐작할 수 있다.

이같이 아브라함은 마지못해 가나안 땅에 발을 들여놓긴 했지만 그곳에 머물 생각은 전혀 없었다. "나는 이 땅을 네게 주어 소유를 삼게 하려고 너를 갈대아인의 우르에서 이끌어 낸 여호와니라"(창 15:7)라는 하나님의 말씀을 마음에 새기지 않았다. 기회가 주어지기만 하면 그 땅을 떠나려는 생각이 가득했다.

특별히 하나님은 아브라함에게 자주 나타나셔서 아들에 대해 말씀해 주셨다.

"내가 너로 큰 민족을 이루고"(창 12:2a).
"내가 이 땅을 네 자손에게 주리라"(창 12:7a).
"보이는 땅을 내가 너와 네 자손에게 주리니 영원히 이르리라 내가 네 자손이 땅의 티끌 같게 하리니 사람이 땅의 티끌을 능히 셀 수 있을진 대 네 자손도 세리라"(창 13:15-16).

하나님의 약속은 두 가지였다. 이 땅(가나안)을 주겠다는 것과 자손을 주겠다는 것이다. 하지만 이 말씀 앞에서 아브라함은 어떤 태도를 취했는가?

"나는 자식이 없사오니 나의 상속자는 이 다메섹 사람 엘리에셀이니 이다"(창 15:2b).

여기에 믿음이 보이는가? 그것도 모자라 아브라함은 몸종 하갈 과 동침했고 이스마엘을 낳았다. 이것이 하나님의 말씀을 순종하 는 자의 태도인가? 이런 아브라함에게 하나님은 다시 말씀하셨다.

"내가 그[사래]에게 복을 주어 그[사래]가 네게 아들을 낳아 주게 하며 내가 그[사래]에게 복을 주어 그[사래]를 여러 민족의 어머니가 되게 하 리니 민족의 여러 왕이 그[사래]에게서 나리라"(창 17:16).

더 나아가 하나님은 그 일이 '내년 이 시기'에 일어날 것이라고 시기까지 알려 주셨다(창 17:21). 하지만 그때 아브라함은 어떻게 반응했던가?

"아브라함이 엎드려 웃으며 마음속으로 이르되 백 세 된 사람이 어 찌 자식을 낳을까 사라는 구십 세니 어찌 출산하리요 하고 아브라함이 이에 하나님께 아뢰되 이스마엘이나 하나님 앞에 살기를 원하나이다"(창 17:17-18).

여기에 믿음이 보이는가? 아브라함은 자신과 아내의 나이를 세며 그럼에도 하나님의 말씀을 의심하지 않고 믿고 있는가? 여기서 그가 터뜨린 웃음은 어떤 웃음인가? 비웃음, 허탈한 웃음, 조롱하는 듯한 웃음, 아니 불신의 웃음이다. 믿을 수 없다는 웃음이다. 이제 더 이상 속지 않겠다는 의지적 표현이다. 이 허탈한 웃음이 사라에게까지 감염되었다.

"그가 이르시되 내년 이맘때 내가 반드시 네게로 돌아오리니 네 아내 사라에게 아들이 있으리라 하시니 사라가 그 뒤 장막 문에서 들었더라 아브라함과 사라는 나이가 많아 늙었고 사라에게는 여성의 생리가 끊어졌는지라 사라가 속으로 웃고 이르되 내가 노쇠하였고 내 주인도 늙었으니 내게 무슨 즐거움이 있으리요"(창 18:10-12).

여기에 믿음이 보이는가? '정말 본받을 만한 믿음이다'라고 생각되는 부분이 보이는가? 이 같은 사실을 놓고 볼 때 아브라함이 과연 특별한 사람이었다고 할 수 있을까?

우리를 의롭다고 여기시다

앞서 던졌던 세 가지 질문을 다시 한 번 살펴보자. 첫째로, 아브라함은 바랄 수 없는 중에 바라고 믿었는가? 둘째로, 아브라함은 나이 백 세가 되었을 때 아내의 태가 죽은 것 같음을 알고도 믿음이 약해지지 않았는가? 셋째로, 아브라함은 정말 믿음이 견고해져서 하나님의 약속을 의심하지 않고 그 약속이 능히 이루어질 것을 확신했는가?

아니다. 정반대다. 그런데 바울은, 아니 성경은 이런 아브라함을 어떻게 평가하는가? 아브라함은 바랄 수 없는 중에 바라고 믿었으며, 백 세나 되어 자기 몸이 죽은 것 같고 사라의 태가 죽은 것 같음을 알고도 믿음이 약해지지 않았으며, 더 나아가 하나님의 약속을 의심하지 않고 약속하신 그것을 또한 능히 이루실 줄을 확신했다고 말한다(롬 4:18-21). 이런 평가에 고개를 갸우뚱하지 않을 수 없다.

사실과 평가가 다르다. 극과 극이다. 이런 괴리가 있을 수 없다. 도대체 이 사실을 어떻게 받아들여야 할까? 사실인가, 평가인가? 도대체 어느 쪽이 진실인가? 구약인가, 신약인가? 어느 쪽의 입장을 취할 것인가? 본문에 중요한 키워드가 하나 있다. 그것은 바로 '여기시다'라는 단어다.

"여겨진 바 되었느니라"(롬 4:3).

"여겨지지 아니하고"(롬 4:4).

"보수로 여겨지거니와"(롬 4:4).

"의로 여기시나니"(롬 4:5).

"의로 여기심을 받는 사람"(롬 4:6).

"의로 여겨졌다 하노라"(롬 4:9).

"그것이 어떻게 여겨졌느냐"(롬 4:10).

"의로 여기심을 얻게 하려 하심이라"(롬 4:11).

"그것이 그에게 의로 여겨졌느니라"(롬 4:22).

"그에게 의로 여겨졌다"(롬 4:23).

"의로 여기심을 받을 우리도"(롬 4:24).

"예수는 우리가 범죄한 것 때문에 내줌이 되고 또한 우리를 의롭다 하시기[여기시기] 위하여 살아나셨느니라"(롬 4:25).

로마서 4장에만 무려 11회나 등장한다. 구절구절 문맥마다 골고루 박혀 있어 마치 반지의 다이아몬드처럼 빛나고 있다. 25절까지 합하면 모두 12회, 완전 숫자다. 그러면 '여기시다'란 무슨 의미일까?

첫째, 하나님이 '무조건 그렇게 보신다'는 뜻이다.

사실은 아니지만 그렇게 생각하신다는 의미다. 그렇게 믿고 인정하신다는 뜻이다. 하나님은 "경건하지 아니한 자를 의롭다"(롬 4:5)고 여겨 주신다. 즉 의롭게 살지 못했으나 의롭게 산 사람으로 인정하시고, 깨끗한 성품이 아니고 진실한 사람이 되지 못함에도 깨끗하고 진실한 사람으로 인정하신다는 뜻이다. 더럽혀진 발이 보이고 추악한 짓을 행한 손이 보이는데도 하나님이 덮고 지나가시는 것이다.

둘째, 하나님이 '그렇게 만드시겠다'는 뜻이다.

어떻게? '의롭게.' 어떻게? '완전하게.' 어떻게? '하나님처럼' 만드시겠다는 것이다. 하나님이 누구신가? 하나님이 "빛이 있으라"(창 1:3) 하셨을 때 캄캄하고 공허한 천지가 어떻게 되었는가? 하나님이 의지를 가지고 말씀하시면 말씀대로 된다. 그렇게 된다. 그 하나님이 우리를 의롭다 여긴다고 말씀하셨다. 그러면 장차 우리는 그렇게 될 것이다. 지금은 그렇지 않지만 그렇게 될 것이다.

"말씀대로 내게 이루어지이다"(눅 1:38).

이 고백이 있은 후 마리아에게 어떤 일이 일어났던가? 하나님이 말씀하시면 그대로 된다. 하나님은 '여기신다'고 말씀하셨다. 그렇게 말씀하신 하나님이 그렇게 만드실 줄을 확신한다.

사랑하는 여러분!

하나님의 자녀로 부르심을 받았음에도 여전히 말씀대로 거룩하게 살지 못하고 있는가? 흔들리는가? 생활이 그야말로 엉망인가? '왜 이렇게 제대로 살지 못하는가?' 하며 오늘도 후회하고 자책하고 있는가? 넘어지고 자빠지는가?

낙심하지 말라. 우리를 부르신 하나님은 결코 우리를 포기하지 않으신다. 우리를 다듬으셔서 멋진 하나님의 자녀로 만들어 주실 것이다. 그래서 결국은 믿음의 대열에 서게 해 주실 것이다. 우리를 믿음의 사람, 의인으로 만드시기 위해 하나님은 할 수 있는 모든 방법을 다 동원하실 것이다. 필요하다면 하늘의 천군 천사들까지 동원하실 것이다. "만군의 여호와의 열심이 이를 이루시리라"(사 9:7)라는 말씀 그대로 말이다.

하나님은 이제 우리를 보지 않으신다. 오직 십자가에 달리신 주님을 보신다. 주님이 십자가에서 흘리신 피를 보신다. 그 피가 우리의 머리부터 발끝까지 흥건히 적시고 있지 않는가. 하나님은 자기 아들이 생명을 던져 구원하신 우리를 그냥 두지 않으신다. 그래서 우리가 어떤 존재이며 무엇을 했는지를 따지지 않으시고, 우리를 위하여 피 흘리신 예수 그리스도를 보시며 우리를 의롭다고 칭해 주신다. 그냥 여겨 주신다. 이 놀라운 은혜의 강에 자신의 몸을 깊이 잠그는 은혜가 있기를 바란다.

8.

'여기심의 은혜'를 받은 사람

4:1-10

"한국을 빛낸 100명의 위인들"이란 노래가 있다. "아름다운 이 땅에 금수강산에"라는 가사로 시작해 "역사는 흐른다"로 끝나는 노래다. 오늘 이 시대에 이 나라를 빛낼 인물의 출현을 갈망하는 바람이 노래로 표출된 것은 아닐까? 박문영 씨가 가사를 썼는데, 100명의 위인 선정에 어느 정도 객관성이 있는지는 알 수 없다. 하지만 여기에 당연히 선정되었으리라 생각되는 사람 중 두 사람을 꼽는다면 누구일까? 세종대왕과 이순신이다. 두 분이야말로 한국을 빛낸 대표적 인물이기 때문이다.

그렇다면 이스라엘 민족이 존경하고 추앙하는 인물은 누구일까? 복음서 중 마태복음은 유대인들을 위해 쓰인 성경으로서, 이렇게 시작한다.

"아브라함과 다윗의 자손 예수 그리스도의 계보라"(마 1:1).

여기서 우리는 유대인들이 존경하며 추앙하는 인물이 아브라함과 다윗임을 단박에 알 수 있다. 예수님도 자주 두 사람을 언급하셨다. 유대인들은 조상 아브라함을 완벽한 존재, 거의 신적인 존재로 추앙했으며, 다윗은 '다윗의 별'(Star of David)로 부활시켜 이스라엘 국기에까지 선명하게 새겨 넣었다. 이 같은 사실은 유대 여러 문헌을 통해서도 입증된다.

"아브라함은 그릇된 길을 걷지 않고 하나님의 계명을 지켰기에 하나님이 친구로 여겼다"(다메섹문서 3:2).
"아브라함은 행위에 있어서 주님 앞에 완전하였으며, 전 생애 동안 의를 추구한 자였다"(희년서 23:8).
"아브라함은 많은 사람의 위대한 아버지, 영광에 있어서 그와 같은 사람은 아무도 없다"(시락서 44:19).

이를 뒷받침하듯 창세기 26장 5절에는 이런 말씀이 있다.

"이는 아브라함이 내 말을 순종하고 내 명령과 내 계명과 내 율례와 내 법도를 지켰음이라 하시니라"(창 26:5).

다윗에 대해서는 하나님이 무엇이라고 말씀하셨는가?

"내가 보는 것은 사람과 같지 아니하니 사람은 외모를 보거니와 나 여호와는 중심을 보느니라 하시더라"(삼상 16:7b).
"내가 이새의 아들 다윗을 만나니 내 마음에 맞는 사람이라 내 뜻을 다 이루리라"(행 13:22b).

이렇게 볼 때 아브라함과 다윗은 사람들뿐만 아니라 하나님으로부터도 인정받은 인물들이다. 그것은 물론 율례와 계명, 법도를 잘 지켰기 때문일 것이다. 그래서 유대인들은 두 사람이야말로 온전한 사람이요, 인정된 자라고 굳게 믿어 의심하지 않았다.

'여기심의 은혜'를 받은 아브라함

그런데 그런 유대인들의 귀를 의심케 할 정도의 말이 전해진다.

"그런즉 육신으로 우리 조상인 아브라함이 무엇을 얻었다 하리요 만일 아브라함이 행위로써 의롭다 하심을 받았으면 자랑할 것이 있으려니와 하나님 앞에서는 없느니라"(롬 4:1-2).

아브라함은 행위로써, 즉 율법을 지킴으로써 의롭다 하심을 받은 것이 아니라는 것이다(롬 3:20). 그러면서 앞서도 이미 다루었지만 이 질문들을 다시 한 번 던졌다. 첫째, 아브라함이 정말 바랄 수 없는 중에 바라고 믿었는가(롬 4:18)? 둘째, 아브라함이 정말 자기의 나이, 아내의 생리가 끊겨졌음을 알고도 믿음이 약해지지 않았는가(롬 4:19)? 셋째, 아브라함이 정말 하나님의 약속을 의심하지 않았고 그 약속이 능히 이루어질 것을 확신했는가(롬 4:20-21)?

이 세 가지 질문을 통해 얻은 결론은 '결코 아니다'였다. 아브라함 역시 오늘 우리와 별반 다르지 않은 그렇고 그런 사람이었다.

그런데 그런 그를 하나님은 그렇다고 '여겨 주셨다.' 단지 그렇게 '여겨 주셨을 뿐'이다. 아울러 여겨 주셨을 뿐만 아니라 결국은 그런 사람으로 다듬어 주셨다. 그래서 신적인 수동태인 '여겨 주셨다'라는 단어를 사용한 것이다. 하나님의 행동을 강조하는 단어다.

하나님은 아브라함을 그런 사람으로 대우해 주셨다. 대우해 주셨을 뿐만 아니라 여기신 대로 다듬으시고 붙잡으시고 만드셔서 오늘 우리 앞에 믿음의 사람으로 우뚝 세워 주셨다. 어느 정도였는가? 모리아 산에서 아들 이삭을 기꺼이 드리는 믿음의 사람이 되게 하셨다. 아브라함은 '여겨 주시는' 은혜를 입은 자였다. 이 '여겨 주시는' 은혜를 아는가?

'여기심의 은혜'를 받은 다윗

바울은 이어서 또 한 사람을 불러냈다. 그 사람이 누구일까?

"일하는 자에게는 그 삯이 은혜로 여겨지지 아니하고 보수로 여겨지거니와 일을 아니할지라도 경건하지 아니한 자를 의롭다 하시는 이를 믿는 자에게는 그의 믿음을 의로 여기시나니 일한 것이 없이 하나님께 의로 여기심을 받는 사람의 복에 대하여 다윗이 말한 바"(롬 4:4-6).

'어떤 사람'이 일을 하고 보수(월급)를 받았다. 그는 자신이 일한 노동에 상응한 대가를 받았다고 생각했다. 그러므로 받은 보수에 대해 고마워하거나 감사하지 않았다. 은혜로 생각하지 않았다. 땀 흘려 일한 대가라고 생각했기 때문이다. 그 정도의 보수를 받을 만한 자격이 자신에게 충분히 있다고 생각했기 때문이다. 그런데 사실 그는 일을 제대로 하지 않았다. 평소에 빈둥대며 적당히 시간만 때웠다. 눈가림으로 일했다는 뜻이다. 게다가 그는 경건하지도 않았다. 경건이 무엇인가? 경건에 대한 가장 적절한 해석을 야고보서 1장 27절에서 찾을 수 있다.

"하나님 아버지 앞에서 정결하고 더러움이 없는 경건은 곧 고아와 과부를 그 환난 중에 돌보고 또 자기를 지켜 세속에 물들지 아니하는 그것이니라"(약 1:27).

즉 '어떤 사람'은 약한 자를 돌아보지도 않았으며 세속에서 자기를 지키려는 의지도 없었다. 한마디로 그는 성실한 사람이 아니었다. 눈가림식이었으며 이기적이고 세속적이었다. 여기에 양심까지 무뎌 있었다. 그러면서도 월급날마다 삯을 받는 것을 지극히 당연하게 생각했다.

여기에 등장한 '어떤 사람'이란 도대체 누구일까? 아브라함을 빗댄 말일까? 하지만 문맥을 자세히 살피면 아브라함은 아닌 듯하다. 3절에서 일단 아브라함 얘기가 끝났기 때문이다. 그럼 누구를 염두에 둔 것일까? 6절 끝부분에 다윗이 언급된다. 그렇다면 성령께서 아브라함에 이어 이번에는 이스라엘 민족이 그렇게도 존경하는 다윗을 불러내시기 위해 '어떤 사람'을 먼저 등판시키신 것이 아닐까? 마치 법정에서 중요 피의자를 소환하기에 앞서 참고인을 부르듯이 말이다.

그렇다. 지금 성령이 또 한 사람 다윗, 유대인들이 그렇게도 존경하며 추앙하는 다윗을 현장으로 불러내고 계신다. 마치 청문회장을 연상시킨다. 그리고 그 다윗이 실제로는 어떤 사람이었는지, 그의 민낯을 적나라하게 들추어내신다.

그렇다면 그동안 우리가 알고 있는 다윗은 어떤 사람인가? 먼저, 다윗은 자기를 어떤 사람이라고 소개하는가?

> "다윗이 사울에게 말하되 주의 종이 아버지의 양을 지킬 때에 사자나 곰이 와서 양 떼에서 새끼를 물어 가면 내가 따라가서 그것을 치고 그 입에서 새끼를 건져 내었고 그것이 일어나 나를 해하고자 하면 내가 그 수염을 잡고 그것을 쳐 죽였나이다"(삼상 17:34-35).

'아버지의 양', '양 새끼', '사자', '곰' 같은 단어에서 무엇을 느끼는가? 다윗은 자기 스스로를 정말 괜찮은 사람, 아니 대단한 사람이라고 생각했다. 남의 일을 할 때에도, 한적한 들판에서도, 생명의 위협을 받는 상황에서도 열심히 일하는 성실한 사람이라고 자신을 드러냈다. 주어진 일터에서 맡겨진 일에 최선을 다하는 사람, 사람의 눈길이 미치지 않는 곳에서도 열심히 몸을 던지는 사람, 필요하다면 자신의 생명까지 내놓는 사람이라고 자신을 소개했다. 자기 자신에 대한 자긍심이 대단한 인물이었음을 알 수 있다.

그런데 눈에 거슬리는 부분이 있다. 그것은 '내가', '내가'라고 하며 자신의 업적을 자랑하며 드러내는 부분이다. 바울이 고린도후서 12장에서 자신이 받은 영적 체험에 대해 이야기하면서 무척 조심스럽게 한마디, 한마디 하는 것과 대조적이다. 자기 자신을 1인칭 대신 '한 사람', '이런 사람', '그'와 같은 3인칭으로 표현한 것과 비교가 된다. 누가복음 12장에 나오는 소출이 풍성한 한 부자의 입에서 나왔던 '내가', '내가'란 단어를 떠올리게 할 정도다 (눅 12:16-19). 더 나아가 '사자'와 '곰'에 대한 언급을 보자. '여우'나 '노루'가 아니다. 다윗은 밀림의 왕들을 맨손으로 제압했다고 말했다. 너무 과장된 것은 아닐까? 주변 사람들은 이런 다윗을 어떻게 평가했을까?

> "소년 중 한 사람이 대답하여 이르되 내가 베들레헴 사람 이새의 아들을 본즉 수금을 탈 줄 알고 용기와 무용과 구변이 있는 준수한 자라 여호와께서 그와 함께 계시더이다 하더라"(삼상 16:18).

다윗은 사람들 앞에서 분명 그럴듯한 인물로 비쳤다. 그는 수금도 탈 줄 알고, 용기와 무용과 구변이 있는 다재다능한 자로 보였다. 시간을 선용하며, 성실하기 그지없고, 언제나 모든 일에 최선을 다하는 모범적인 인물이라는 좋은 인상을 심어 줬다. 여기에다 믿음까지 좋은 사람으로 여겨졌다.

하지만 성령은 어떻게 평가하셨는가? 첫째, 다윗은 받은 바를 은혜로 여기지 않았다(롬 4:4). 둘째, 다윗은 경건하지도 않았다(롬 4:5). 셋째, 다윗은 일한 것이 없는 자였다(롬 4:6). 한마디로, 다윗 또한 아브라함처럼 그렇고 그런 자라는 것이다. 아브라함은 자기 아내를 외간 남자의 품에 건넸고, 다윗은 충성스러운 부하의 아내를 빼앗은 사람이었으며 그것을 덮으려고 살인을 교사한 죄까지 저질렀다. 그런데 겉으로는 그럴듯한 인물, 정말 괜찮은 사람으로 비쳤을 뿐이다.

그런데 하나님은 이런 다윗을 어떻게 대우하셨는가? '내 마음에 맞는 사람'이라고 인정해 주셨다. 다른 형들을 다 제치고 목동에서 이스라엘의 왕으로 기름 부음을 받게 하셨다. 골리앗을 물리쳐 일약 유명인사가 되게 하셨다. 위기 때마다 건져 주시고 지켜 주셨다. 캄캄한 굴속에서 기도할 때마다 응답해 주셨다. 그때 다윗에게 큰 깨달음이 왔다. 어떤 깨달음인가?

"불법이 사함을 받고 죄가 가리어짐을 받는 사람들은 복이 있고 주께서 그 죄를 인정하지 아니하실 사람은 복이 있도다 함과 같으니라"(롬 4:7-8).

이 말씀을 좀 더 잘 이해하기 위해서는 시편 32편을 살펴야 한다. 시편 32편 말씀을 인용했기 때문이다.

"허물의 사함을 받고 자신의 죄가 가려진 자는 복이 있도다 마음에 간사함이 없고 여호와께 정죄를 당하지 아니하는 자는 복이 있도다"(시 32:1-2).

시편 32편은 다윗이 제일 마지막에 지은 시가 아닌가 생각된다. 생의 끝자락에서, 아니면 최후의 숨을 몰아쉬면서 하나님께 올려 드린 고백 말이다. 그래서 우리는 시편 32편을 주목할 필요가 있다. 마지막 부분에 우리를 향한 유언까지 담겨 있기 때문이다.

"너희 의인들아 여호와를 기뻐하며 즐거워할지어다 마음이 정직한 너희들아 다 즐거이 외칠지어다"(시 32:11).

다윗은 먼저 자기를 철저히 커밍아웃했다. 자기가 지난날 어떤 자였는지를 스스로 밝혔으며, 마지막에는 우리에게 질문했다.

"나는 너희가 생각하는 것처럼 의로운 사람, 완벽한 사람이 결코 아니다. 나는 허물투성이다. 내가 행위가 완전한 자였다고 생각하는가? 마음에 간사함이 없었다고 생각하는가? 천만의 말씀이다. 나 같은 죄인이 없다. 그런 내가 받은 복이 무엇인지 아는가? 목동에서 왕이 된 것, 부요해진 것, 이름을 날린 것, 모두 아니다. 내가 받은 복, 그중에서 가장 큰 복이 무엇인지 아는가?

하나님으로부터 죄가 가리어짐을 받는 사람이 된 것과 하나님이 죄를 인정하지 아니하실 사람이 된 것이 가장 큰 복이다. 그런데 이 두 가지를 하나로 묶는다면 '여겨 주시는 것'이다. 죄가 없는 자처럼, 죄가 아닌 것처럼 여겨 주시는 것, 이 은혜를 입은 것이 내 일생을 통해 받은 가장 큰 복이다. 나는 이 은혜, 복을 받은 자다. 이 '여겨 주시는' 은혜를 너희는 아는가?"

사랑하는 여러분!

다윗은 지금 분명 생의 끝자락에 와 있다. 그의 앞에는 하나님의 심판대가 펼쳐져 있다. 이때 그는 지난날을 떠올렸다. 일찍이 자신이 받아 누렸던 모든 것을 당연한 것처럼 챙겼다. 보수를 받고 적당히 눈치만 살피다 시간을 때웠을 뿐 아니라, 하나님 앞에서 올바르고 경건하게 살지 못했던 지난 시간, 그야말로 허물과 죄악투성이로 보냈던 하루하루가 파노라마처럼 지나갔다. 그런데 하나님이 그런 그를 어떻게 대우해 주셨는가? 그냥 '여겨 주셨다.' 즉 '무조건 의인으로 보겠다'는 하나님의 의지다. '장차 의인으로 만들겠다'는 하나님의 의지다.

어떻게 이 일이 가능한가? 나를 위해 십자가에서 돌아가신 예수 그리스도로 말미암아 가능하다. 하나님은 지금 예수 그리스도, 자기의 독생자만 보신다. 그 아들이 흘리신 피만 보신다. 절규하시는 아들의 음성만 들으신다. 그래서 바울이 로마서 4장을 이렇게 마무리한 것이다.

"예수는 우리가 범죄한 것 때문에 내줌이 되고 또한 우리를 의롭다 하시기 위하여 살아나셨느니라"(롬 4:25).

하나님은 '여겨 주시는 은혜'로 말미암아 허물과 약점투성이인 우리를 다듬고 다듬으셔서 결국은 아브라함과 다윗처럼 멋진 주님의 자녀로 만들어 주실 것이다.

2부

의와 거룩에 이르는 길

9.

화평은 십자가의 선물

5:1-11

어쩌다 교회 가까이에 있는 한 가게의 직원과 서로 손 인사를 나누는 사이가 되었다. 처음에는 주인인 줄 알았다. 마치 자기 일처럼 최선을 다하며 손님들에게 친절하고 상냥하게 대하는 모습이 인상적이었다. 그런데 언젠가부터 그 직원이 보이지 않아 물었더니 그만두었다고 했다. 왜 그만두었을까? 다시 그 가게에 들렀을 때 가게를 보고 있던 주인에게 그때 그 친절했던 직원과 서로 연락하는지 물어보았다. 그러자 주인은 이렇게 답했다. "예, 그런데 목사님, 바깥에서 보는 것과는 많이 달랐습니다." 그 순간, 인간에게는 세 종류의 '나'가 있다는 생각이 들었다. '남이 보는 나', '내가 보는 나', 그리고 '하나님이 보시는 나'다. 나는 어떤 모습일까?

> "종들아 모든 일에 육신의 상전들에게 순종하되 사람을 기쁘게 하는
> 자와 같이 눈가림만 하지 말고 오직 주를 두려워하여 성실한 마음으
> 로 하라"(골 3:22).

오호라, 우리에겐 답이 없다

아브라함과 다윗은 사람들의 눈에 매우 존경받고 추앙받는 인물들로 여겨졌다. 그들 스스로도 괜찮은 사람이라고 생각했다. '의인'이라고, 최선을 다하고 있다고 생각했다. 그런데 성령은 그들의 실상, 이면, 즉 민낯을 들춰내셨다.

"만일 아브라함이 행위로써 의롭다 하심을 받았으면 자랑할 것이 있으려니와 하나님 앞에서는 없느니라"(롬 4:2).

아브라함은 하나님이 보실 때 그렇고 그런 사람이었다. 우리와 별반 다르지 않은 자였다. 그런데 하나님은 그를 '여겨 주셨다.' 바랄 수 없는 중에 바랐고(롬 4:18), 믿음이 약해지지 않았고(롬 4:19), 하나님의 약속을 의심하지 않은(롬 4:20) 믿음의 사람이라고 여겨 주셨다. 아브라함은 '여겨 주시는' 은혜를 입은 자였다. 다윗도 마찬가지였다.

"일하는 자에게는 그 삯이 은혜로 여겨지지 아니하고 보수로 여겨지거니와 일을 아니할지라도 경건하지 아니한 자를 의롭다 하시는 이를 믿는 자에게는 그의 믿음을 의로 여기시나니 일한 것이 없이 하나님께 의로 여기심을 받는 사람의 복에 대하여 다윗이 말한 바"(롬 4:4-6).

다윗은 은혜를 모르는 자였고(롬 4:4), 경건하지도 않았다(롬 4:5). 더 나아가 그는 일한 것도 없었다(롬 4:6). 그런데 하나님은 그런 다윗 또한 '여겨 주셨다.' "내 마음에 맞는 사람"(행 13:22)이라고, "중심이 진실한 자"(시 51:6)라고 여겨 주셨다. 그냥 그렇게 여겨 주셨다. 다윗 또한 '여겨 주시는' 은혜를 입은 자였다.

그러면 우리는 어떠한가? 이 질문을 하지 않을 수 없다. 이런 우리에게 하나님이 주시는 말씀이 로마서 5장이다. 로마서 5장은 이렇게 시작한다.

"그러므로 우리가 믿음으로 의롭다 하심을 받았으니 우리 주 예수 그리스도로 말미암아 하나님과 화평을 누리자"(롬 5:1).

성령은 아브라함과 다윗에 이어 우리를 현장에 불러내신다. 그리고 우리의 민낯을 드러내신다. 우리는 지난날 어떤 자들이었던가?

"우리가 아직 연약할 때에"(롬 5:6a).
"우리가 아직 죄인 되었을 때에"(롬 5:8a).
"우리가 원수 되었을 때에"(롬 5:10a).

첫째, 우리는 약한 자였다.

인간을 '만물의 영장'이라고 부른다. 이 말의 사전적 의미는 "하늘과 땅 사이에 흐르는 영묘한 힘을 가진 우두머리"란 뜻이다. 한마디로, 무척 강하다는 뜻이다. 하지만 과연 인간은 무척 강한 존재일까? 한 가지 사례만 언급하겠다.

1밀리미터의 1만 분의 1에 불과한 한 바이러스가 중국 우한에 출현했다. 그리고 몇 달 만에, 아니 몇 주 만에 전 지구촌이 확 바뀌었다. 그냥 변한 정도가 아니라 탈바꿈했다. "세계는 코로나19 이전과 이후로 나뉠 것"이라는 「뉴욕 타임스」 토머스 프리드먼(Thomas Friedman)의 말을 귓등으로 흘려들을 수 없다. 무증상인데도 무작위 다중(多衆)이 사망하는 시대에 진입했다. 코로나22, 코로나23이 연이어 출현하지 않으리라는 보장이 없다. 코로나19 바이러스가 마지막 변이라고 믿을 그 어떤 이유도 없기 때문이다. 텅 빈 거리, 텅 빈 출국장, 텅 빈 가게들을 보면서 우리는 그래도 영묘한 힘을 가진 우두머리라고 으스댈 수 있을까? "약한 자여, 그대 이름은 여자"라는 말은 햄릿(Hamlet)의 독백으로 유명하다. 하지만 이제 고쳐야 한다. "약한 자여, 그대 이름은 사람"이라고 말이다.

둘째, 우리는 죄인이었다.

죄를 범하여 죄인이 되면 그때부터 어둠의 세력이 시키는 대로 끌려다니는 어둠의 노예다. "당신의 죄를 폭로하고 고발하겠다"라는 말 한마디 앞에서 벌벌 떨며 잠을 못 이룬다. 그야말로 전전긍긍이다. 얼마나 많은 사람이 "당신의 죄를 인터넷에 퍼트리겠다"라는 말에 묻지도 따지지도 않고 돈을 입금했던가. 죄는 우리를 옭아맨다. 꼼짝달싹 못하게 만든다. 별수 없이 끌려간다. 우리는 그런 죄인이다. 예외인 자가 없다.

> "우리는 나으냐 결코 아니라 유대인이나 헬라인이나 다 죄 아래에 있다고 우리가 이미 선언하였느니라"(롬 3:9).

"내 지체 속에서 한 다른 법이 내 마음의 법과 싸워 내 지체 속에 있는 죄의 법으로 나를 사로잡는 것을 보는도다"(롬 7:23).

셋째, 우리는 하나님과 원수였다.

이사야는 하나님을 만났다. 그때 그의 입술에서 어떤 절규가 터져 나왔는가?

"그때에 내가 말하되 화로다 나여 망하게 되었도다 나는 입술이 부정한 사람이요 나는 입술이 부정한 백성 중에 거주하면서 만군의 여호와이신 왕을 뵈었음이로다 하였더라"(사 6:5).

웃사가 하나님의 영광을 대할 때 어떤 일이 일어났는가?

"그들이 나곤의 타작마당에 이르러서는 소들이 뛰므로 웃사가 손을 들어 하나님의 궤를 붙들었더니 여호와 하나님이 웃사가 잘못함으로 말미암아 진노하사 그를 그곳에서 치시니 그가 거기 하나님의 궤 곁에서 죽으니라"(삼하 6:6-7).

심지어 천성으로 들림을 받은 이십사 장로들은 하나님 앞에서 어떤 태도로 임했는가?

"이십사 장로들이 보좌에 앉으신 이 앞에 엎드려 세세토록 살아 계시는 이에게 경배하고 자기의 관을 보좌 앞에 드리며 이르되"(계 4:10).

하나님 앞에 서는 것보다 더 큰 두려움이 있을까? 천지만물을 창조하신 하나님과 맞장 뜰 사람이 있단 말인가? 하나님의 모습을 보기만 해도 우리는 어떻게 되는가? 그런데 그 하나님과 원수가 되었으니, 얼마나 두렵고 불행한 일인가.

항해하는 자들은 '삼각파도'(pyramidal wave)를 제일 두려워한다. 삼각파도란 국지적으로 발생한 돌풍 때문에 서로 진행 방향이 다른 두 물결이 부딪히며 생긴 높은 파도다. 다른 파도와는 달리 피라미드처럼 뾰족해진다. 그래서 한쪽 파도를 타면 다른 파도가 측면을 때리기에 뱃머리를 어디로 잡아야 할지 몰라 그야말로 위험천만한 상황이 벌어지고 만다.

우리는 모두 인생이란 바다를 항해하는 자들이다. 이런 우리에게 약함, 죄, 원수는 삼각파도와 같다. 어느 쪽도 탈 수가 없다. 기댈 수도 없다. 이쪽은 약함이다. 저쪽은 죄이고, 또 다른 쪽은 하나님과 원수다. 답이 없다. 언젠가 대표기도자가 "우리에게는 답이 없습니다" 하며 하나님께 부르짖었다. 정말 답이 없다. 그래서 바울은 처절하게 부르짖었다.

"오호라 나는 곤고한 사람이로다 이 사망의 몸에서 누가 나를 건져 내랴"(롬 7:24).

나를 건진 그리스도의 십자가

이것이 원래 내 모습이다. 실상이고 민낯이다. 그런데 그런 나에게 누가 다가오셨는가? 어떤 방법으로 오셨는가?

"우리가 아직 연약할 때에 기약대로 그리스도께서 경건하지 않은 자를 위하여 죽으셨도다"(롬 5:6).

"우리가 아직 죄인 되었을 때에 그리스도께서 우리를 위하여 죽으심으로"(롬 5:8a).

"곧 우리가 원수 되었을 때에 그의 아들의 죽으심으로"(롬 5:10a).

여기 약함, 죄인, 원수와 관련하여 빠짐없이 등장하는 두 단어가 있다. 하나는 '그리스도'이고, 또 하나는 '죽으심'이다. 둘을 하나로 합하면 '그리스도의 죽으심'이다. 이를 다시 줄이면 '십자가'다. 그리스도가 십자가를 통해서 약한 나를, 죄의 깊은 수렁에 빠진 나를, 하나님과 원수 된 나를 삼각파도에서 건져 주셨다. 십자가의 능력이다. 이 사실을 바울은 다음과 같이 말했다.

"십자가의 도가 멸망하는 자들에게는 미련한 것이요 구원을 받는 우리에게는 하나님의 능력이라"(고전 1:18).

"의인을 위하여 죽는 자가 쉽지 않고 선인을 위하여 용감히 죽는 자가 혹 있거니와 우리가 아직 죄인 되었을 때에 그리스도께서 우리를 위하여 죽으심으로 하나님께서 우리에 대한 자기의 사랑을 확증하셨느니라"(롬 5:7-8).

그렇다. 십자가는 약함을 강하게 한다. 죄인을 의인 되게 한다. 원수라는 족쇄를 끊어 버린다. 하나님은 우리를 그냥 '여겨 주시는' 분이 절대 아니시다. 공의의 하나님이시기에 그 공의가 만족되지 않고는 여겨 주실 수 없다. 그런데 그 하나님이 예수 십자가를 통해서 하나님의 공의를 만족시키셨다. 예수 그리스도를 십자가에 높이 매다셨기에 그 십자가를 보시고 우리를 '여겨 주시는' 것이다. 아브라함을 '믿음의 사람'이라 하시고, 다윗을 '내 마음에 맞는 사람'이라 하시며, 우리를 의롭다고 여겨 주시는 것이다. 십자가 때문에 우리는 '여겨 주시는' 은혜를 입은 자가 되었다.

그러면 이 은혜를 입은 자에게 나타나는 표징은 무엇일까?

"그러므로 우리가 믿음으로 의롭다 하심을 받았으니 우리 주 예수 그리스도로 말미암아 하나님과 화평을 누리자"(롬 5:1).

우리말 성경은 고대의 몇몇 사본들에서 발견되는 가정법에 근거하여 권유형인 "화평을 누리자"라고 번역하고 있다. 하지만 원문에 의하면 직설법이다. 그러므로 "화평을 누린다"라고 번역하는 것이 원문에 더 가깝다. 왜냐하면 화평은 칭의(稱義)의 현재적 복이기 때문이다. 그래서 이어지는 10절에서 우리를 '화목하게 된 자'라고 명명하는 것이다. 완료형이다. 이미 누리고 있다는 뜻이다. 내가 원하든지, 원하지 않든지 우리는 십자가의 능력으로 화평을 선물로 받았다. 그래서 우리는 하나님을 '아빠'라 부르는 자가 되었다.

"너희는 다시 무서워하는 종의 영을 받지 아니하고 양자의 영을 받았으므로 우리가 아빠 아버지라고 부르짖느니라"(롬 8:15).

더 나아가 우리는 특별한 직분을 받기까지 했다.

"모든 것이 하나님께로서 났으며 그가 그리스도로 말미암아 우리를 자기와 화목하게 하시고 또 우리에게 화목하게 하는 직분을 주셨으니"(고후 5:18).

어떤 직분인가? 화목하게 하는 직분, 사명이다. 이것이 십자가의 능력을 입은 자들에게 예외 없이 나타나는 표징이다. 그러면 내가 이 화평을 누리는 자인지, 하나님과 화평을 누리고 있는 자인지 그 여부를 어떻게 판별할 수 있는가?

첫째, 화평을 누리는 자는 은혜를 안다.

"또한 그로 말미암아 우리가 믿음으로 서 있는 이 은혜에 들어감을 얻었으며"(롬 5:2a).

지난날 다윗은 어떠했는가?

"일하는 자에게는 그 삯이 은혜로 여겨지지 아니하고 보수로 여겨지거니와"(롬 4:4).

다윗은 모든 것을 당연하게 생각했다. 자기가 그 삯을 받아 마땅하다고 여겼다. 그러나 이제 아니다. 하나님의 크고 놀라운 은혜임을 깨달았다. 이것이 하나님과 화평을 누리는 자에게서 제일 먼저 나타난다.

"그러나 내가 나 된 것은 하나님의 은혜로 된 것이니 내게 주신 그의 은혜가 헛되지 아니하여 내가 모든 사도보다 더 많이 수고하였으나 내가 한 것이 아니요 오직 나와 함께하신 하나님의 은혜로라"(고전 15:10).

이제는 내가 아니다. 하나님의 은혜다. 더 많이 수고했지만 내 공로가 아니라 오직 하나님의 은혜다. 은혜를 아는 자, 그가 바로 하나님과 화평을 누리고 있는 자다. 나는 은혜를 아는 자인가?

둘째, 화평을 누리는 자는 영광을 바라고 즐거워한다.

"또한 그로 말미암아…하나님의 영광을 바라고 즐거워하느니라"(롬 5:2).

오직 하나님의 영광이 내 삶 속에서 나를 통해 나타나길 열망한다. 이것이 나의 기쁨이요 즐거움이 된다. 예수님의 사역을 들여다보면 특이한 점 하나를 발견하게 된다. 일은 분명 주님이 하셨다. 기적은 주님이 베푸셨다. 그런데 언제나 영광은 하나님께 돌아갔다. 예수님이 중풍병자를 고쳐 주셨을 때 그 모습을 본 사람들은 한결같이 영광을 하나님께 돌렸다.

"무리가 보고 두려워하며 이런 권능을 사람에게 주신 하나님께 영광을 돌리니라"(마 9:8).

이처럼 화평을 누리는 자는 하나님의 영광을 드러내고 사모하며, 그것으로 인해 기쁨과 즐거움을 맛본다. 참맛, 참 즐거움이 무엇인지를 안다.

셋째, 화평을 누리는 자는 환난을 두려워하지 않는다.

"다만 이뿐 아니라 우리가 환난 중에도 즐거워하나니 이는 환난은 인내를, 인내는 연단을, 연단은 소망을 이루는 줄 앎이로다"(롬 5:3-4).

왜냐하면 그는 하나님과 화목을 누리고 있기 때문이다. 그러니 두려워할 필요가 전혀 없다. 하나님이 모든 것을 주관하시며 간섭하고 계시기에 그는 오히려 환난 앞에서 즐거워한다. 전에는 두려웠으나 이제는 아니다. 합력하여 선을 이루시는 분이 내 아버지시기 때문이다. 그분과 화목하기 때문이다. 그러므로 결국은 소원의 항구에 이를 것이다(시 107:30). 오히려 그는 환난의 바람이 불 때 어떤 소망에 이를 것인지 기대한다. 하나님이 배의 키를 잡고 계시기 때문이다.

이 세 가지가 바로 리트머스 시험지다. 정말 하나님과 화평을 누리고 있다면 은혜를 안다. 하나님의 영광을 바라고 즐거워한다. 더 나아가 환난조차도 두려워하지 않는다. 하나님과 화평을 누리고 있기 때문이다.

사랑하는 여러분!
이 놀라운 복이 어떻게 나타났는가? 누구의 희생으로 이 일이 가능했는가? 예수 그리스도의 죽으심, 즉 십자가의 능력 때문이다. 우리가 연약할 때에, 죄인 되었을 때에, 원수 되었을 때에 친히 찾아오셔서 자신의 몸을 십자가 위에 던지신 예수 그리스도의 희생 때문이다. 모든 것이 십자가의 능력이요 힘이다.

그래서 우리는 십자가를 사랑한다. 십자가를 바라본다. 그때 십자가가 약한 나를 강하게 한다. 죄인인 나를 의인으로 바꾼다. 하나님과 원수 된 자가 하나님의 사랑을 받는 자로 변화된다. 십자가 때문에 우리는 놀라운 은혜를 아는 자가 되었고, 하나님의 영광을 바라며 즐거워하는 자가 되었으며, 더 이상 환난 앞에서도 두려워하지 않는 자가 되었다. 그야말로 십자가의 힘이요 능력이다. 십자가는 하나님이 오늘 우리에게 부어 주신 그분의 사랑이다. 그래서 우리는 이 찬송을 목 놓아 부르지 않을 수 없다.

"최후 승리를 얻기까지 주의 십자가 사랑하리 / 빛난 면류관 받기까지 험한 십자가 붙들겠네"(새찬송가 150장 후렴).

10.

예수의 부활이 나의 부활

5:12-17

대표성의 원리

언젠가 석가의 뼈가 발견되었다고 흥분하며 한동안 떠들썩한 적이 있다. 그때 인도에서는 석가의 뼈들을 잘 진열하여 수백만 인도인의 경의 속에 시가행진까지 했다. 그 모습을 지켜보던 한 선교사가 그의 친구에게 말했다.

"만약 저들이 예수 그리스도의 뼈 하나라도 발견한다면 기독교는 산산조각이 나고 말 것이다."

기독교는 죽은 자를 찾아 경배하는 종교가 아니다. 산 자를 믿는 종교요, 빈 무덤의 종교요, 살아서 오늘도 왕 노릇 하시는 하나님을 믿는 종교다. 특히 한국의 기독교는 주님의 부활에 더 큰 의미를 부여하지 않을 수 없다. 왜냐하면 1885년 부활절 아침에 한국 최초의 개신교 선교사 호레이스 언더우드(Horace Grant Underwood, 1859-1916), 헨리 아펜젤러(Henry Gerhard Appenzeller,

1858-1902)가 인천 제물포항에 도착했기 때문이다. 그들은 그날 낯선 땅에 입을 맞추며 이렇게 기도했다.

"주님, 우리는 영광스런 이 부활절 아침에 조선이라는 땅에 들어왔습니다. 이제 부활하신 주님이 이 나라 이 백성을 얽어매고 있는 굴레를 끊어 주시며, 사망의 빗장을 산산이 깨뜨리시고, 참 빛과 자유를 허락해 주옵소서."

100년도 훨씬 전에 드린 기도다. 그런데 이 기도가 오늘 우리가 처한 상황과 기가 막히게 일치하지 않는가? 우리는 모두 실로 긴 어둠의 터널을 통과하고 있다. 코로나19라는 팬데믹(Pandemic)이 전 지구촌을 숨죽이게 했다. 일상은 사라졌고, 경제는 멈췄다. 오가는 길이 막혔다. 심지어 하늘길까지 방어벽이 쳐졌다.

이 굴레, 이 사망의 빗장의 끝이 어디인지 알 수 없다. 그래서 어떤 철학자는 "코로나19 바이러스는 인간 삶의 모순과 한계를 확대해 보여 주는 돋보기에 해당한다"라고 했고, 또 어떤 철학자는 "현재 감염병 지역 내에서 근본적 불평등, 인종주의, 자본주의적 착취가 빠른 속도로 자신을 재생산하고 있다"라고 경고했다. 새겨들어야 할 말이다. 더 눈여겨볼 것은 세계 최강 국가 미국이다. 미국의 확진자 수는 세계 최고다. 전 세계 감염자의 25%를 차지한다. 사망자 수도 세계 1위다. 이 얼마나 부끄럽고 당혹스러운 일인가. 1밀리미터의 1만 분의 1도 채 되지 않는, 보이지도 않는 바이러스 앞에서 세계 최강국이 허둥대고 있다.

더 흥미로운 사실은 '한 사람'의 감염이 다른 '한 사람'의 감염에 그치지 않고 집단 감염, 아니 전 인류의 감염으로 확산되었다는 점이다. 일종의 '대표성의 원리'다. 대표성의 원리는 우리 주변에서 얼마든지 확인할 수 있다.

1945년 일왕(日王)은 미 함정 위에서 항복 문서에 조인했다. 그런데 그것이 어떻게 일본 전체가 항복한 것과 동일한 효력을 발휘했는가? 대표자가 조인했기 때문이다. 한편, 1910년 한일합방 조약이 체결되었다. 그런데 이 조약의 정당성에 대해서는 지금껏 논란이 있다. 이유는 당시 대한제국의 황제 순종이 이 조약에 공식적으로 서명하지 않았기 때문이다. 당시 일본 총독부의 일개 직원에 불과했던 마에마 교사쿠(前間恭作)라는 사람이 날조한 것으로 알려져 있다. 그러므로 대표성의 원리를 적용할 수 없다.

이처럼 대표성의 원리는 대단히 중요하다. 이 중요한 대표성의 원리가 성경의 중심 뼈대를 이루고 있다. 대표성의 원리가 아니고는 성경의 진리가 설명되지 않는다.

아담 대표성의 원리, 사망

노아 시대에 사람들의 죄악이 극에 달했다. 오직 한 사람, 노아를 제외하고는 모두 마음의 생각과 계획이 악했다. 결국 세상은 홍수 심판을 받았다. 그런데 그때 노아만 구원받았는가? 아니다. 노아와 그의 가족 모두가 구원받았다. 어떻게 노아와 그의 가족과 심지어 짐승들까지 구원을 받았는가? 대표성의 원리다.

여리고 성의 기생 라합은 이스라엘 정탐꾼들을 숨겨 주었다. 그런 라합이 구원받은 것은 충분히 이해된다. 그런데 라합의 가족과 심지어 그 집안에 속한 모든 것이 다 구원받았다(수 6:25). 한편, 당시 아간이란 자는 여리고 성 정복 과정에서 하나님의 명령을 어기고 진귀한 물건들을 훔쳤다. 그런 그가 징벌받은 것은 충분히 이해된다. 그런데 문제는 애꿎은 가족들, 짐승들이었다. 그날 심지어 장막을 위시한 모든 것이 아골 골짜기에서 돌무덤이 되었다(수 7:24-26). 기생 라합과 아간의 사건은 대표성의 원리가 아니고는 설명이 되지 않는다.

성경에는 이런 말씀도 있다.

"그것들에게 절하지 말며 그것들을 섬기지 말라 나 네 하나님 여호와는 질투하는 하나님인즉 나를 미워하는 자의 죄를 갚되 아버지로부터 아들에게로 삼사 대까지 이르게 하거니와 나를 사랑하고 내 계명을 지키는 자에게는 천 대까지 은혜를 베푸느니라"(출 20:5-6).

역시 대표성의 원리다. 대표성의 원리는 에덴동산에서부터 면면히 흐르고 있다. 바울은 대표성의 원리를 몇 차례나 반복하고 강조했다.

"그러므로 한 사람으로 말미암아 죄가 세상에 들어오고 죄로 말미암아 사망이 들어왔나니 이와 같이 모든 사람이 죄를 지었으므로 사망이 모든 사람에게 이르렀느니라"(롬 5:12).

누군가 '한 사람'이 죄를 지었는데 그 행위는 '모든 사람'이 죄를 지은 것과 마찬가지라는 것이다. 그럼 여기서 '한 사람'은 누구일까? 이어지는 14절에 그의 실명이 공개된다.

"그러나 아담으로부터 모세까지 아담의 범죄와 같은 죄를 짓지 아니한 자들까지도 사망이 왕 노릇 하였나니 아담은 오실 자의 모형이라"(롬 5:14).

아담이다. 바울은 '아담의 범죄'라고 말했다. 아담은 인류의 시조로서, 모든 인류를 대표하는 자다. 그런 아담이 죄를 범했다는 것이다. 그러면 '모든 사람'은 누구일까? 14절에서 바울은 '모든 사람'을 '아담의 범죄와 같은 죄를 짓지 아니한 자들'이라고 부연 설명했다. 그렇다면 '모든 사람'이란 아담의 후예, 즉 나를 포함한 인류 전체를 뜻한다.

그러면 '한 사람'과 '모든 사람'의 공통점은 무엇인가? 사망이 왕 노릇 한다는 점이다. 사망의 권세, 손아귀에서 벗어날 수 없다는 점이다. 즉 죽는다는 것이다. 왜 죽는가? 에덴동산에서 하나님이 그 사람 아담에게 말씀하셨다.

"여호와 하나님이 그 사람에게 명하여 이르시되 동산 각종 나무의 열매는 네가 임의로 먹되 선악을 알게 하는 나무의 열매는 먹지 말라 네가 먹는 날에는 반드시 죽으리라 하시니라"(창 2:16-17).

그런데 아담이 어떻게 했던가? 선악과를 먹음으로 죄를 범했다. 죄를 범한 아담에게 나타난 것이 무엇인가? "반드시 죽으리라"라는 하나님의 말씀 그대로 그에게 죽음이 찾아왔다.

"죄의 삯은 사망이요"(롬 6:23a).

아담에게 사망이 찾아온 까닭은 그가 죄를 범했기 때문이다. 그런데 우리는 그때 그 현장에 없었다. 알리바이가 분명하다. 선악과를 따 먹은 적도 없다. 선악을 알게 하는 나무와 그 열매가 어떻게 생겼는지도 모른다. 우리는 정말 '아담의 범죄와 같은 죄를 짓지 아니한 자들'이다(롬 5:14). 그런데 그런 우리에게도 사망이 찾아와 왕 노릇 하고 있다. 역사가 시작된 이래로 죽지 않은 자가 있는가? 우리 모두는 예외 없이 죽는다. 그 이유가 무엇일까?

"이와 같이 모든 사람이 죄를 지었으므로 사망이 모든 사람에게 이르렀느니라"(롬 5:12b).

첫째, '이와 같이'는 '마찬가지로', '똑같이'라는 뜻이다. 둘째, '모든 사람'은 '나'를 포함한 '우리'다. 셋째, 단수 '죄'를 사용한 것으로 보아 한 가지 죄를 말한다. 넷째, 과거형 '지었으므로'라고 표현했으므로 과거에 지은 죄를 말한다.

아담과 똑같이, 나도 예외 없이 한 가지 죄를 과거에 지었다. 바로 에덴동산의 '선악과 사건'이다. 그러니까 그 사건에 내가 참여했다는 것이다. 아담이 죄를 짓던 자리, 선악과를 따 먹고 하나님께 불순종하던 그 자리에 내가 있었다는 뜻이다. 아담만 선악과를 따 먹은 것이 아니라, 나도 그 자리에서 선악과를 따 먹었다는 것이다. 그것을 어떻게 아는가? 죽음을 피할 수 없다는 사실을 보고 알수 있다. 그러니까 아담은 우리 모두의 대표자로서 하나님의 말씀에 불순종해 죄를 범했으며, 우리는 모두 공범자라는 것이다.

성경에서 우리가 죄인이라고 하는 것은 '현재 내가 죄를 저지르고 있느냐', 혹은 '앞으로 내가 어떤 악을 행할 것이냐'라는 문제와 근본적으로 전혀 차원이 다른 별개다. 그것은 현재 나의 행동이전의 문제다. 나의 존재 이전의 문제다. 내가 이 땅에 모습을 드러내기 이전의 문제다.

숙명적으로 우리는 모두 자신의 의지와는 관계없이 '죄인'으로 태어났다. 그러므로 죄를 지어서 죄인이기에 앞서, 죄인이기 때문에 죄를 짓는 자들이다. 왜냐하면 아담이 죄를 지을 때 나도 그 현장에 있었기 때문이다. 이것은 사망이 내게도 왕 노릇 하고 있음이 증명한다. 누구나 예외 없이 죽는다. 죽음을 피할 자는 없다. 바로 대표성의 원리다. 이 사실을 인정하는가? 인정해야 소망이 있다. 이 사실을 인정해야 비로소 답이 나온다. 왜 인정해야 답이 나오는가? 역시 대표성의 원리 때문이다.

예수 대표성의 원리, 생명

여기에 또 하나의 대표가 등장한다.

"한 사람 예수 그리스도의 은혜로 말미암은 선물은 많은 사람에게 넘쳤느니라"(롬 5:15b).
"한 분 예수 그리스도를 통하여 생명 안에서 왕 노릇 하리로다"(롬 5:17b).
"한 의로운 행위로 말미암아 많은 사람이 의롭다 하심을 받아 생명에 이르렀느니라"(롬 5:18b).

"한 사람이 순종하심으로 많은 사람이 의인이 되리라"(롬 5:19b).

여기에 등장하는 또 '한 사람'은 누구인가? 2천여 년 전 저 유대 땅 베들레헴에서 탄생하신 나사렛 예수시다. 예수 그리스도가 첫 사람 아담과 대칭을 이루시면서 전혀 다른 제2의 '아담'으로 나타나셨다.

첫 사람 아담은 죄를 범해 하나님께 불순종했고, 그래서 정죄를 받았다. 그 결과 모든 인간에게 사망이 왕 노릇 하게 되었다. 그런데 둘째 아담이신 예수 그리스도는 순종하심으로 의를 행하셨다. 그 결과 모든 인간이 생명 안에서 왕 노릇 하게 되었다. 한 사람과 또 한 사람이다. 사망의 왕 노릇과 생명의 왕 노릇이다. 이 대표성의 원리를 바울은 다음과 같이 설명했다.

"그러나 이 은사는 그 범죄와 같지 아니하니 곧 한 사람의 범죄를 인하여 많은 사람이 죽었은즉 더욱 하나님의 은혜와 또한 한 사람 예수 그리스도의 은혜로 말미암은 선물은 많은 사람에게 넘쳤느니라"(롬 5:15).

"한 사람의 범죄로 말미암아 사망이 그 한 사람을 통하여 왕 노릇 하였은즉 더욱 은혜와 의의 선물을 넘치게 받는 자들은 한 분 예수 그리스도를 통하여 생명 안에서 왕 노릇 하리로다"(롬 5:17).

우리가 생명 안에서 왕 노릇 하게 되는 길이 열렸다. 무엇을 통해서인가? 골고다 십자가를 통해서다. 그런데 2천여 년 전, 골고다 십자가 현장에 내가 있었던가? 분명히 나는 그 현장에 없었다. 그런데 하나님은 내가 있었다고 하신다. 에덴동산 아담의 범죄 현장에 내가 있었듯이, 골고다 현장에 내가 있었다고 하신다. 그때 예수 그리스도가 십자가에 달리셨다. 그때 나도 함께 달렸고, 나도 함께 피를 흘렸다. 그리스도와 함께 나도 죽었다. 대표성의 원리 때문이다. 하나님이 그렇게 보시는 것이다. 바울은 다음과 같이 말했다.

> "내가 그리스도와 함께 십자가에 못 박혔나니"(갈 2:20a).
> "그리스도 예수의 사람들은 육체와 함께 그 정욕과 탐심을 십자가에 못 박았느니라"(갈 5:24).

그렇다. 우리가 그때 그 현장에 있었다. 우리가 십자가에 못 박혔다. 아니, 못 박았다. 그래서 죽었다. 그런데 그것으로 모든 것이 끝났던가? 물론 그날 골고다 십자가의 예수님은 완전히 숨이 끊어지셨다. 이 사실을 원수들이 확인한 바 있다.

> "군인들이 가서 예수와 함께 못 박힌 첫째 사람과 또 그 다른 사람의 다리를 꺾고 예수께 이르러서는 이미 죽으신 것을 보고 다리를 꺾지 아니하고 그중 한 군인이 창으로 옆구리를 찌르니 곧 피와 물이 나오더라"(요 19:32-34).

예수님의 시신이 아리마대 사람 요셉의 무덤에 뉘어졌다. 무덤 입구는 돌로 막아 인봉되었고, 경비병이 삼엄하게 지키고 있었다.

그 누구도 돌문을 열고 무덤에 들어가 예수님의 시신을 도둑질할수 없었다. 도둑질해 갈 만한 간 큰 자도 없었다. 모든 것이 끝난 듯 보였다.

사흘이 지난 안식 후 첫날 새벽에 막달라 마리아가 예수님의 무덤을 찾았다. 그런데 시신이 보이지 않았다. 순간, 마리아는 누가 시신을 도둑질해 간 것은 아닌가 싶어 무서움과 두려움이 엄습했다. 울지 않을 수 없었다(요 20:11). 그러다 바로 그때 무덤 안에서 천사의 음성이 들렸다.

> "어찌하여 살아 있는 자를 죽은 자 가운데서 찾느냐 여기 계시지 않고 살아나셨느니라"(눅 24:5b-6a).

막달라 마리아가 두려움과 큰 기쁨으로 돌아섰을 때 그곳에 부활하신 주님이 계셨다(요 20:14). 하지만 바로 예수님이신 줄은 알지 못했다. 예수님이 "마리아야" 하실 때 비로소 깨달았다. 예수님은 막달라 마리아에게 부활의 영광스러운 모습을 가장 먼저 보여주셨다. 부활하신 주님의 입에서 마리아의 이름이 제일 먼저 나왔다. 마리아가 주님을 사랑했기 때문이다. 이처럼 예수님은 막달라 마리아를 위시한 여인들에게, 그 후에 게바에게, 열두 제자에게, 그 후에 500여 형제에게 일시에 보이셨다. 40일 동안 머무시면서 많은 사람에게 보이셨다. 심지어 만삭되지 못하여 난 자 같은 바울에게도 보이셨다. 주님은 분명 다시 살아나셨다. 할렐루야!

주님의 부활을 놓고 옥스퍼드 대학의 교수였으며 『로마사』의 저자인 사학자 토마스 아놀드(Thomas Arnold, 1795-1842) 박사는 이렇게 말했다.

"나는 여러 다른 시대의 역사에 대해서 연구하고 저자와 기록들의 증거를 고찰해 보았다. 그중 예수께서 죽으셨고, 죽은 자 가운데서 다시 살아나신 사건보다 더 완전히 증명될 수 있는 사건이 인류 역사에는 없다는 사실을 확신한다."

사랑하는 여러분!

우리 주님이 사망 권세를 이기시고 무덤의 문을 활짝 여셨다. 예수의 부활이 곧 나의 부활이다. 왜냐하면 에덴동산에 내가 있었듯이, 골고다 현장에 내가 있었기 때문이다. 아담의 범죄에 내가 동참했듯이, 십자가의 죽음과 부활에 내가 동참했기 때문이다. 이 부활의 주님을 믿는 자들에게 부활의 주님이 영원한 생명, 즉 영생을 선물로 주신다. 그래서 그리스도와 함께 영원히 왕 노릇 하는 자가 되게 하신다.

11.

죄의 종노릇하지 않기

6:1-11

죄 사함은 싸구려가 아니다

이창동 감독의 영화 "밀양"은 줄거리는 복잡하지 않지만 영화가 주는 메시지가 강렬하다. 교통사고로 남편을 잃은 신애(전도연)는 아들과 함께 남편의 고향 밀양으로 내려간다. 생계를 위해 (그래도 살아야 하니까) 피아노 학원을 차리고 이웃과 가까워지려 애쓴다. 억척같다. 하지만 그럴수록 사람들은 그런 그녀를 안쓰러운 눈으로 바라보며 "원장님처럼 불행한 분은 하나님의 사랑이 꼭 필요해요"라고 너무 쉽게들 말을 내뱉는다. 남편을 잃었다는 것 때문에 사람들은 신애를 불쌍한 사람이라 예단하면서 동정한다.

그러던 어느 날 아들 준이가 유괴를 당한다. 유괴범이 거액을 요구해 전 재산을 내줬지만, 결국 준이는 싸늘한 주검으로 돌아온다. 안 그래도 신애는 불쌍한 사람이었는데 사람들은 이번 일로 더 마음 쓰인다며 "원장님에겐 약이 아니라 마음의 치료가 필요

해요" 하며 교회에 나오라고 전도한다. 교회에 나간 그녀는 사람들 앞에서 행복한 척, 마음의 평화를 얻은 척 자신의 감정을 숨긴다. 사실 신애는 여전히 아들을 떠나보내지 못한 채 단지 자기 안에 가득한 슬픔을 밀어 내고 있었다.

그러다 신애는 아들의 유괴범을 용서하겠다는 어려운 결심을 한다. 그리고서 그 유괴범을 면회하러 간다. 그런데 신애를 만난 유괴범이 너무나 뻔뻔하게도 자기는 교도소에서 예수를 믿게 되었고, 그 예수로부터 자신의 모든 죄를 다 용서받았고, 그래서 지금 너무 마음 편하게 잘 지내고 있다고 하는 것이 아닌가. 그렇게 말하는 유괴범의 얼굴은 달덩이처럼 환하기까지 하다. 지금까지 단 한 번도 제대로 사과하지 않았는데 말이다. 그러면서 말끝마다 '예수', '예수'를 반복한다. 자기는 죄 사함을 받았다 한다.

신애는 용서하러 왔는데, 정말 애써서 결심하고 왔는데, 자기는 이미 하나님께 다 용서를 받았다고 하는 그에게 할 말을 잃는다. 그러면서 "하나님이 죄를 용서해 주셨다고요?" 하며 하나님께 배신감을 느낀다. 그때부터 하늘이 보란 듯이 제멋대로 행동한다.

물론 이 영화는 특정 종교를 비난하고자 만든 것은 아닐 것이다. 하지만 예수 믿는 우리로 하여금 많은 생각을 하게 한다. 특히 '이신칭의'에 대해서 말이다.

'오직 믿음으로 구원을 받는다는 이신칭의가 그렇게 싸구려란 말인가? 자신이 지은 죄를 가볍게 떨쳐 버릴 수 있는 요술 지팡이란 말인가? 어떤 죄를 지어도 무조건 다 용서받으니까 걱정할 필요가 전혀 없다며 위안을 안겨 주고, 나아가 우리로 하여금 더 쉽

게 죄짓게까지 만드는 값싼 복음일까? 과연 믿기만 하면 그 후에는 자기 마음대로 살아도 된다는 뜻인가?'

이런 근본적인 질문 앞에 우리를 세운다. 자칫하면 그 유괴살인범처럼 될 수 있기 때문이다. 여기서 먼저 분명히 짚고 넘어가야 할 것이 있다. 율법의 행위로 구원을 얻을 육체는 단 한 사람도 없다는 사실이다(롬 3:20). 이것을 증명하기 위해 바울은 아브라함을 현장에 불러냈다. 다윗을 청문회에 세웠다. 그러고서 그들도 예외일 수 없음을 천명했다. 믿음의 조상 아브라함도, 하늘의 별이 된 다윗도 의로운 행위로 구원받은 것이 아니라는 것이다.

예수를 믿는다는 것

그러면 어떻게 구원을 받는가? 성경은 오직 믿음으로 구원받는다고 선언한다.

"오직 의인은 믿음으로 말미암아 살리라"(롬 1:17b).

우리가 구원받는 유일한 길은 예수 그리스도를 믿는 믿음뿐이다. 그래서 바울은 이렇게 말했다.

"그리스도 예수 안에서는 할례나 무할례나 효력이 없으되 사랑으로써 역사하는 믿음뿐이니라"(갈 5:6).

그러면 이 믿음이란 도대체 무엇인가? 로마서 6장에는 '믿다'

라는 단어가 단 한 번 등장한다.

"만일 우리가 그리스도와 함께 죽었으면 또한 그와 함께 살 줄을 믿노
니"(롬 6:8).

우리가 믿는 것은 두 가지다. 첫째는 '우리가 그리스도와 함께
죽었다는 것'이고, 둘째는 '우리가 그리스도와 함께 산다는 것'이
다. 그러면 더 구체적으로, 그리스도와 함께 죽었다는 것은 무엇을
의미하며, 그리스도와 함께 산다는 것은 무슨 뜻인가?

이런 의문을 가지고 본문을 들여다보면 11절에 독특한 단어 하
나가 눈에 띈다. '여길지어다'라는 단어다. 헬라어로 $\lambda o \gamma i \zeta o \mu a i$(로
기조마이)인 이 단어는 '믿을지어다', '확신할지어다', '판단할지어
다', '의심 없이 받아들일지어다'라고 번역해도 전혀 어색하지 않
다. 오히려 우리말 성경에서 "믿을지어다"라고 번역했다면 더 좋
았을 듯하다. 바울이 8절에 이어 11절에서 우리가 그리스도와 함
께 죽었다는 것은 무엇을 의미하며, 그리스도와 함께 산다는 것은
도대체 무엇을 의미하는지를 부연 설명하고 있기 때문이다. 그래
서 우리는 다시 한 번 이 말씀을 또박또박 크게 읽어야 한다.

"이와 같이 너희도 너희 자신을 죄에 대하여는 죽은 자요 그리스도 예
수 안에서 하나님께 대하여는 살아 있는 자로 여길지어다"(롬 6:11).

우리가 그리스도와 함께 죽었다는 것은 실제로 우리가 십자가
에 못 박혀 죽은 자라는 뜻이 아니라 죄에 대하여 죽은 자라는 의

미이며, 그리스도와 함께 산다는 것은 하나님께 대하여 살아 있는 자라는 뜻이다. 이처럼 예수님을 믿는다는 것은 막연하지 않고 매우 구체적이다. 내가 죄에 대하여 죽은 자임을 믿는 것이다. 그리고 내가 하나님께 대하여 산 자임을 믿는 것이다. 이것이 곧 예수님을 믿는 것이다. 이 사실을 정말 믿는다면 그것이 내 삶에서 드러나야 한다. 정말 이 두 가지가 내 삶에서 드러나고 있는가? 그렇지 않기 때문에 이신칭의가 열병을 앓고 있다.

미국 여론조사 기관 퓨 리서치 센터(Pew Research Center)의 설문 조사에서 개신교인 2명 중 1명이 "믿음에 선행이 동반되어야 구원을 받는다"라고 답을 했다. 오직 믿음으로 구원을 받는다는 이신칭의를 믿는 개신교인이 미국은 46%, 서유럽은 29%에 불과하다는 통계도 있다. 왜 이런 논쟁이 일어났을까? 왜 이신칭의에 대해 반발하게 되었을까? 우리가 믿음만 강조하고 입술로 믿음을 외치는데 삶이 따라 주지 않기 때문이다.

그래서 새 관점학파[톰 라이트(N. T. Wright), 김세윤 박사]는 "예수 그리스도를 믿음으로써 칭의를 얻어도 구원에 합당한 삶을 살지 못하면 최종 심판 때 구원에 탈락할 수 있다"는 '유보적 칭의론'을 주장한다. 『톰 라이트 칭의론 다시 읽기』(IVP, 2016)에서 박영돈 교수는 "거룩함의 열매를 맺지 못하는 믿음은 그 참됨이 증명되지 않은 믿음이며, 선행은 사람을 의롭게 하는 게 아니라 믿음이 참이라는 사실을 입증한다"고 말한다. 내 믿음을 내가 입증해야 한다는 것이다. 그러면 어떻게 입증할 것인가?

죄에 대하여 죽은 자

첫째, 나는 죄에 대하여 죽은 자임이 드러나야 한다. 바울은 로마서 6장에서 이것을 몇 차례나 강조했다.

"죄에 대하여 죽은 우리가 어찌 그 가운데 더 살리요"(롬 6:2).

"우리가 알거니와 우리의 옛 사람이 예수와 함께 십자가에 못 박힌 것은 죄의 몸이 죽어 다시는 우리가 죄에게 종노릇하지 아니하려 함이니"(롬 6:6).

"그가 죽으심은 죄에 대하여 단번에 죽으심이요 그가 살아 계심은 하나님께 대하여 살아 계심이니 이와 같이 너희도 너희 자신을 죄에 대하여는 죽은 자요 그리스도 예수 안에서 하나님께 대하여는 살아 있는 자로 여길지어다"(롬 6:10-11).

"그리스도 예수의 사람들은 육체와 함께 그 정욕과 탐심을 십자가에 못 박았느니라"(갈 5:24).

그러면 죄에 대하여 죽었다는 것은 무엇을 의미하는가? 죄에 대하여, 죄의 유혹 앞에서 죽은 시체처럼 더 이상 어떤 반응도 하지 않는, 아니 할 수 없는 존재가 되었다는 뜻일까? 예수를 믿으면, 그래서 믿는 순간 믿음을 가지면 그때부터는 죄가 아무리 나를 쿡쿡 찔러도 전혀 반응하지 않는, 눈길과 마음 한 번 주지 않는, 흔들리지 않는 사람이 된다는 말인가? 예수를 믿는 순간, 믿음을 가지는 순간 죄에 대하여 그 어떤 호기심도, 관심도, 반응도 없이 무덤덤해진다는 말인가? 그렇지 않다. 아니, 그럴 수 없다. 왜냐하면 우리는 육체를 입고 여전히 이 땅에 있기 때문이다. 이 땅이 어떤 곳인가?

> "큰 용이 내쫓기니 옛 뱀 곧 마귀라고도 하고 사탄이라고도 하며 온 천
> 하를 꾀는 자라 그가 땅으로 내쫓기니 그의 사자들도 그와 함께 내쫓
> 기니라"(계 12:9).
> "그러므로 하늘과 그 가운데에 거하는 자들은 즐거워하라 그러나 땅
> 과 바다는 화 있을진저 이는 마귀가 자기의 때가 얼마 남지 않은 줄을
> 알므로 크게 분 내어 너희에게 내려갔음이라 하더라"(계 12:12).

사탄이 이 땅, 우리 곁에 내려왔다. 사탄의 별명은 '온 천하를
꾀는 자'다. 사탄은 어떤 무기로 온 천하를 꾀고 미혹하는가? 죄라
는 무기다. 물론 사탄은 여자의 후손이신 예수 그리스도에 의해서
머리가 이미 깨졌다(창 3:15). 하지만 몸통, 그리고 꼬리는 아직도
살아 마지막 발악을 하고 있다. 그야말로 우는 사자같이 두루 다
니며 삼킬 자를 찾고 있다(벧전 5:8). 사탄은 무저갱에 던져질 때까
지 죄라는 무기를 가지고 택한 자들을 미혹한다(계 20:2-3).

그러므로 죄에 대하여 죽었다는 것은 '죄에 대하여 해방되었
다', '죄에 대하여 완전히 자유롭게 되었다', '죄에 대하여 전혀 반
응하지 않는 자가 되었다'는 뜻이 아니다. 더 이상 죄의 명령에 굴
복하지 않는, 굴복할 필요가 없는 자로 신분이 바뀌었음을 인식하
며 살아가야 한다는 뜻이다.

한 사람이 귀에 구멍이 뚫린 채 노예로 끌려왔다. 아주 못된 주
인은 부정한 일을 포함해 온갖 궂은일을 시켰다. 노예는 어쩔 수
없었다. 죽으라면 죽는 시늉까지 해야 하는, 그야말로 죽지 못해

살아가는 나날이었다. 짐승과 노예가 다른 점이 있다면 말을 한다는 것 외에는 없었다.

그런데 놀라운 일이 일어났다. 다른 주인이 그 노예를 엄청난 값을 주고 사서는 양자로 입적했다(롬 8:15). 노예는 한순간에 신분이 바뀌었다. 새 주인의 심부름을 가던 어느 날, 노예는 길가에서 옛 주인을 만났다. 옛 주인은 여전히 자기 수하에 있는 노예인 양 그를 불러 세우고는 일을 시켰다. 노예가 벌벌 떨며 굽실거리며 그 말을 들을 필요가 있겠는가?

숫자 4.5와 5가 있었다. 4.5는 항상 5보다 0.5가 부족했기에 주눅이 들어 5가 시키는 대로 다 했다. 그러던 어느 날 5가 4.5 앞에 나타나 또 못된 일을 시켰다. 그런데 이번엔 4.5가 고개를 뻣뻣이 들고 당당하게 응하지 않더니 이렇게 말했다. "나 점 뺐거든!" 검은 점을 빼고 나니 신분이 완전히 달라졌다. 5는 45에게 게임이 되지 않는다.

우리는 지난날 '죄'라는 주인에게 고용된 자들이었다. 그때 우리는 죄라는 시꺼먼 점을 뺄 수 없었다. 그래서 그때는 죄가 시키는 대로 할 수밖에 없었다. 그런데 그런 우리에게 어느 날 '은혜'가 찾아왔다. 엄청난 값을 지불하고 나를 사서는 점을 빼고 양자로 삼았고, 그 순간 신분이 완전히 바뀌었다. 그렇다면 이제 '죄' 사장이 우리를 찾아와 여전히 겁을 주고 유혹하며 설득하고 윽박지른다 해도 그 말을 들을 필요가 있는가? 신분이 완전히 바뀌었는데 말이다.

죄에 대하여 죽은 자란 이런 뜻이다. 죄란 놈은 여전히 내 주변을 어슬렁거리며 기회를 타서 나를 넘어뜨리려 한다. 하지만 이제 내 주인이 바뀌고 신분이 바뀌었다는 사실을 인식하며 살아가야 한다. 그러한 삶이 예수 믿는 자에게서 나타나야 한다. 그렇게 살아가는 자가 예수 믿는 자다. 나는 정말 예수 믿는 자인가?

하나님께 대하여 살아 있는 자

둘째, 나는 하나님께 대하여 살아 있는 자임이 드러나야 한다. 본문에는 '합하여', '함께', '연합'이라는 단어가 반복된다.

> "무릇 그리스도 예수와 합하여 세례를 받은 우리는 그의 죽으심과 합하여 세례를 받은 줄을 알지 못하느냐 그러므로 우리가 그의 죽으심과 합하여 세례를 받음으로 그와 함께 장사되었나니 이는 아버지의 영광으로 말미암아 그리스도를 죽은 자 가운데서 살리심과 같이 우리로 또한 새 생명 가운데서 행하게 하려 함이라 만일 우리가 그의 죽으심과 같은 모양으로 연합한 자가 되었으면 또한 그의 부활과 같은 모양으로 연합한 자도 되리라"(롬 6:3-5).

바울은 무엇을 설명하면서 이 단어들을 썼는가? 바로 세례다. 물세례는 우리가 성령으로 세례를 받았다는 징표다. 그러므로 우리가 이 사실을 믿으며 세례를 받으면 그때 성령이 신비스러운 일을 시작하신다. 주님과 내가 신랑과 신부로 연합하는 일을 성령이 행하신다. 그때부터 주님이 영으로, 즉 성령으로 우리 안에 내주하시면서 우리를 지배해 나가신다. 영역을 점점 넓혀 나가신다. 무엇보다 우리로 하여금 더 이상 육체의 소욕을 따르지 않게 하신다.

"내가 이르노니 너희는 성령을 따라 행하라 그리하면 육체의 욕심을 이루지 아니하리라"(갈 5:16).

육체를 가진 인간이기에 육체의 욕심에서 벗어나고 해방되는 것은 내 힘으로 불가능하다. 사막의 수도자들이 뼈를 깎는 고통 속에서 수행한다고 해서 이 육체의 욕심에서 벗어날 수 있었을까? 어떤 이는 30년 동안 18m 높이의 기둥 위에서 살았다고 한다. 떨어지지 않기 위해 기둥에 자신을 꽁꽁 묶고서 말이다. 밧줄이 그의 살을 파고들었고, 악취가 나면서 구더기가 우글거렸다.

이렇게 고행을 한다고 해서 육체의 욕심에서 벗어날 수 있을까? 우리로 하여금 죄짓게 하는 것은 옛 사람의 습성이지 몸 자체가 아니기에 금욕과 고행으로는 육체의 욕심에서 벗어날 수 없고, 만약 그런 수행으로 욕심에서 잠시 멀어졌다고 해도 경건이 완성되는 것은 아니다.

그렇다면 오직 무엇으로 가능한가?

"이는 힘으로 되지 아니하며 능력으로 되지 아니하고 오직 나의 영으로 되느니라"(슥 4:6b).

어떻게 '오직 나의 영'을 내 안에 모실 수 있으며, 그 영의 지배를 받을 수 있을까? 우리는 초대 교회 일곱 집사 중 스데반과 빌립의 행적을 주목할 필요가 있다. 두 사람의 공통점은 성령 충만이다. 성령의 지배를 받았다는 뜻이다. 그들은 어떻게 성령의 지배를 받았던가?

먼저, 스데반은 어떠했던가? 스데반은 하나님의 말씀에 통달했다. 사도행전 7장을 보라. 스데반은 짧은 한 장에 믿음의 조상 아브라함부터 시작하여 예수 그리스도까지 구약성경 전체가 담기도록 막힘없이 말씀을 전했다. 이처럼 말씀을 사랑하고 사모하며 가까이하는 자에게 성령이 임하신다. 그런 사람이 성령 충만한 자가 된다. 성령 충만하면 성령 의존적 삶, 즉 성령의 지배를 받는 삶을 살아가게 된다.

빌립의 강점은 엎드리는 것이었다. 그는 주의 사자가 나타나 일으켜 세울 때까지 엎드렸다. 빌립이 기도할 때 성령이 임하셔서 빌립의 걸음을 인도하셨다.

"주의 사자가 빌립에게 말하여 이르되 일어나서 남쪽으로 향하여 예루살렘에서 가사로 내려가는 길까지 가라 하니 그 길은 광야라"(행 8:26).
"성령이 빌립더러 이르시되 이 수레로 가까이 나아가라 하시거늘"(행 8:29).
"둘이 물에서 올라올새 주의 영이 빌립을 이끌어 간지라 내시는 기쁘게 길을 가므로 그를 다시 보지 못하니라"(행 8:39).

스데반처럼 말씀에 집중하고, 빌립처럼 기도에 집중할 때 성령이 지배하신다. 드디어 성령이 거하실 거룩한 처소로 점점 바뀌어 간다. 이런 자가 하나님께 대하여 살아 있는 자다.

"하나님의 말씀과 기도로 거룩하여짐이라"(딤전 4:5).

사랑하는 여러분!

예수 믿는 우리에게 공통적으로 붙는 호칭이 하나 있다. 그것은 '성도'라는 것이다.

"고린도에 있는 하나님의 교회 곧 그리스도 예수 안에서 거룩하여지고 성도라 부르심을 받은 자들과"(고전 1:2a).

"빌롤로고와 율리아와 또 네레오와 그의 자매와 올름바와 그들과 함께 있는 모든 성도에게 문안하라"(롬 16:15).

"그러므로 함께 하늘의 부르심을 받은 거룩한 형제들아 우리가 믿는 도리의 사도이시며 대제사장이신 예수를 깊이 생각하라"(히 3:1).

언젠가 김형석 교수가 모 일간지에 "김형석의 100세 일기"라는 제목의 칼럼을 썼다. 김 교수가 교회에 잘 나가지 않자 교회에서 문안 편지가 날아왔다고 한다. 그런데 봉투에 '김형석 성도님'이라고 쓰여 있었다. 목사, 장로, 집사도 아니니 마땅히 붙일 호칭이 없어 '성도'라고 적은 것이다. 그러나 곰곰이 생각해 보면 '성도'란 얼마나 영광스럽고, 또 부담스러운 호칭인가. "신실하게 진실하게"라는 찬양의 가사가 우리에게 도전을 준다.

"신실하게 진실하게 거룩하게 살게 하소서 / 신실하게 진실하게 거룩하게 살게 하소서 / 하나님 나의 마음 만져 주소서 하나님 나의 영혼 새롭게 하소서 / 신실하게 진실하게 거룩하게 살게 하소서 / 신실하게 진실하게 거룩하게 살게 하소서 / 하나님 나의 기도 들어주소서 하나님 주의 길로 인도하소서."

예수 믿는다는 것! 이것은 깃털처럼 가벼운 일이 아니다. 더 이상 죄의 종노릇하지 않음을 드러내야 한다. 죄에 대하여 죽었기 때문이다. 하나님께 대하여 산 자임을 드러내야 한다. 말씀과 기도로 성령 충만을 입어야 한다. 우리는 비록 땅 위에서 육체를 입고 삶을 영위하지만 지난날의 내가 아니다. 물론 외양은 똑같다. 하지만 그리스도가 나를 지배하신다. 그분이 영으로 나를 다스리신다.

바울은 그 어떤 것도 두려워하지 않았다. 결박과 환난이 기다린다 할지라도 생명까지도 조금도 귀한 것으로 여기지 않고 나아갔다. 그런 그의 고백을 들어 보자.

"내가 내 몸을 쳐 복종하게 함은 내가 남에게 전파한 후에 자신이 도리어 버림을 당할까 두려워함이로다"(고전 9:27).

"그러므로 나의 사랑하는 자들아 너희가 나 있을 때뿐 아니라 더욱 지금 나 없을 때에도 항상 복종하여 두렵고 떨림으로 너희 구원을 이루라"(빌 2:12).

바울이 누구인가? '이신칭의'를 외쳤던 자다. 그런데 마지막에 버림을 당할까 두려워했다. 구원을 이루기까지 두렵고 떨리는 마음으로 살았던 것이다. 그는 이 마음으로 주의 일을 감당했다. 우리 또한 죄에 대하여 죽은 자요, 하나님께 대하여 살아 있는 자로 '여기면서' 주님과 함께 승리하는 삶을 영위하는 성도가 되기를 바란다.

12.

나는 하나님의 종

6:15-23

성경은 이렇게 문을 연다.

> "태초에 하나님이 천지를 창조하시니라"(창 1:1).

하나님의 자기 선언이다. 이 선언에 어떻게 반응하는가? 이 선언을 믿으면 하나님의 존재와 창조 사역을 믿는 자가 된다. 반대로 믿지 않으면 하나님의 존재도, 창조 사역도 믿지 않는 자가 된다. 그런데 어떤 이들은 이 선언을 믿지 않을 뿐만 아니라 짓밟는다. 창조 기사도 신화나 전설에서 따온 것이라고 본다. 그 핵심이 '편집설'이다. "모세오경은 모세가 기록한 것이 아니다. 당시 근동 지방에 전해 오던 창조 설화를 후대의 누군가가 적당히 짜깁기한 것이다"라는 주장이다. 그 근거로 D문서, E문서, J문서, P문서를 예로 든다. 특히 창세기 1장과 2장이야말로 편집설의 움직일 수 없는 확실한 증거라고 말한다.

"창세기 1장에는 창조 기사가 있다. 그런데 2장에도 창조 기사가 반복된다. 1장에서 사람이 창조되었다고 했는데 2장에서 또 사람을 창조하다니 이런 모순이 어디 있는가? 이것은 이런저런 문서들을 편집하다 생긴 오류임이 틀림없다."

정말 그럴까? 창세기 1장에 나온 인간 창조가 2장에 다시 언급되는 것은 사실이다. 하지만 2장은 1장에 기록된 동일한 창조 사건의 다른 모습을 보여 준다. 특히 2장은 인간 창조와 관련해 일어난 중요한 사건을 확대, 추가 설명한다(Kenneth A. Mathews). 왜 확대하여 추가로 설명하는 것일까?

인간은 하나님의 형상으로 지으심을 받은 존재로서 창조 사역의 중심이다. 이러한 인간, 특히 남녀가 어떻게 창조되었으며, 그 관계는 어떠하며, 인간 창조의 목표는 무엇이어야 하는지에 대해 좀 더 자세하고도 구체적으로 알려 줄 필요가 있지 않았을까? 흔히 중요한 내용인 경우 반복하거나 설명을 덧붙여 부각시킨다. 세계지도에서 대한민국은 보일 듯 말 듯하다. 하지만 대한민국 지도에서 대한민국은 또렷하게 보인다. 창세기 1장은 세계지도, 2장은 대한민국 지도라고 보면 된다. 이같이 성경에서 반복하고 추가로 설명하는 부분이 있다면 중요하다고 보면 틀림없다.

우리는 다 누군가의 종으로 산다

로마서 6장은 전반부(1-14절)와 후반부(15-23절)가 확연히 구분된다. 그런데 전반부에서 다룬 주제를 후반부에서 반복한다. 형식도 닮은꼴이다.

"그런즉 우리가 무슨 말을 하리요 은혜를 더하게 하려고 죄에 거하겠
느냐"(롬 6:1).

이렇게 질문을 제기한 후 "그럴 수 없느니라"(롬 6:2)라고 부정으
로 답변한다. 그런데 후반부인 15절 역시 같은 질문으로 시작한다.

"그런즉 어찌하리요 우리가 법 아래에 있지 아니하고 은혜 아래에 있
으니 죄를 지으리요 그럴 수 없느니라"(롬 6:15).

똑같은 형식의 질문을 다시 한 번 제기하고, 역시 "그럴 수 없
느니라"라는 부정으로 답변한다. 그러므로 후반부는 전반부에 대
한 확장 혹은 반복이다. 창세기 1장 천지창조 중 인간 창조가 너무
중요하기에 이를 2장에서 확장하고 다시 한 번 반복하듯이, 로마
서 6장 전반부에서 다룬 주제가 너무 중요해 후반부에서 이를 강
조하면서 다시 한 번 다룬 것이다.

그러므로 앞서 다루었던 로마서 6장 전반부를 되돌아보자. "밀
양"이라는 영화를 통해 "오직 믿음으로 구원을 받는다는 이신칭
의가 그렇게 싸구려란 말인가? 기독교가 제시하는 복음이 그렇게
값싼 것이란 말인가? 복음이 요술 지팡이라도 된단 말인가? 과연
믿기만 하면 그 후에는 내 마음대로 살아도 된단 말인가?"라는 근
본적인 의문 앞에서 "도대체 믿음이란 무엇인가? 무엇을 믿어야
하는가?"라는 질문을 던졌고, 중요한 결론에 이르렀다. 그래서 우
리는 다시 한 번 다음 말들에 귀 기울일 필요가 있다.

"예수 그리스도를 믿음으로써 칭의를 얻어도 구원에 합당한 삶을

살지 못하면 최종 심판 때 구원에 탈락할 수 있다." - 유보적 칭의론

"거룩함의 열매를 맺지 못하는 믿음은 그 참됨이 증명되지 않은 믿음이며, 선행은 사람을 의롭게 하는 게 아니라 믿음이 참이라는 사실을 입증한다." - 톰 라이트

이 내용이 너무 중요하기에 로마서 6장 후반부에서 다시 한 번 반복한 것이다. 그러므로 더 주의를 집중하여 이 부분을 살펴 나가야 한다.

본문에 한 단어가 연속적으로 반복해서 나오는데, 바로 '종'이라는 단어다.

"너희 자신을 종으로 내주어 누구에게 순종하든지 그 순종함을 받는 자의 종이 되는 줄을 너희가 알지 못하느냐 혹은 죄의 종으로 사망에 이르고 혹은 순종의 종으로 의에 이르느니라"(롬 6:16).

이어서 연속적으로 '종'이라는 단어가 등장한다.

"너희가 본래 죄의 종이더니"(롬 6:17).
"죄로부터 해방되어 의에게 종이 되었느니라"(롬 6:18).
"너희 지체를 의에게 종으로 내주어 거룩함에 이르라"(롬 6:19a).
"너희가 죄의 종이 되었을 때에는"(롬 6:20).
"그러나 이제는 너희가 죄로부터 해방되고 하나님께 종이 되어"(롬 6:22a).

'종'이라는 단어의 기원을 아는가? '백성 민'(民) 자는 상형문자다. 전하는 말에 의하면, 가로로 길쭉한 사람의 눈을 밑에서 긴 도구로 찌르는 모습이라고 한다. 내막은 이렇다. 고대에는 천한 신분으로 태어난 사람들이 멀리 도망갈 수 없도록 한쪽 눈을 찔러 멀게 했다는 것이다.

그런데 백성보다 더 천한 존재가 '종', '노예'다. 이들은 시장에 반나체로 진열된 채 흥정을 통해 팔려 나갔다. 종은 이름도, 생각도, 꿈도 가질 수 없는 존재였다. 분명 사람의 모습이지만 사람이 아니라 단지 말하는 짐승에 불과했다. 사람들은 재수가 없다는 이유로 '종'이라는 단어를 입에 올리기조차 꺼렸다. 그래서인지 바울은 로마서 1장 1절에서 자기를 소개할 때 단 한 번 '종'이라는 단어를 사용하고서 5장까지 입에 올리지 않았다.

그러던 그가 6장에 와서는 마치 작심이라도 한 듯 '종'이라는 단어를 마치 따발총을 쏘듯 연속적으로 무려 9회나 언급했다. 그것도 가장 낮은 계층인 'doulos'(둘로스)란 단어를 말이다. 마치 우리의 뇌리에 이 단어를 심어 놓으려는 시도처럼 느껴지지 않는가? 우리는 모두 예외 없이 누군가의 종이라는 사실을 한시도 잊지 말라는 뜻이 아닐까?

죄와 예수 그리스도, 나는 누구의 종인가?

그럼 누구의 종인가? 어떤 종인가? 첫째, 죄의 종이 아니면 순종의 종이다(롬 6:16). 둘째, 죄의 종이 아니면 의의 종이다(롬 6:17-18). 셋째, 죄의 종이 아니면 하나님의 종이다(롬 6:20, 22). 한쪽은 전부 죄가 주인이고, 죄의 종이 되어 있다. 죄가 왕 노릇 하고 있다.

원래 우리와 죄의 관계는 어떠했는가?

"죄가 너를 원하나 너는 죄를 다스릴지니라"(창 4:7b).

하나님은 우리와 죄의 관계를 정확히 규명해 놓으셨다. 우리는 죄를 다스려야 한다. 그러므로 우리가 주인이다. 죄가 주인이 되려고 하면 우리는 싸워야 한다.

"너희가 죄와 싸우되 아직 피 흘리기까지는 대항하지 아니하고"(히 12:4).

그런데 우리는 죄와 싸우려고 하지 않는다. 오히려 화친하고 타협하며 화해하려고 한다. 그 결과가 어떻게 나타났는가?

아브라함의 아내 사라에게는 몸종 하갈이 있었다. 이 몸종은 아브라함이 기근을 피하여 애굽에 내려갔을 때 하사품으로 받은 듯하다(창 12:16). 당연히 사라는 주인, 하갈은 몸종이다. 관계가 분명하다. 주인은 종을 제대로 관리하고 사용하며 다스려야 했다. 그런데 사라는 어떻게 했는가? 종에 불과한 존재를 자기 자리에 올렸고, 심지어 주인의 침실에까지 들였다. 자신과 동등한 존재로 세운 것이다. 그 결과 어떻게 되었는가?

"아브람이 하갈과 동침하였더니 하갈이 임신하매 그가 자기의 임신함을 알고 그의 여주인을 멸시한지라"(창 16:4).

어느 순간 주객이 전도되었다. 주인이 종에게 멸시를 받게 되었다. 이스마엘이라는 부끄러운 열매까지 맺었고(창 16:15), 이후 약속의 자녀인 이삭이 놀림을 당했다(창 21:9). 그 결과가 오늘까지 영향을 미치고 있지 않는가. 따라서 전도서 기자는 아마 이 사건을 염두에 두고 이렇게 말했을 것이다.

"또 내가 보았노니 종들은 말을 타고 고관들은 종들처럼 땅에 걸어 다니는도다"(전 10:7).

그래서 죄의 종이 되면 꼼짝없이 타던 말에서, 높은 자리에서 내려와야 한다. 당당하던 모습은 사라지고 기가 죽은 채 이리저리 눈치를 보게 된다. 오히려 종의 말을 들어야 하고, 종을 높여 줘야 하고, 기분을 맞춰 주며 종을 섬겨야 한다. 그렇지 않으면 자기의 허물과 죄가 드러나기 때문이다. 그래서 그는 종을 자기가 타던 말 위에 태운다. 자기가 종이 되어 말고삐를 붙잡고 종을 마치 상전처럼 모시고 가는 것이다.

다른 한쪽의 '순종', '의', 그리고 '하나님'은 바로 예수 그리스도를 뜻한다. 주님이 죽기까지 순종하셨기 때문이다. 주님이 의로우신 분이기 때문이다. 주님이 곧 하나님이시기 때문이다. 그러니까 한쪽은 죄의 종, 한쪽은 예수 그리스도의 종이다. 이쪽 아니면 저쪽이다. 중간 지대, 회색 지대는 없다. 좁은 문, 아니면 넓은 문이다(마 7:13). 하나님, 아니면 재물이다(마 6:24). 좋은 열매, 아니면 나쁜 열매다(마 7:18). 반석 위, 아니면 모래 위다(마 7:24, 26).

"또한 너희 지체를 불의의 무기로 죄에게 내주지 말고 오직 너희 자신을 죽은 자 가운데서 다시 살아난 자같이 하나님께 드리며 너희 지체를 의의 무기로 하나님께 드리라"(롬 6:13).

'죄에게 내주다'라는 말은 '죄의 종'이라는 뜻이다. '하나님께 드리다'라는 말은 하나님의 종이라는 의미다. 두 방향밖에 없다. 그렇다면 나는 지금 어느 쪽인가? 누구의 종인가? 첫째, 죄의 종인가, 순종의 종인가? 둘째, 죄의 종인가, 의의 종인가? 셋째, 죄의 종인가, 하나님의 종인가?

이를 어떻게 판별할 수 있을까? 권태응(1918-1951)이라는 시인이 있었다. 34세의 나이에 요절했다. 충주에서 요양하고 있던 그의 눈에 감자꽃이 들어왔나 보다. 그는 "감자꽃"이라는 제목의 시를 남겼다.

"자주꽃 핀 건, 자주 감자
파 보나 마나, 자주 감자
하얀꽃 핀 건, 하얀 감자
파 보나 마나, 하얀 감자."

별나지 않은, 지극히 당연한 시 한 편에 왜 울컥 목울대가 저려 오는 것일까? 짧은 글이지만 울림의 진동과 파장이 크다. 꽃은 육안으로 확인할 수 있지만, 깜깜한 땅속에 묻혀 있는 감자는 확인할 수 없다. 하지만 꽃과 감자는 하나다. 줄기를 당기면 따라 올라오는 것이 감자다. 이 글귀의 핵심은 '파 보나 마나'다. 굳이 파 보지 않아도 꽃을 보면 땅 밑 깊숙한 곳에 묻힌 감자 색깔을 알 수 있다는 것이다. 나는 어떠한가? '파 보나 마나' 나는 어떠한가? 그러므로 내가 누구의 종인지, 그래서 누구를 주인으로 섬기고 있는지를 판별하는 방법은 의외로 간단하다. 로마서 6장 결론 부분을 보자.

> "너희가 그때에 무슨 열매를 얻었느냐 이제는 너희가 그 일을 부끄러워하나니 이는 그 마지막이 사망임이라 그러나 이제는 너희가 죄로부터 해방되고 하나님께 종이 되어 거룩함에 이르는 열매를 맺었으니 그 마지막은 영생이라"(롬 6:21-22).

여기서 '그때에'는 죄의 종이 되었을 때, 죄의 종으로 있을 때를 말한다. 그때 맺었던 열매는 '부끄러운 열매'들이었다. 구체적으로 어떤 것들일까? "부끄러운 욕심"(롬 1:26), "부끄러운 일"(롬 1:27), "말하기도 부끄러운 것들"(엡 5:12)이다. 한마디로, 하나님의 진노가 하늘로부터 나타날 일들이다(롬 1:18). 반면, '이제는'은 순종의 종, 의의 종, 하나님의 종이 되었을 때를 말한다. 이때 맺는 열매는 '거룩함에 이르는 열매'들이다. 그것은 성령의 열매, 빛의 열매다.

100세를 넘긴 김형석 교수가 젊었을 때 성경 강좌를 인도한 적이 있다. 이를 알고 있는 아내가 큰아들을 불러 넌지시 말했다고 한다. "아버지가 성경 강좌를 열었는데 너도 가서 좀 들으면 좋지 않겠니?" 그러자 아들이 강좌에 참석하여 몇 번 강의를 들었다. 그런데 아무런 말이 없었다. 궁금해진 아내가 큰아들에게 "도움이 좀 되었니?"라고 묻자 아들이 이렇게 대답했다고 한다. "아버지가 그렇게 좋은 말씀을 하시고 그대로 살지 못하면 어떻게 하실

래요?" 김수환 추기경(1922-2009)은 "내 직업 말이오? 거짓말하는 일이지요"라고 말한 바 있다.

사랑하는 여러분!

나는 누구의 종인가? 순종의 종이 아니면 죄의 종이다. 의의 종이 아니면 죄의 종이다. 하나님의 종이 아니면 죄의 종이다. 죄의 종에서 순종의 종이 된 자들은 당당하다. 죄의 종에서 의의 종이 된 자들은 거리낄 것이 없다. 죄의 종에서 하나님의 종이 된 자들은 거칠 것이 없다. 군대장관 예수님을 모시고 나아가기 때문이다. 그러므로 옛 주인이었던 죄와 싸워야 한다. 예수님은 우리에게 화평이 아니라 검을 주러 오셨기 때문이다(마 10:34-36).

"마귀를 대적하라 그리하면 너희를 피하리라"(약 4:7b).

하나님을 믿는다는 것은 우리 인생에서 실로 엄청난 사건이다. 죄의 종이었던 자가 순종의 종으로, 죄의 종이었던 자가 의의 종으로, 죄의 종이었던 자가 하나님의 종으로 신분이 바뀌는 놀라운 영적 경험을 맛보기 때문이다. 그러므로 이제 지난날 그렇게도 두려워했던 모든 것을 이제는 결코 두려워하지 않는다. 대적하며 당당하게 나아간다. 우리 대장이신 주님이 힘 주실 줄 확신하기 때문이다. 스스로를 향하여 선포하자.

"나는 순종의 종이다. 나는 의의 종이다. 나는 하나님의 종이다. 나는 군대장관 예수 그리스도의 종이다."

13.

율법에서 자유로워지기

7:1-6

언젠가 하이패밀리 대표 송길원 목사가 그의 책 『죽음이 배꼽을 잡다』(하이패밀리, 2020)를 보내왔다. 죽음이 배꼽을 잡고 웃다니, 이런 역설이 어디 있는가. 하지만 곰곰이 생각하니 우리 그리스도인들은 죽음 앞에서 배꼽을 잡는 자들이다. 왜냐하면 죽음의 문제를 해결하고 살아가는 자들이기 때문이다. 그래서 장례식에서 오히려 찬송을 부르지 않는가. 400페이지에 가까운 분량이었지만 술술 잘 넘어갔다. 그중에 "하나님과의 인터뷰"란 글이 눈에 들어왔다.

"하나님께 여쭈었다. '처녀들은 귀엽고 매력적인데, 마누라들은 악마같이 왜 늘 화내고 잔소리만 하나요?' 하나님이 답변하신다. '처녀들은 내가 만들었지만, 마누라들은 너희가 만들지 않았느냐?' '그러면 한 가지만 더 묻겠습니다. 대체 어쩌자고 코로나19를 만드셨습니까?' 하나님이 답하셨다. '우한폐렴은 나도 안다만… 코로나19 그건 세계보건기구(WHO)라는 곳에서 만든 거 아니니?' '하나님, 제발 부탁입니다. 탈출구를 좀 일러 주세요, 네?' '그러냐? 비상 탈출구는 항상 출입문의 반대편에 있지 않더냐? 코로나19의 숫자를 뒤집어 시편을 들여다보아라.'

'지존자의 은밀한 곳에 거주하며 전능자의 그늘 아래에 사는 자여, 나는 여호와를 향하여 말하기를 그는 나의 피난처요 나의 요새요 내가 의뢰하는 하나님이라 하리니 이는 그가 너를 새 사냥꾼의 올무에서와 심한 전염병[코로나19]에서 건지실 것임이로다 그가 너를 그의 깃으로 덮으시리니 네가 그의 날개 아래에 피하리로다 그의 진실함은 방패와 손 방패가 되시나니 너는 밤에 찾아오는 공포와 낮에 날아드는 화살과 어두울 때 퍼지는 전염병[코로나19]과 밝을 때 닥쳐오는 재앙을 두려워하지 아니하리로다 천 명이 네 왼쪽에서, 만 명이 네 오른쪽에서 엎드러지나 이 재앙이 네게 가까이하지 못하리로다'(시 91:1-7)."

그런데 나 같은 사람은 이런 글을 술술 읽으며 무슨 뜻인지 감을 잡지 못할 때도 있다. 하지만 뜯어보면 비시시 웃음이 묻어난다. 중요한 것은 뜯어보는 것이다. 가벼운 글도 그러한데, 하물며 복음의 진수인 로마서를 생각 없이 술술 넘기면 얻을 것이 있겠는가. 요즘 로마서를 대하며 고은 시인의 "그 꽃"이란 시가 떠오른다.

"내려갈 때 보았네
올라갈 때 보지 못한 그 꽃."

율법의 세 가지 존재 이유

로마서 6장에서는 '종'이라는 단어가 시선을 끌었는데, 7장에서는 또 하나의 단어가 시선을 잡는다. '나'(ego)라는 단어다. 단수 대명사로 7회, 단수 동사로 27회 등장한다. '나'는 도대체 누구일까? 편지를 쓰고 있는 사도 바울 자신일까, 아니면 타인일까? 바울이라면 회심 전의 바울일까, 회심 후의 바울일까? 타인이라면 아담의 후손인 인류 일반을 가리킬까, 아니면 선택된 백성 유대인 일반을 가리킬까? 그리스도인이라면 중생한 그리스도인을 가리킬까, 아니면 중생하지 못한 자연인을 가리킬까? 이를 판별하기란 쉽지 않다. 아니, 쉽게 단정할 수 없다.

그래서 로마서 7장에서 '나'의 정체성 문제는 신약성경의 여러 난제 중 하나다. 오죽했으면 교부 시대부터 지금까지 토론과 논쟁이 이어져 왔을까. 심지어 같은 교단 신학자들 사이에서도 의견이 통일되지 않을 정도다. 하지만 '나'의 정체성 문제를 소홀히 할 수 없는 까닭은 단순히 7장의 해석에만 한정되지 않고 로마서 전체, 나아가 신약성경 전반에 대한 이해와 불가분의 관계에 있기 때문이다.

> "형제들아 내가 법 아는 자들에게 말하노니 너희는 그 법이 사람이 살 동안만 그를 주관하는 줄 알지 못하느냐"(롬 7:1).

바울은 모두가 다 아는 지극히 상식적인 법으로 문제를 제기했다. 그 법은 다름 아니라 '혼인법'이다. 당시 유대교의 결혼 제도에 따르면, 결혼한 후 아내에게서 '수치되는 일'이 발견되면 남편이 이혼을 요구할 수 있었다. 물론 계명에 근거하여 만든 법이다.

> "사람이 아내를 맞이하여 데려온 후에 그에게 수치되는 일이 있음을 발견하고 그를 기뻐하지 아니하면 이혼 증서를 써서 그의 손에 주고 그를 자기 집에서 내보낼 것이요"(신 24:1).

그런데 '수치되는 일'이라는 표현이 상당히 포괄적이다. 그럼에도 여기까지는 좋다. 어떻든 계명이기 때문이다. 그런데 랍비들이 이 계명에 무엇인가를 덧씌우기 시작했다. 안식법에 엄청나게 많은 법조문을 덧씌웠듯이 혼인법에도 자기들의 생각을 옷 입히기 시작했다. 이것이 소위 '장로들의 유전'(미쉬나, 탈무드)이라는 것이다. 예를 들어, 여자는 어떤 경우에도, 설령 남자에게서 똑같이 수치되는 일이 발견되어도 이혼을 요구할 수 없었다.

이러한 법이 나중에는 하나님의 말씀과 동등하게 취급되었다. 하나님은 분명 이 말씀을 하지 않으셨다. 그런데 사람들이 말로써 아내를 남편에게 묶어 버렸다. 단 하나 예외가 있다면, 남편이 사망한 경우 그 법으로부터 벗어난다는 것이다. 바울은 혼인법을 예로 들면서 이렇게 말했다.

> "남편 있는 여인이 그 남편 생전에는 법으로 그에게 매인 바 되나 만일 그 남편이 죽으면 남편의 법에서 벗어나느니라"(롬 7:2).

여기서 '남편'과 '여인'은 각각 누구를 상징할까? '남편'은 '율법'을, '여인'은 '성도'를 뜻한다. 그런데 성도인 아내가 자유하려면 율법인 남편이 죽어야 한다. 그런데 율법이 죽을 수 있는가? 폐하여질 수 있는가? 주님은 이렇게 말씀하셨다.

"내가 율법이나 선지자를 폐하러 온 줄로 생각하지 말라 폐하러 온 것이 아니요 완전하게 하려 함이라 진실로 너희에게 이르노니 천지가 없어지기 전에는 율법의 일점일획도 결코 없어지지 아니하고 다 이루리라"(마 5:17-18).

왜 율법이 폐하여지지 않는가? 남편인 율법을 죽여 버리면 간단하지 않은가? 예수님은 왜 율법을 그냥 두셨는가? 세 가지 이유 때문이다.

첫째, 율법은 죄의 속성이 무엇인지를 알려 주기 때문이다.

"그런즉 우리가 무슨 말을 하리요 율법이 죄냐 그럴 수 없느니라 율법으로 말미암지 않고는 내가 죄를 알지 못하였으니 곧 율법이 탐내지 말라 하지 아니하였더라면 내가 탐심을 알지 못하였으리라"(롬 7:7).
"율법으로는 죄를 깨달음이니라"(롬 3:20b).

법이 있기 때문에 무엇이 죄인지가 규명된다. 마찬가지 이유로 율법은 행위의 기준으로 꼭 필요한 그 무엇이다. 그러므로 율법이 반드시 있어야 죄의 속성이 무엇인지 알 수 있다.

둘째, 율법은 우리 안에 있는 죄를 드러내기 때문이다.

"율법이 없으면 죄가 죽은 것임이라"(롬 7:8b).

여기서 '죄가 죽은 것'이란 말은 죄가 드러나지 않는다는 뜻이다. 그런데 율법이 있으면 하나님의 명령과 뜻이 들어올 때 그 율법이 마음의 죄를 부각시키고 부추겨서 죄가 무엇인지뿐만 아니라 죄가 어떻게 우리 안에 자리 잡고 있는지를 보여 준다.

잔잔한 웅덩이가 있다. 겉으로 볼 때는 깨끗한 물이 고여 있다. 하지만 큰 돌을 집어 던지면 온갖 부유물이 떠올라 흙탕물로 변한다. 겉으로 볼 때 우리는 잔잔하고 깨끗해 아무런 흠과 티가 없는 듯 보인다. 하지만 율법이 우리 안에 던져질 때 본색이 드러난다. 얼마나 추한 존재인지가 훤히 드러난다. 바울은 13절에서 다시 한 번 이 부분을 강조한다.

"오직 죄가 죄로 드러나기 위하여 선한 그것으로 말미암아 나를 죽게 만들었으니 이는 계명으로 말미암아 죄로 심히 죄 되게 하려 함이라"(롬 7:13b).

셋째, 율법은 우리를 구원할 수 없기 때문이다.

율법이 폐하여지지 않고 우리 곁에 있는 중요한 이유는 율법이 우리를 구원할 수 없다는 사실을 보여 주기 위해서다. 전에 그랬던 적도 없고, 후에 그럴 가능성도 없다. 율법을 지키면 지킬수록 내가 죄인이라는 사실을 자각하게 된다.

이것이 율법이 존재하는 이유다.

율법에서 자유로워지는 길

이 세 가지 이유 때문에 율법은 절대 폐하여질 수 없다. 그러면 죽지 않는 이 율법은 우리 안에 있는 어떤 죄의 속성을 이용하고 그 안에 기생하는가?

팀 켈러(Timothy Keller) 목사는 그것이 우리 안에 있는 '삐딱함'(perversity)이라고 했다. 이 단어는 '사악함', '고집이 셈', '성질이 비꼬임'이라는 뜻이다. 즉 금지되어 있다는 이유 때문에 그것을 하려는 욕망을 뜻한다. 나쁜 짓 자체를 즐기는 것이다. 그 악한 행동을 하지 말라는 말을 듣기 전에는 그 일을 하고 싶은 열망이 크지 않았는데, 금지 명령을 받고 나니 이상하게 그 일이 하고 싶어지는 것이다. 에덴동산의 아담이 그러했다. 성 어거스틴은 이렇게 고백했다.

"우리 포도밭 근처에 남 소유의 배나무가 한 그루 있었는데 그 배는 색도 맛도 특별하지 않았다. 그런데 나와 같이 어울리는 또래들이 한밤중에 몰래 그 배나무에서 배를 몰래 훔쳐서는 한 개 정도 먹고 난 뒤, 모두 돼지에게 던져 줬다. 진짜 즐거움은 해서는 안 될 일을 하는 데 있었다. 도둑이 되어 보고 싶은 마음에 배를 훔쳤다. 훔친 배들을 버리면서 그가 맛본 것은 자신의 죄였고, 그것은 무척 즐거웠다."

이처럼 율법은 우리 안에 있는 '삐딱함'이라는 성품에 접목해 결국 죄의 속성을 깨닫게 한다. 내 안의 죄를 드러낸다. 그래서 율법으로는 절대 구원을 얻을 수 없다는 사실을 절감하게 한다. 이 사명이 있기에 율법은 절대 폐하여지지 않는다. 죽지 않는다. 그러므로 우리는 율법으로부터 자유로울 수 없다. 헤어 나올 수 없다. 그렇다면 정말 방법이 없는 것일까?

영화 "적과의 동침"에서 여주인공 로라(줄리아 로버츠)는 부자에다 미남인 남편과 함께 바닷가의 한 아름다운 저택에서 살고 있다. 겉으로 보기에는 아무런 문제가 없다. 하지만 남편 마틴(패트릭 버긴)은 깐깐하고 숨이 막힌다. 극도의 결벽증에다 의처증까지 있는 이상 성격의 소유자이기 때문이다. 여차하면 무자비한 구타까지 일삼는다. 로라는 그런 남편을 도무지 만족시킬 수 없었고, 하루하루 숨이 막혀 바짝바짝 말라 죽어 간다. 오죽하면 '적과의 동침'이라고 했을까. 여기서 합법적으로 벗어날 길이 없을까? 방법은 단 하나, 자기가 죽는 것이었다. 로라는 일주일에 세 번 파트 타임으로 도서관에 근무하는 것을 기회로 몰래 수영을 배운다. 언젠가 사용할 때를 기다리면서.

그러던 어느 날 밤, 이웃집 의사의 제의로 남편과 함께 셋이서 요트를 타고 바다에 나갔다가 심한 폭풍우를 만난다. 로라는 그 혼란한 틈을 이용해 물속으로 뛰어든다. 남편은 경비정을 동원하여 필사적으로 수색하지만, 로라의 옷이 바다 위에 떠 있는 모습을 보고는 익사로 단정하고 장례식을 치른다. 이로써 로라는 남편의 손아귀에서 벗어난다.

바로 이 방법이다. 남편이 죽지 않으면 아내가 죽으면 된다. 내가 죽으면 율법으로부터 자유로워진다. 내가 죽으면 되는 것이다. 바울은 바로 이 방법을 제시했다.

> "전에 율법을 깨닫지 못했을 때에는 내가 살았더니 계명이 이르매 죄는 살아나고 나는 죽었도다"(롬 7:9).
>
> "죄가 기회를 타서 계명으로 말미암아 나를 속이고 그것으로 나를 죽였는지라"(롬 7:11).
>
> "그런즉 선한 것이 내게 사망이 되었느냐 그럴 수 없느니라 오직 죄가 죄로 드러나기 위하여 선한 그것으로 말미암아 나를 죽게 만들었으니 이는 계명으로 말미암아 죄로 심히 죄 되게 하려 함이라"(롬 7:13).

물론 내 힘으로는 불가능하다. 나는 죽을 수조차 없는 존재이기 때문이다. 그런데 그런 우리를 위해 한 분이 죽으러 오셨다. 그리고 십자가의 죽음을 통해 온몸으로 모든 율법을 준수하셨고, 다 이루셨다. 율법을 지키지 못한 나를 대신하여 죽으셨다. 그리하여 모든 형벌과 저주를 다 담당하셨다. 바로 그때 우리 또한 그분과 함께 모든 첫값을 치르고 죽은 것이다.

> "그러므로 내 형제들아 너희도 그리스도의 몸으로 말미암아 율법에 대하여 죽임을 당하였으니"(롬 7:4a).
>
> "내가 그리스도와 함께 십자가에 못 박혔나니"(갈 2:20a).
>
> "그리스도 예수의 사람들은 육체와 함께 그 정욕과 탐심을 십자가에 못 박았느니라"(갈 5:24).
>
> "그리스도로 말미암아 세상이 나를 대하여 십자가에 못 박히고 내가

또한 세상을 대하여 그러하니라"(갈 6:14b).

여기서 '나'가 영화 "적과의 동침"의 여주인공 로라다. 그러므로 우리는 이미 율법으로부터 형을 언도받고 사형 집행이 끝난 존재다. 아니, 장례까지 치렀다. 율법은 더 이상 율법은 나의 남편이 아니기에 나를 향하여 이전처럼 이래라저래라 할 수 없다. 율법이 가진 잣대로 나를 재단할 수 없다. 더 이상 나를 괴롭힐 수 없다. 나는 이제 율법의 까다로운 정죄에서 벗어났다. 찬양 "유월절 어린양의 피로"를 부르며 선포하자.

"유월절 어린양의 피로 나의 삶의 문이 열렸네 / 저 어둠의 권세는 힘이 없네 주 보혈의 능력으로 / 원수가 날 정죄할 때도 난 의롭게 설 수 있네 / 난 더 이상 정죄함 없네 난 주 보혈 아래 있네 / 난 주 보혈 아래 있네 그 피로 내 죄 사했네 / 하나님의 긍휼 날 거룩케 하시었네 / 난 주 보혈 아래 있네 난 원수의 어떠한 공격에도 / 더 이상 넘어지지 않네 난 주 보혈 아래 있네."

사랑하는 여러분!

한 랍비가 환자의 임종을 맞이하러 병원에 왔다. 가족도 모두 나가고 랍비와 환자 둘만 남았다. 랍비가 "마지막으로 하실 말씀 있는지요?"라고 물었다. 그러자 환자는 괴로운 표정을 지으면서 있는 힘을 다해 손을 허우적거렸다. 랍비는 "말하기가 힘들다면 글로 써 보세요" 하고는 메모지와 연필을 건넸다. 환자는 바동거리며 몇 자 힘들게 적다가 숨을 거두고 말았다. 환자의 메모를 병실 밖으로 가지고 나온 랍비는 슬퍼하는 가족을 모두 불러 모은 후 말했다.

"우리의 의로운 형제는 주님 곁으로 편안히 가셨습니다. 이제 고인이 방금 쓰신 마지막 유언을 제가 읽어 드리겠습니다. '발 치워. 너 산소호흡기 줄 밟았어.'"

율법은 겉으로는 그럴듯하나 실은 산소호흡기 줄을 밟고 있는 랍비와 같아서 우리를 점점 질식하게 만든다. 마지막에는 생명줄을 끊을 것이다. 율법은 절대 우리를 구원할 수 없다. 새로운 의원, 구원자가 오셔야 한다. 그분이 오셨다. 바로 생명의 근원이신 우리 주님이시다. 주님은 우리 안에 새 피, 새 보혈을 공급해 주신다. 그래서 우리는 이제 주 보혈 아래 있다. 더 이상 정죄함이 없다. 율법이 갖가지의 법조문으로 우리를 정죄할 때도 우리는 의롭게 설 수 있다. 주 보혈 아래 있기 때문이다. 이 평범한 법을 아는 자들에게 바울은 이렇게 말한다.

"형제들아 내가 법 아는 자들에게 말하노니 너희는 그 법이 사람이 살 동안만 그를 주관하는 줄 알지 못하느냐"(롬 7:1).

이제 우리는 이 법을 아는 자들이다. 이 법은 상식이다. 내가 죽으면 된다. 내가 죽으면 더 이상 옛 법이 나를 얽어맬 수 없다. 나는 주 보혈 아래 있다. 이 사실을 기억하고 십자가의 주님을 바라보는 모두가 될 수 있기를 바란다.

14.

탄식함으로 자신을 고발함

7:15-25

그리스도인이 된 이유

철학에 깊은 관심이 없는 사람일지라도 버트런드 러셀(Bertrand Russell, 1872-1970)의 이름 정도는 한 번쯤 들어 보았을 것이다. 왜냐하면 그는 『결혼과 성』(간디서원, 2004), 『왜 사람들은 싸우는가』(비아북, 2010) 등 일반인들이 쉽게 접할 수 있는 많은 책을 썼기 때문이다. 그중 가장 유명한 수필집은 『나는 왜 기독교인이 아닌가』(사회평론, 2005)이다. 그는 책 서문을 "나는 세상의 모든 종교들은…진실이 아닐 뿐만 아니라 해로운 것들이라고 생각한다"라고 시작한 후 그 이유를 세 가지 들었다.

"첫째, 하나님에 대한 논증이 불가능하다. 하나님은 누가 만들었단 말인가? 둘째, 예수는 과연 최선, 최현의 사람이었나? 그의 가르침을 볼 때 그렇지 못하다. 셋째, 지옥이 있다는 것을 인정할 수 없다.

죄에 대한 형벌을 '지옥 불'로 다스린다는 것은 너무 잔인하다."

그리고 얼마 후 기독교 지성을 대표하는 존 스토트(John Stott, 1921-2011) 박사가 『나는 왜 그리스도인이 되었는가』(IVP, 2004)라는 책을 발간했다. 물론 버트런드 러셀의 주장을 염두에 둔 반박 성격이 짙은 책이다. 스토트는 책 서문을 "내가 그리스도인이 된 이유는 기독교 가정에서 자랐기 때문이 아니고, 스승의 영향을 받았기 때문도 아니고, 그리스도를 영접하겠다는 나 자신의 결단 때문도 아니다"라고 시작했다. 그러면서 그 역시 그리스도인이 된 이유를 세 가지 제시했다.

"첫째, '천국의 사냥개' 때문이다. 둘째, 예수님이 곧 진리라고 확신하기 때문이다. 셋째, 십자가만이 유일한 해답이기 때문이다."

'천국의 사냥개'란 말이 생소하다. 이 말을 제일 처음 쓴 사람은 당시 유명한 시인이었던 프랜시스 톰슨(Francis Thompson, 1859-1907)이다. 『이 대단한 연인』(This Tremendous Lover)이란 시집에서 이 말을 처음 사용했는데, '우리가 원하는 길로 가고자 도망할 때조차도 끈질기게 쫓아온다'는 뜻으로 사용했다. 스토트는 주님이 정말 끈질기게 찾아와 주셨고, 굴복할 때까지 추적하고 채찍질하셨기 때문에 예수를 믿게 되었다고 한 것이다.

또 다른 유형이 있다. 처음에는 "나는 그리스도인이 아니다"라고 적극적으로 부인했다가 나중에는 예수의 이름 앞에 무릎을 꿇은 경우다. 대표적으로 이어령 박사다. 그는 자타가 공인하는 한국 지성의 대표자다. 『남자의 물건』(21세기북스, 2012)이란 책을 보면, 이어령 박사가 가장 애지중지하는 물건이 자기 책상이라고 말했다는 부분이 나온다. 무려 3m가 훨씬 넘는 책상 위에 4대의 컴퓨터가 놓여 있다. 그는 지금 고령임에도 여전히 왕성한 저술 활동을 하고 있다. 그의 박학다식함이 저절로 나오는 것이 아니다. 그는 그리스도인이 아니었을 때도 성경에 집중했다. 그래서 산상수훈 정도는 주석을 할 정도였다. 그럼에도 자신은 그리스도인이 아니라고 어디서나 강변했다.

그런 이어령 박사가 꼬꾸라졌다. 하나님은 그가 생명같이 사랑하는 딸을 통해서, 눈에 넣어도 아프지 않을 손자를 통해서 그를 만지기 시작하셨다. 교토에 있을 때 하와이에서 걸려온 전화 한 통화에 그냥 꼬꾸라졌다. 그리고 그 지성의 대표자가 무릎을 꿇고 세례를 받았다. 이어령 박사는 세례를 받으며 느꼈던 자신의 내면을 이렇게 표현했다.

"세례를 받으면서 무릎을 꿇었습니다. 평생 누구에게도 무릎을 꿇어 본 적이 없었습니다. 나중에 무릎을 꿇고 기도하는 영상을 보니 충격적이었습니다. 마치 죄수 같았습니다. 기쁨보다는 고통을 느꼈습니다. 아이가 태어나면서 왜 우는지, 세례 받으면서 비로소 알았습니다."

그 후 그는 이런 기도를 드렸다.

어느 무신론자의 기도 2

"당신이 부르기 전에는
아무 소리도 들리지 않았습니다.
당신이 부르기 전에는
아무 모습도 보이지 않았습니다.
하지만 이제는 아닙니다.
어렴풋이 보이고 멀리에서 들려옵니다.

어둠의 벼랑 앞에서
내 당신을 부르면
기척도 없이 다가서시며
'네가 거기 있었느냐'
'네가 그동안 거기 있었느냐'고
물으시는 소리가 들립니다.

달빛처럼 내민 당신의 손은
왜 그렇게도 야위셨습니까.
못 자국의 아픔이 아직도 남으셨나이까.
도마에게 그렇게 하셨던 것처럼 나도
그 상처를 조금 만져 볼 수 있게 하소서.
그리고 혹시 내 눈물방울이 그 위에 떨어질지라도
용서하소서.

아무 말씀도 하지 마옵소서.

여태까지 무엇을 하다 너 혼자 거기 있느냐고

더는 걱정하지 마옵소서.

그냥 당신의 야윈 손을 잡고

내 몇 방울의 차가운 눈물을 뿌리게 하소서.”

　- 『지성에서 영성으로』(열림원, 2017, p. 166-167)

이어령 박사는 이제 주변 사람들이 경멸스런 표정으로 '쟁이'라고 손가락질을 해도, 히죽거려도 전혀 개의치 않는다. 어디서나 "나는 그리스도인이다"라고 자신을 드러낸다.

중생한 자가 물어야 할 세 가지 질문

자신이 중생(born again, 重生)한 자임을 어떻게 확인할 수 있는가? 베드로전서 3장 15절이 리트머스 시험지다.

"너희 마음에 그리스도를 주로 삼아 거룩하게 하고 너희 속에 있는 소망에 관한 이유를 묻는 자에게는 대답할 것을 항상 준비하되 온유와 두려움으로 하고"(벧전 3:15).

첫째, 그리스도를 진정 주로 삼고 있는가? 둘째, 거룩하게 살고 있는가? 셋째, 소망에 관한 이유를 묻는 자에게 대답할 말이 있는가? 이 세 가지가 점검 포인트다. 중생한 자들에게 이 열매가 있어야 한다.

한편, 아직 중생하지 못한 자들이 분명 있다. 로마서 11장 36절이 리트머스 시험지다.

"이는 만물이 주에게서 나오고 주로 말미암고 주에게로 돌아감이라" (롬 11:36a).

첫째, 인생이 어디서 왔다고 생각하는가? 둘째, 인생의 주관자가 누구라고 생각하는가? 셋째, 인생이 어디로 간다고 생각하는가? 이 세 가지 질문에 답하지 못하는 자들이다. 설령 답을 한다 해도 정답을 말하지 못하는 자들이다. 그들은 중생하지 못한 자들이다. 그렇다면 우리는 어떻게 살아야 할까?

앞서 언급한 대로 로마서 7장에 '나'라는 사람이 등장한다. '나'는 도대체 누구일까? 수많은 논쟁이 있었지만 오늘에 이르러 몇 가지 견해로 좁혀지고 있다.

첫째, 로마서를 대하는 독자들을 가리킨다는 견해다.

방점은 '나'가 이 편지를 쓴 바울이 아니라는 것이다. 왜냐하면 바울이 그런 행동과 생각을 할 리가 없다는 것이다. 그래서 여기서 '나'는 편지를 받는 수신자, 즉 독자를 가리킨다는 입장이다. 하지만 본문과 전후 문맥의 흐름을 살펴볼 때 받아들이기 어려운 견해다.

둘째, 율법을 중시하는 유대인을 가리킨다는 견해다.

당시 로마 교회 내에도 유대인으로서 예수를 믿는 자들이 있었다. 그들은 지금까지 율법을 통해 성화(聖化)에 이르기 위해 발버둥 치고 노력해 온 자들이다. 그런 자들은 복음을 접했으나 율법을 버리지는 못했기에 복음과 율법을 양손에 들고 있었다. 바로 그 유대인들의 탄식이라는 것이다. 방점은 '우리'는 아니라는 것이다.

셋째, 바울을 포함하여 중생한 모든 그리스도인을 가리킨다는 견해다.

어거스틴, 루터, 칼뱅 등도 '나'를 바울뿐만 아니라 모든 그리스도인으로 보았다. 루터는 "그리스도인은 의인인 동시에 죄인이다. 그리스도인은 '이미'(옛 시대)와 '아직'(새 시대)의 긴장 가운데 살고 있는 존재다. 그러므로 영적 갈등을 피할 길이 없다"라고 말했다. 크리스찬 베커(J. Christian Beker)는 "우리 그리스도인은 죄를 지을 수밖에 없는 옛 시대의 삶에서 죄를 짓지 않을 가능성을 가진 새 시대의 삶으로 전환하여, 마침내 죄를 짓는 것이 완전히 불가능한 영원한 부활의 삶으로 나아가고 있다"라고 말했다. 그리스도인이라면 누구든지 자신의 실존을 들여다보면 볼수록 로마서 7장의 '나'가 다른 사람이 아닌 바로 나 자신임을 인정하지 않을 수 없다는 것이다.

세 번째 견해가 가장 설득력 있다. 이 말씀을 전하는 목회자, 이 말씀을 받는 성도 모두 로마서 7장의 주인공이다. '나'는 바울 자신이다. 동시에 오늘 우리 모두다. 그렇다면 바울의 고백이 나의 고백임을 인정해야 한다.

중생한 자의 영적 고백

바울이 지금 무엇을 하는가? 자신에 대해 고백하고 있다. 하지만 그 내용을 볼 때 '고백'이라는 표현은 너무 약하고, '고발'이라는 표현이 더 적절하다. 언제 적 일을 고발하고 있는가? 예수 믿기 전, 즉 중생 전의 일인가, 아니면 예수 믿고 난 후, 즉 중생 후의 일인가?

로마서 7장 25절에서 바울은 "우리 주 예수 그리스도로 말미암아"라고 고백했다. 예수를 주님으로, 더 나아가 그리스도로 고백했다. 그렇다면 당연히 중생한 후, 더 나아가 사도가 된 후의 체험, 영적 상태를 말하는 것이 틀림없다. 그래서 우리는 더 크게 당황한다. 중생한 그리스도인, 그중에서도 바울이 한 행동이라니 너무나 어처구니가 없기 때문이다. 그는 자신의 영적 상태를 무엇이라고 고발했는가?

첫째, '나'는 여전히 죄의 포로다.

"우리가 율법은 신령한 줄 알거니와 나는 육신에 속하여 죄 아래에 팔렸도다"(롬 7:14).

'팔렸다'라는 단어는 노예를 떠올리게 한다. 당시 노예들이 어떤 취급을 받았던가? 주인의 명령에 어떻게 순복했던가?

둘째, '나'는 여전히 미워하는 것을 행하고 있다.

"내가 행하는 것을 내가 알지 못하노니 곧 내가 원하는 것은 행하지 아니하고 도리어 미워하는 것을 행함이라"(롬 7:15; 참고. 롬 12:1-2).
"여호와께서 미워하시는 것 곧 그의 마음에 싫어하시는 것이 예닐곱 가지이니 곧 교만한 눈과 거짓된 혀와 무죄한 자의 피를 흘리는 손과 악한 계교를 꾀하는 마음과 빨리 악으로 달려가는 발과 거짓을 말하는 망령된 증인과 및 형제 사이를 이간하는 자이니라"(잠 6:16-19).

셋째, '나'는 여전히 죄와 함께 동거하고 있다.
바울은 이 점을 세 번에 걸쳐서 반복하며 가장 많이 강조했다.

"이제는 그것을 행하는 자가 내가 아니요 내 속에 거하는 죄니라"(롬 7:17).
"만일 내가 원하지 아니하는 그것을 하면 이를 행하는 자는 내가 아니요 내 속에 거하는 죄니라 그러므로 내가 한 법을 깨달았노니 곧 선을 행하기 원하는 나에게 악이 함께 있는 것이로다"(롬 7:20-21).

넷째, '나'는 여전히 선을 행하기는커녕 악을 행하고 있다.

"내가 원하는 바 선은 행하지 아니하고 도리어 원하지 아니하는 바 악을 행하는도다"(롬 7:19).

다섯째, '나'는 여전히 죄의 법에 끌려갈 때가 훨씬 많다.

"내 지체 속에서 한 다른 법이 내 마음의 법과 싸워 내 지체 속에 있는 죄의 법으로 나를 사로잡는 것을 보는도다"(롬 7:23).

이때가 언제인가? 중생한 후, 사도가 된 후, 예수를 위해 생명을 바칠 기세로 온몸을 던져 복음 사역에 진력하고 있는 때다. 로마서를 쓰고 있는 지금의 영적 상태, 현재 이 순간 자기 모습을 고백한 것이다.

도대체 이런 바울을 존경할 수 있는가? 그의 가르침에 은혜 받을 수 있는가? 이런 그를 하나님의 종이라고 부를 수 있는가? 그래서 어떤 이는 그런 바울에게 "이중적이다. 이율배반적이다. 어떻게 사도란 자가 겉으로는 그럴듯한 말로 가르치면서 행동은 그 정도밖에 안 된단 말인가?"라고 손가락질하며 매도한다. 그러나 나는 그렇게 생각하지 않는다. 왜냐하면 기독교는 고백의 종교이기 때문이다. 무엇을 고백해야 하는가? 두 가지다. 먼저, 예수를 주로 고백해야 한다.

"네가 만일 네 입으로 예수를 주로 시인하며 또 하나님께서 그를 죽은 자 가운데서 살리신 것을 네 마음에 믿으면 구원을 받으리라"(롬 10:9). "누구든지 주의 이름을 부르는 자는 구원을 받으리라 하였느니라" (행 2:21).

또 하나, 내 안에 있는 죄를 고백해야 한다.

"만일 우리가 죄가 없다고 말하면 스스로 속이고 또 진리가 우리 속에 있지 아니할 것이요 만일 우리가 우리 죄를 자백하면 그는 미쁘시고

의로우사 우리 죄를 사하시며 우리를 모든 불의에서 깨끗하게 하실
것이요"(요일 1:8-9).

이 두 가지를 누구 앞에서 고백해야 하는가? 하나님 앞에서와
사람 앞에서다.

"누구든지 사람 앞에서 나를 시인하면 나도 하늘에 계신 내 아버지 앞
에서 그를 시인할 것이요 누구든지 사람 앞에서 나를 부인하면 나도
하늘에 계신 내 아버지 앞에서 그를 부인하리라"(마 10:32-33).
"그러므로 너희 죄를 서로 고백하며"(약 5:16a).
"그러므로 예물을 제단에 드리려다가 거기서 네 형제에게 원망 들을
만한 일이 있는 것이 생각나거든 예물을 제단 앞에 두고 먼저 가서 형
제와 화목하고 그 후에 와서 예물을 드리라"(마 5:23-24).

하나님 앞에서, 그리고 사람 앞에서 두 가지 고백이 반드시 있
어야 한다. 그래서 바울은 지금 하나님과 사람 앞에서 자신의 속
마음, 영적 상태를 있는 그대로 드러낸 것이다. 첫째, '나'는 여전
히 죄의 포로다(롬 7:14). 둘째, '나'는 여전히 미워하는 것을 행한
다(롬 7:15). 셋째, '나'는 여전히 죄와 함께 동거한다(롬 7:17, 20-21).
넷째, '나'는 여전히 선을 행하기는커녕 악을 행한다(롬 7:19). 다섯
째, '나'는 여전히 죄의 법에 끌려갈 때가 훨씬 많다(롬 7:23).

언젠가 교황 프란치스코(Francis, Jorge Mario Bergoglio)가 공개
석상에서 일반 사제 앞에 무릎을 꿇고 고해성사를 한 일이 화제가
되었다. 그는 사람 앞에서 자신의 연약함, 부족함, 허물을 솔직하

게 다 고백했다. 그리고 일어서서 말했다.

"우리는 구체적이어야 한다는 부르심을 받았다. 왜냐하면 우리가 빛과 어둠 사이에 있는 회색 지대에 머물러선 안 되기 때문이다. 회색은 여러분으로 하여금 빛 속에서 걷고 있다고 착각하게 만든다. 우리를 안도하게 만든다. 그래서 회색은 매우 기만적이다. 우리가 '굿모닝'이라고 말하는 것처럼, 습관적으로 '우리는 죄인'이라고 인정하는 경향이 있다. 우리의 죄 많음을 인정하면서도 구체적으로 표현하지는 않는다. 여기서 구체적이라는 것은 '저는 이것을 했습니다' 혹은 '저는 이러한 방식으로 죄를 저질렀습니다'와 같이 말하는 것이다. 고해성사 또한 추상적으로 죄를 고백하며 죄의 사함을 요구하는 게 아니다."

지금 바울이야말로 만인 앞에서 공개적으로 고해성사를 하고 있다. 진실된 마음으로 자신의 다섯 가지 죄상을 고발했다. 적당한 고백이 아니었다. 뜨거운 눈물과 함께 탄식했음이 틀림없다.

"오호라 나는 곤고한 사람이로다 이 사망의 몸에서 누가 나를 건져 내랴"(롬 7:24).

이것이 영적 실패자의 탄식이요, 죄에 사로잡혀 포로 된 자의 체념인가? 절대 그렇지 않다. "오호라"라는 탄식은 긍정적이다. 소망이 있다. 말씀대로 살려고, 일어서서 바로 걸어가려고 발버둥치는 자의 입에서 나오는 탄식이기 때문이다. 하나님을 가까이에서 뵈옵고(사 6:5) 그 영광 앞에서 나도 모르게 터져 나오는 탄식이요, 연약하고 부족하여 죄를 범했을 때, 말씀대로 살지 못했을 때 오는 갈등과 가책, 고통과 회개의 눈물을 의미하기 때문이다.

사랑하는 여러분!

로마서 7장에서 '나'를 누구로 규정했던가? 단순히 바울 한 사람이었던가? 아니다. 여기서 '나'는 '우리'다. 이 글을 읽고 있는 '나'다. '나'는 다섯 가지 죄상을 가지고 있다. 바울과 똑같은 상태에 처해 있다. 그런 '나'가 하나님의 자녀가 되었다. 매일 말씀을 묵상한다. 기도한다. 예배도 드리고 봉사도 한다. 하지만 여전히 육체 가운데 있다. 육체 가운데 거한다는 것은 죄가 그 가운데 여전히 머물고 있다는 뜻이다.

그런데 이 죄는 조금만 방심하면, 믿음이 약해지면 우리 안에서 역사하기 시작한다. 주인 행세를 하려고 한다. 불행하게도 바로 이때 그 죄의 무서운 손아귀에 잡혀 영락없이 끌려간다. 목사, 장로, 권사, 집사, 예수 오래 믿은 사람도 예외가 아니다. 마치 코뚜레에 꿰여 끌려가는 소처럼 끌려간다. 우리 중에 누구도 죄를 짓고 싶은 사람은 없다. 그런데 육신을 입고 있는 이상 죄에게 끌려갈 수 있는 약점을 누구나 지니고 있다.

이렇게 자신이 끌려가고 있을 때 무엇을 해야 하는가? "누가 날 좀 구해 주시오!" 하고 소리쳐야 한다. 탄식해야 한다. "오호라"의 탄식이 바로 이것이다. 연약하여 죄에 끌려가고 있을 때, 육체가 죄의 법 아래로 나를 사로잡아 가고 있을 때 비록 나는 이길 힘이 없으나 그래도 소리쳐야 한다. "오호라" 탄식을 해야 한다. 중생 받지 못한 사람은 소리칠 수 없는 탄식이다. 내 안에 죄가 똬리를 틀고 주인 행세를 할 때의 고통스런 부르짖음이다. 이 부르짖음이 있을 때, 이 탄식이 있을 때 위로부터의 도우심이 나타난다.

"우리 주 예수 그리스도로 말미암아 하나님께 감사하리로다"(롬 7:25a).

그야말로 극적인 전환이다. "오호라" 탄식하던 바울의 입에서 '감사'가 터져 나왔다. 울던 그 자리, 낙심하며 탄식하던 그 자리에서 툴툴 털고 일어난 것이다. 누구로 말미암아 이 일이 일어났는가? '예수 그리스도'로 '말미암아'다. 그 주님이 바울에게 무엇을 주셨기 때문일까?

"우리 주 예수 그리스도로 말미암아 우리에게 승리를 주시는 하나님께 감사하노니"(고전 15:57).

주님은 바울에게 '승리'를 주셨다. 죄와 사탄과 육체와의 싸움에서 승리하게 하셨다. 그래서 그가 이제 감사하는 것이다. 이 얼마나 놀라운 일인가! 오늘 우리도 마찬가지다. "오호라" 탄식하기만 하면 십자가로 승리하신 주님이 도와주시어 승리하게 하실 것이다. "오호라" 탄식의 은혜가 우리 모두에게 임하기를 바란다. 그때 승리와 감사의 복이 임할 줄 믿는다.

15.

예수 안에선 누구도 나를 정죄하지 못함

8:1-11

세계보건기구에서는 "코로나19가 없어지지 않을 수 있다. 홍역, 에이즈처럼 끝까지 남아 우리를 괴롭힐 것이다"라는 전망을 내놓은 적이 있다. 눈에 보이지도 않는 바이러스와의 전쟁이 참으로 끈질기다. 그런데 전쟁 가운데 가장 힘들고 고통스런 전쟁은 무엇일까? 『히틀러는 왜 세계 정복에 실패했는가』(홍익출판사, 2001)라는 책에서 저자 베빈 알렉산더(Bevin Alexander)는 이렇게 답했다. 우리가 깊이 새겨들어야 할 말이다.

"전쟁 중에서 가장 무서운 전쟁은 무적함대와의 전쟁도 아니며, 인해전술로 공격해 오는 적과의 싸움도 아니며, 첨단무기와의 전투도 아니다. 그것은 내부와의 전쟁이다. 한 나라가 무너지는 것은 군사력이 모자라서가 결코 아니다. 내부에 적이 있기 때문이다. 히틀러의 나치가 무너진 것도 내부의 적 때문이었다. 내부의 분열이 히틀러 자신을 무너뜨렸다. 시저가 무너진 것은 희랍 제국이 막강해서가 아니었다. 아들처럼 키웠던 브루투스의 칼 때문이었다."

나를 지배하는 생각과의 싸움

우리는 영적 전투에 임하고 있는 군사들이다(딤후 2:3). 이 전투
의 특징이 무엇인가? 이 전투는 어떤 사람, 어떤 적과의 싸움이 아
니다. 철저히 자신의 내면, 즉 자기 자신과의 싸움이다. 김수영 시
인(1921-1968)의 "하…… 그림자가 없다"라는 시가 우리에게 도전
을 준다. 시의 일부분을 소개한다.

"그러나 우리들은 언제나 싸우고 있다
아침에도 낮에도 밤에도 밥을 먹을 때에도
거리를 걸을 때도 환담을 할 때도
장사를 할 때도 토목공사를 할 때도
여행을 할 때도 울 때도 웃을 때도
풋나물을 먹을 때도
시장에 가서 비린 생선 냄새를 맡을 때도
배가 부를 때도 목이 마를 때도
연애를 할 때도 졸음이 올 때도 꿈속에서도
깨어나서도 또 깨어나서도 또 깨어나서도……
수업을 할 때도 퇴근 시에도
사이렌 소리에 시계를 맞출 때도 구두를 닦을 때도……
우리들의 싸움은 쉬지 않는다
하…… 그림자가 없다

하…… 그렇다……."

더 구체적으로, 자신의 무엇과의 싸움인가? '몸'과의 싸움이다.
바울은 이 사실을 분명히 했다.

"우리가 알거니와 우리의 옛 사람이 예수와 함께 십자가에 못 박힌 것
은 죄의 몸이 죽어 다시는 우리가 죄에게 종노릇하지 아니하려 함이
니"(롬 6:6).
"그러므로 너희는 죄가 너희 죽을 몸을 지배하지 못하게 하여 몸의 사
욕에 순종하지 말고"(롬 6:12).
"오호라 나는 곤고한 사람이로다 이 사망의 몸에서 누가 나를 건져 내
랴"(롬 7:24).

그런데 이 '몸'이 앞뒤 문맥에 따라 어떤 때는 "몸", 어떤 때는
"육체"(롬 3:20), 어떤 때는 "육"(골 2:11), 어떤 때는 "육신"으로 번
역되기도 하는데, 같은 뜻으로 이해하면 된다. 본문에서는 일관되게
"육신"이라는 단어로 번역되어 있다(롬 8:3-9). 그렇다면 몸, 육체,
육, 육신을 지배하는 것은 무엇인가? 도대체 무엇에 영향을 받을까?

"육신의 생각은 사망이요 영의 생각은 생명과 평안이니라 육신의 생
각은 하나님과 원수가 되나니 이는 하나님의 법에 굴복하지 아니할
뿐 아니라 할 수도 없음이라"(롬 8:6-7).

내 몸, 육체, 육, 육신은 생각의 지배를 받는다고 말한다. 그러니

까 생각이 중요하다는 의미다. 사람의 생각이 그의 성격, 태도, 인격, 됨됨이, 삶의 방식을 결정한다. 생각이 곧 그 사람의 어떠함이다. 잠언 23장 7절은 이렇게 말한다.

"대저 그 마음의 생각이 어떠하면 그 위인도 그러한즉"(개역개정).

"그가 자기 마음속으로 생각하듯이 실제도 그러한즉"(KJV).

"무릇 그 마음의 생각이 어떠하면 그의 사람됨도 그러하니"(표준새번역).

"그 마음에 생각하는 그대로 사람도 그런즉"(우리말성경).

결국 내 속에 있는 생각이 무엇으로 채워져 있느냐가 관건이다. 그래서 마귀는 딴것을 넣지 않는다.

"마귀가 벌써 시몬의 아들 가룟 유다의 마음에 예수를 팔려는 생각을 넣었더라"(요 13:2).

마귀는 가룟 유다의 마음에 '생각'을 집어넣었다. 그 생각이 가룟 유다를 지배하기 시작하자 그는 은 삼십에 스승을 팔아넘겼다.

"하나님이 라헬을 생각하신지라 하나님이 그의 소원을 들으시고 그의 태를 여셨으므로"(창 30:22).

하나님이 라헬을 '생각'하시니 임신하지 못하던 라헬이 임신하여 아들 요셉을 낳았다. 하나님이 생각하신 순간 요셉이 잉태된 것이다. 따라서 믿음의 사람들은 다른 기도를 드리지 않았다. 생각해 달라는 기도를 드렸다. 다윗도 이렇게 기도했다.

"여호와 내 하나님이여 나를 생각하사 응답하시고 나의 눈을 밝히소서 두렵건대 내가 사망의 잠을 잘까 하오며"(시 13:3).

삼손도 이렇게 기도했다.

"주 여호와여 구하옵나니 나를 생각하옵소서 하나님이여 구하옵나니 이번만 나를 강하게 하사 나의 두 눈을 뺀 블레셋 사람에게 원수를 단번에 갚게 하옵소서"(삿 16:28).

히스기야도 마찬가지였다.

"여호와여 구하오니 내가 주 앞에서 진실과 전심으로 행하며 주의 목전에서 선하게 행한 것을 기억하옵소서"(사 38:3).

한나도 그러했다.

"만군의 여호와여 만일 주의 여종의 고통을 돌보시고 나를 기억하사 주의 여종을 잊지 아니하시고 주의 여종에게 아들을 주시면"(삼상 1:11a).

그래서 어떤 생각은 사망(자살)을 부르고, 또 어떤 생각은 생명과 평안을 낳는다(롬 8:6). 그렇기에 영어에서 '생각하다'라는 단어

'mind'는 의도적으로 무엇인가에 집중하고 몰두하거나 어떤 것에 완전히 사로잡혀 상상하고 주의를 기울이는 것까지를 의미한다.

캔터베리의 대주교였던 윌리엄 템플(William Temple, 1881-1944)은 "당신의 종교는 당신이 홀로 떨어져 있을 때 하는 바로 그것이다"라고 말했다. 풀이해서 말하면, 성가신 일이 전혀 없을 때 가장 자연스럽게 떠올리게 되는 그것, 행하는 그것이 그가 살아가는 목적이자 종교라는 것이다. 자신의 생각을 가득 채우고 있는 것, 그것이 무엇이든 그것이 그 사람의 인생을 만든다는 것이다.

> "아무것도 염려하지 말고 다만 모든 일에 기도와 간구로, 너희 구할 것을 감사함으로 하나님께 아뢰라 그리하면 모든 지각에 뛰어난 하나님의 평강이 그리스도 예수 안에서 너희 마음과 생각을 지키시리라"(빌 4:6-7).

예수 안에는 정죄함이 없다

우리는 로마서 7장에서 육신의 생각과 싸우고 있는 '나'라는 사람을 만났다. '나'는 누구였던가? 바울이다. 바울은 자기 내면 세계에서 일어나는 영적 전투 다섯 가지를 고백하면서 이렇게 탄식했다.

> "오호라 나는 곤고한 사람이로다 이 사망의 몸에서 누가 나를 건져 내랴"(롬 7:24).

여기서 놓치지 말아야 할 것은 그 유명한 로마서 8장이 이 처절한 탄식 후에 열린다는 사실이다. 물론 성경 66권, 말씀 전체가 진리의 보고(寶庫)다. 그러므로 어떤 말씀이 더 좋고, 덜 좋다는 것은 편견에 불과하다. 하지만 그중에서 로마서가 차지하는 비중은 가볍게 넘길 수 없다. 더 나아가 로마서 가운데 8장의 중요성은 아무리 강조해도 모자람이 없다.

위대한 설교가 마틴 로이드 존스는 "로마서는 가장 빛나는 보석 가운데 하나다. 그중에서도 로마서 8장이야말로 가장 환히 빛나는 보석이고 가장 감동적인 장은 바로 8장이다"라고 말했다. 독일 경건주의의 주도적 인물이었던 필립 스페너는 "성경 전체를 지환이라고 한다면 로마서는 메인 보석을 둘러싼 작은 보석들, 그중에 8장은 그 보석들에 둘러싸인 다이아몬드와 같다"고 말했다.

이외에도 "성경 전체를 통해서 흐르던 여러 갈래의 강물이 로마서 8장에 이르러 하나의 생명수 강을 이루어 어린양 보좌를 향하고 있다", "만약에 성경책이 불의의 사고로 다 불타 없어진다 할지라도 로마서, 그중에 8장만 있으면 구원을 받을 수 있다", "성경 전체에서 딱 한 장만 남긴다면 로마서 8장을 선택할 것이다" 등 이 모든 찬사가 로마서를 깊이 연구하는 중에 은혜를 받은 학자들의 입에서 나온 표현이다. 그들은 이구동성으로 로마서의 탁월함을 칭송하고, 그중에서도 8장을 성경 1,189장 중에서 가장 중요한 위치에 놓고 있다.

그래서 충정교회 제자훈련 과정에서는 로마서 8장을 암송하도록 훈련시킨다. 1-39절까지 외워야만 수료할 수 있다. 사실 쉬운 일이 아니다. 성경의 어떤 부분은 잘 외워진다. 예를 들어, 시편

1편, 23편이나 마태복음 5장 등은 비교적 외우기가 쉽다. 그러나 로마서 8장은 무척 딱딱하고 단어들이 생소해 외우기 어렵다. 그러나 꼭 외우도록 한다.

혹시 영적 침체에 빠져 허우적대는 분이 있는가? 어떤 문제들로 말미암아 불안해 잠 못 이루고 있는가? 믿음이 흔들리는가? 사탄의 권세 아래 놓여 있는가? 은혜를 정말 사모하는가? 그런 사람이 있다면 주저하지 말고 로마서 8장을 펴서 천천히 정독하라. 아니, 외우라. 8장 전체를 외우기가 힘들다면 써 보라. 나는 로마서 8장을 길 가면서 외우고 컴퓨터에 타이핑하기도 한다. 그것도 힘들다면 1-2절만이라도 꼭 외우라.

> "그러므로 이제 그리스도 예수 안에 있는 자에게는 결코 정죄함이 없나니 이는 그리스도 예수 안에 있는 생명의 성령의 법이 죄와 사망의 법에서 너를 해방하였음이라"(롬 8:1-2).

바울은 '그러므로'라는 단어로 8장의 문을 열었다. 이 접속사는 우리의 시선을 앞 문장으로 돌리게 한다. 왜냐하면 앞 문장을 받는 접속사이기 때문이다. 바로 앞부분인 7장에 누가 등장하는가? '나'라는 사람이 무려 34회에 걸쳐서 등장한다. '나'는 자신의 영적 상태를 고백한 후에 "오호라 나는 곤고한 사람이로다 이 사망의 몸에서 누가 나를 건져 내랴"(롬 7:24) 하고 처절하게 부르짖었다.

그렇다면 이 '나'란 사람과 8장 1-2절의 '그리스도 예수 안에 있는 자'는 누구일까? 동일 인물일까, 다른 인물일까? 동일 인물이다. 왜냐하면 이 접속사가 앞 문장을 받기 때문이다. 이 관계도는 대단히 중요하다. 자신이 진정 '그리스도 예수 안에 있는 자'라면 자기 안에 악이 있음을 인정한다(롬 7:20-21). 그리고 여기에 머물지 않고 자신의 죄악을 하나님 앞과 사람 앞에서 있는 그대로 솔직히 고백하고, 자신의 연약함과 죄악으로 인해 탄식하고, "이 사망의 몸에서 누가 나를 건져 내랴" 하며 부르짖을 때 하늘로부터 특별한 은혜가 나타난다. 하나님이 신비한 은혜를 체험하게 하신다. 그 은혜가 무엇인가?

> "그러므로 이제 그리스도 예수 안에 있는 자에게는 결코 정죄함이 없나니"(롬 8:1).

결코 정죄함이 없는 은혜다. 원문을 보면, '결코 없다'(οὐδείς, 우데이스)라는 단어가 문장 제일 처음에 등장한다. 그리스도 예수 안에 있는 자에게는 정죄함이 '결코 없다'는 것이다. 그리스도 안에 있기 때문이다. 하나님이 의롭다 하셨기 때문이다.

> "누가 능히 하나님께서 택하신 자들을 고발하리요 의롭다 하신 이는 하나님이시니 누가 정죄하리요 죽으실 뿐 아니라 다시 살아나신 이는 그리스도 예수시니 그는 하나님 우편에 계신 자요 우리를 위하여 간구하시는 자시니라"(롬 8:33-34).

그러므로 그 누구도, 그 무엇도 그리스도 예수 안에 있는 자를 정죄할 수 없다.

"누가 우리를 그리스도의 사랑에서 끊으리요 환난이나 곤고나 박해나 기근이나 적신이나 위험이나 칼이랴"(롬 8:35).

"내가 확신하노니 사망이나 생명이나 천사들이나 권세자들이나 현재 일이나 장래 일이나 능력이나 높음이나 깊음이나 다른 어떤 피조물이라도 우리를 우리 주 그리스도 예수 안에 있는 하나님의 사랑에서 끊을 수 없으리라"(롬 8:38-39).

이를 인정하는가? 그런데 인정하기가 쉽지 않은 것이 사실이다.

"이는 그리스도 예수 안에 있는 생명의 성령의 법이 죄와 사망의 법에서 너를 해방하였음이라"(롬 8:2).

여기서 '너'는 누구일까? 편지의 수신자인 로마 교회 성도들일까? 아니다. 만일 로마 교회 성도들이라면 '너희'라는 복수를 사용해야 한다. 바울은 이 편지에서 지금까지 단 한 번도 '너'라는 2인칭을 사용한 적이 없다. 그런데 "너를 해방하였음이라"라고 말했다. 그렇다면 여기서 '너'는 역시 바울이다. '그리스도 예수 안에 있는' 바울 자신이다. '결코 정죄함이 없는' 은혜를 입은 바울이다. 바울은 지금 자기 자신에게 이 선언을 하고 있는 것이다. 무슨 의미인가? 놀랍게도 바울이 지금까지 자기 자신을 정죄해 왔다는 것을 시사한다.

사실 바울에게는 아픈 과거가 있었다. 예수 믿는 자들을 핍박하고, 옥에 가두고, 죽이는 일을 서슴지 않고 자행했다. 얼마나 많은 사람을 괴롭혔는지 모른다. 혼자서 잘난 척, 거룩한 척은 또 얼마나 했던가. 교만과 자랑을 얼마나 늘어놓았던가. 얼마나 많은 사람이 그로 말미암아 죽임을 당했는지 모른다. 그중에서도 특별히 스데반 집사를 돌로 쳐 죽이는 일에 가장 앞장선 사람이 바로 바울이었다. 그는 눈만 감으면 피투성이가 되어 죽어 가면서도 천사의 얼굴을 한 채 무릎 꿇고 기도하던 스데반을 떠올리며 자신을 정죄했다. 우리가 이 사실을 어떻게 알 수 있는가? 사도행전을 보면 바울이 자주 그때의 일을 고백하는 것을 볼 수 있기 때문이다. 이처럼 바울은 과거에 얽매여 자기 자신을 정죄하곤 했다.

바울만 그러한가? 마크 킨저(Mark Kinzer)는 『죄책감으로부터의 자유』(두란노, 1988)에서 오늘날 많은 그리스도인이 자기 정죄에 빠져 의기소침, 자기 연민, 극심한 내성, 또는 지나칠 정도의 방어성을 초래하고 있다고 진단하면서, 자기 정죄는 '위장된 미덕'과 다를 바 없다고 단정적으로 말했다. 나는 어떠한가? 어떤 일이 생겼을 때 '혹시 그때 내가 잘못해서 지금 죗값을 치르는 것은 아닐까?'라고 생각해 본 일이 없는가? 사업이 안될 때, 자식 일이 안 풀릴 때, 가족이 암 투병을 할 때, 교통사고가 났을 때 사는 게 사는 것 같지 않고 죄책감에 사로잡혀 웃음을 잃어버린 적이 없는가? 매사에 소극적이고 모든 게 두려운 적이 없었는가?

하나님은 내가 나를 정죄하는 어리석음을 반복하는 일을 원하지 않으신다. 왜냐하면 스스로를 정죄하는 생각은 사탄이 심어 준 마음이기 때문이다. 사탄은 쉴 새 없이 내 안에 찾아와 스스로를 정죄하도록 충동질한다. 그의 별명이 '참소자'가 아닌가(계 12:10). 사탄은 어떤 일이 있을 때마다 과거로 돌아가게 한다. 과거의 일을 떠올리게 해 '네까짓 게 무엇을 한다고? 너 전에 그런 일을 저질렀잖아!' 하며 결국 자기를 정죄하게 만든다. 자학하게 만든다. 아무 일도 이루지 못한 채 인생을 끝내게 만든다.

수년 전에 일산 정발산에 산불이 났다. 급히 신고했기에 화재는 진화되었다. 하지만 상당히 넓은 지역에 화재의 흔적이 남아 있었다. 그런데 언젠가 그 현장에 다시 가서 보니 완전히 복원되어 있었다. 화재가 났던 흔적이 보이지 않았다. 하나님은 창조주시다. 창조하신 그대로 능히 복원시키실 수 있는 분이시다.

그렇다면 우리는 자기 정죄에 빠질 때마다 어떻게 해야 하는가? 바울처럼 자신을 향하여 선포해야 한다.

"그러므로 이제 그리스도 예수 안에 있는 자에게는 결코 정죄함이 없나니 이는 그리스도 예수 안에 있는 생명의 성령의 법이 죄와 사망의 법에서 너를 해방하였음이라"(롬 8:1-2).
"누가 능히 하나님께서 택하신 자들을 고발하리요 의롭다 하신 이는 하나님이시니 누가 정죄하리요 죽으실 뿐 아니라 다시 살아나신 이는 그리스도 예수시니 그는 하나님 우편에 계신 자요 우리를 위하여 간구하시는 자시니라"(롬 8:33-34).

더 나아가 바울은 이렇게 외쳤다.

"형제들아 나는 아직 내가 잡은 줄로 여기지 아니하고 오직 한 일 즉 뒤에 있는 것은 잊어버리고 앞에 있는 것을 잡으려고 푯대를 향하여 그리스도 예수 안에서 하나님이 위에서 부르신 부름의 상을 위하여 달려가노라"(빌 3:13-14).

사랑하는 여러분!

만약 바울 사도가 과거에 집착해 있었다면 그는 아무 일도 하지 못했을 것이다. 그러나 그는 하나님의 말씀을 믿었고, "결코 정죄함이 없다"고 선포했다. 그때 "너를 해방하였음이라"라는 말씀이 현재 자기 삶의 현장에서 일어나고 있다는 것을 믿었다. 그런 바울을 하나님은 귀하게 사용하셨다. 정죄는 이제 끝났다. 결코 정죄함이 없다. 생명의 성령의 법이 죄와 사망의 법에서 나를 해방했다. 나는 할 수 없으나, 주님이 하셨다. 십자가의 피로 이 놀라운 일을 이루셨다. 이 사실을 믿음으로 받아들이면서 기쁨과 감사의 마음으로 하나님의 보좌 앞에 나아가는 우리가 되기를 진심으로 바란다.

16.

선(善)을 이루실 하나님의 손길 기다리기

8:26-30

고속도로 휴게소마다 특색이 있고 먹거리도 풍성하다. 천안휴게소는 호두를 넣은 호두과자가 유명하고, 서울양양고속도로변의 가평휴게소는 지역 특산물인 잣을 넣은 호두과자가 인기몰이를 하고 있다. 어떤 사람이 호두과자를 샀는데 호두가 들어 있지 않아 항의를 했다. 그러자 주인이 "붕어빵에 붕어가 들어 있는 것 봤소?" 했다고 한다. 그렇다. 붕어빵에 붕어가 없어도 붕어빵이라 불린다. 국화빵에 국화가 없어도 국화빵이라고 불리고, 호두과자에 호두가 없어도 호두과자라 불린다. 그러면 우리는 어떻게 불리고 있는가?

육신의 생각을 이기는 길

사도행전 11장 26절을 보면, 예수 믿는 사람들이 처음으로 '그리스도인'이라고 불렸다. 그 후 '그리스도인'은 그리스도를 믿는 자를 가리키는 호칭으로 굳어졌다. 그렇다면 그리스도인이라 불린 이유는 무엇일까?

"누구든지 그리스도의 영이 없으면 그리스도의 사람이 아니라"(롬 8:9b).

여기서 '그리스도의 영'은 성령을 가리킨다. 즉 그리스도인인지 아닌지를 판별하는 잣대가 성령이라는 것이다. 성령이 없으면, 성령을 모시지 않은 자는 그리스도인이 아니다. 그런데 우리는 혹시 그리스도의 영, 즉 성령이 없으면서 마치 호두과자처럼, 붕어빵처럼, 국화빵처럼 '그리스도인'이라고 불리고 있는 것은 아닌가?

따라서 바울은 에베소 성도들에게 "예수를 믿느냐?"라고 묻지 않았다. 대신 "성령을 받았느냐?"라고 확인했다(행 19:2a). 그때 어떤 대답이 돌아왔는가? 그들은 "아니라 우리는 성령이 계심도 듣지 못하였노라"(행 19:2b)라고 답했다. 그들은 성령을 받기는커녕 성령이 계시다는 사실을 알지도, 듣지도 못했으면서 자신들이 그리스도인이라고, 교회의 지도자라고 착각했던 것이다. 그래서 우리도 우리 자신에게 물어야 한다.

'나는 진정 그리스도인인가? 그리스도의 영을 모시고 있는가? 성령을 모시고 있는가? 성령이 내 안에 임재하셔서 나를 지배하고 계시는가?'

부활하신 주님은 승천하시면서 중요한 약속을 하나 하셨다.

"예루살렘을 떠나지 말고 내게서 들은 바 아버지께서 약속하신 것을 기다리라 요한은 물로 세례를 베풀었으나 너희는 몇 날이 못 되어 성령으로 세례를 받으리라 하셨느니라"(행 1:4b-5).

"오직 성령이 너희에게 임하시면 너희가 권능을 받고 예루살렘과 온 유대와 사마리아와 땅끝까지 이르러 내 증인이 되리라 하시니라"(행 1:8).

주의 몸 된 교회는 성령 강림으로 탄생했다. 우리는 예수 그리스도가 이 땅에 오신 성탄절은 기억하고 성대하게 지키면서 성령이 오신 날은 너무 건성으로 넘긴다. 성령이 무척 섭섭해하실 것 같다. 성경은 어느 부분에서 성령을 가장 깊이 있게 다루고 있을까? 바울은 서신을 13개나 썼다. 그 안에 성령에 대해 77회 언급했는데, 로마서 8장에서만 무려 21회나 언급했다. 이는 바울 서신 그 어느 곳에서도 찾을 수 없는, 그야말로 이례적이다. 그러므로 로마서 8장이야말로 성령을 가장 깊고 구체적으로 다루고 있는 장이다. 그래서 어떤 이는 히브리서 11장을 '믿음장', 고린도전서 13장을 '사랑장', 고린도전서 15장을 '부활장'이라고 부르는 것처럼, 로마서 8장을 '성령장'이라고 부른다.

바울은 로마서 8장에서 성령을 깊이 있게 다루면서 성령과 대척점에 있는 육신에 대해 함께 다루었다. 육신이 무엇에 지배(영향)받고 있는지를 상기시켰다. 물론 육신은 몸, 육, 육체와 같은 의미다. 육신이 무엇의 지배를 받는가? 생각이다. '육신'과 '생각', 둘은 얼마나 밀접한지 마치 한 단어인 양 쓰인다. 그렇다면 '육신의 생각'이 향하는 종착지는 어디일까? 우리를 어디로 끌고 가려는 것일까?

"육신의 생각은 사망이요…육신의 생각은 하나님과 원수가 되나니… 육신에 있는 자들은 하나님을 기쁘시게 할 수 없느니라"(롬 8:6-8).

'육신의 생각'은 그 누구도, 그 무엇도 이길 수 없다. 그래서 바울까지 탄식하지 않았던가.

"오호라 나는 곤고한 사람이로다 이 사망의 몸에서 누가 나를 건져 내랴"(롬 7:24).

하지만 육신의 생각을 이길 수 있는 길이 있다. 성령으로 가능하다. 우리의 힘으로, 능으로 되지 않지만 성령의 힘으로 가능하다. 그래서 부활의 주님이 성령을 우리에게 보내 주겠다고 약속하신 것이다. 바울은 성령이 어떤 일을 하시는지를 알려 주는데, 성령은 모두 세 가지 일을 하신다.

첫째, 성령은 우리가 하나님의 자녀인 것을 증언해 주신다.

"성령이 친히 우리의 영과 더불어 우리가 하나님의 자녀인 것을 증언하시나니"(롬 8:16).

둘째, 성령은 우리를 위해 중보 기도 해 주신다.

"이와 같이 성령도 우리의 연약함을 도우시나니 우리는 마땅히 기도할 바를 알지 못하나 오직 성령이 말할 수 없는 탄식으로 우리를 위하여 친히 간구하시느니라 마음을 살피시는 이가 성령의 생각을 아시나니 이는 성령이 하나님의 뜻대로 성도를 위하여 간구하심이니라"(롬 8:26-27).

셋째, 성령은 우리 몸의 완전한 구원을 이루신다.

"예수를 죽은 자 가운데서 살리신 이의 영이 너희 안에 거하시면 그리스도 예수를 죽은 자 가운데서 살리신 이가 너희 안에 거하시는 그의 영으로 말미암아 너희 죽을 몸도 살리시리라"(롬 8:11).

이것이 성령의 3대 사역이다. 성령은 우리가 하나님의 자녀임을 증언하신다. 성령은 우리를 위해 오늘도 탄식하며 중보하신다. 성령은 죽을 몸을 다시 일으키신다.

선을 이루실 하나님을 기다리라

지금 어려운 상황에 놓여 있는가? 어떤 생각에 집착하고 있는가? 심각한 문제로 고민하고 있는가? 죄책감에 시달리고 있는가? 마음이 잡히지 않아 힘들어하고 있는가? 만약 그렇다면 주저 없이 로마서 8장을 펴라. 그리고 그 속에 역사하시는 성령을 만나라. 성령을 의지하라. 성령으로 충만하라. 할 수만 있으면 8장 전체를 외우라. 어렵다면 1-2절만이라도 암기하라.

"그러므로 이제 그리스도 예수 안에 있는 자에게는 결코 정죄함이 없나니 이는 그리스도 예수 안에 있는 생명의 성령의 법이 죄와 사망의 법에서 너를 해방하였음이라"(롬 8:1-2).

로마서 8장 1-2절 말씀과 함께 반드시 마음의 빗돌에 새겨야 할 말씀이 있다. 일생을 놓고 매일매일의 삶의 자리에서 묵상하고 새김질해야 하는 귀중한 말씀이다. 로마서 8장 28절이다.

"우리가 알거니와 하나님을 사랑하는 자 곧 그의 뜻대로 부르심을 입은 자들에게는 모든 것이 합력하여 선을 이루느니라"(롬 8:28).

로마서 8장 1절은 '없다'고 말한다. 소극적이고 피동적이다. 그러나 28절은 '이루다'라고 말한다. 적극적이고 능동적이다. 그래서 이 두 구절은 서로 짝을 이룬다. 서로 떼려야 뗄 수 없는 밀접한 관계를 이루고 있다. 단지 '없는' 것으로 만족해서는 안 되기 때문이다. '이루어지는', '채워지는' 복의 단계까지 가야 하기 때문이다. 하지만 이 말씀을 놓고 오해해서는 안 된다. '예수 믿으면 누구나 우로 가나 좌로 가나 만사가 잘된다'고 생각할 여지가 있기 때문이다. 그러므로 본문의 앞뒤 문맥을 잘 살펴야 한다.

첫째, 28절이 조건절임을 놓쳐서는 안 된다. 단서를 달고 있다는 뜻이다. 어떤 자에게 '모든 것이 합력하여 선을 이루는 일'이 일어나는가? 어떤 조건인가? '하나님을 사랑하는 자'다. 그리고 그 명제는 곧이어 '그의 뜻대로 부르심을 입은 자'라고 더 구체화된다. 그렇다면 '그의 뜻대로 부르심을 입은 자'는 어떤 자인가?

"마음을 살피시는 이가 성령의 생각을 아시나니 이는 성령이 하나님의 뜻대로 성도를 위하여 간구하심이니라"(롬 8:27).

여기에 '하나님의 뜻대로'라는 말이 쓰였는데, 성령의 사역과 관련하여 사용되었다. 성령은 어떤 자에게 은혜를 베푸시는가?

"이와 같이 성령도 우리의 연약함을 도우시나니 우리는 마땅히 기도할 바를 알지 못하나 오직 성령이 말할 수 없는 탄식으로 우리를 위하여 친히 간구하시느니라"(롬 8:26).

먼저, 자신의 연약함을 인정하는 자다. 또한 자신의 연약함을 인정하는 것에서 그치지 않고, 탄식하는 자다(롬 7:24). 아울러 탄식하는 정도가 아니라 기도의 자리까지 나아가는 자다. 바로 이런 사람이 '하나님의 뜻대로 부르심을 입은 자'다. 하나님은 그에게 긍휼을 베푸시고 그를 사랑하신다. 그 사람이야말로 하나님을 사랑하는 자다. 이렇게 볼 때 본문의 '하나님을 사랑하는 자'는 '하나님이 사랑하시는 자'라고 해야 더 정확할 것 같다. 왜냐하면 '그의 뜻대로 부르심을 입은 자'를 하나님이 사랑하시기 때문이다.

둘째, 28절에서 '모든'이란 문자 그대로 '모든 것'을 의미한다. '모든 것'에는 우리의 실수, 허물, 심지어 죄까지도 포함된다. 물론 실수, 허물, 죄는 끔찍한 것이다. 결과 또한 고통스럽다. 반드시 후회를 수반한다. 하지만 하나님은 그런 것들까지도 엮어 내어 결국 선을 이루실 만큼 위대하신 분이다. 하나님은 우리의 실수와 허물과 죄까지도 사용하시는 분이다. 이런 것들까지도 사용하셔서 우리 자신의 연약함과 덧없음을 보게 하신다. 물론 그렇다고 우리의 죄가 용납되는 것은 아니다. 하지만 그 죄를 통해 하나님이 어떻게 역사하시는지를 볼 수 있게 하신다.

요셉의 형들은 아주 몹쓸 짓을 했다. 어떻게 동생을 그렇게 미워할 수 있는가? 미워하는 정도가 아니라 죽이려고까지 했는가? 어떻게 그 어린 동생을 이역만리에 노예로 팔아넘길 수 있단 말인가? 참 나쁜 자들이다. 그런데 요셉의 입에서 무슨 말이 터져 나왔던가?

"당신들은 나를 해하려 하였으나 하나님은 그것을 선으로 바꾸사 오늘과 같이 많은 백성의 생명을 구원하게 하시려 하셨나니"(창 50:20).

이것이 바로 요셉의 믿음이다. 요셉은 상대가 자신을 해치는 나쁜 범죄를 저질렀을지라도 하나님은 그것까지도 선으로 바꾸시는 분이라는 믿음으로 나아갔다. 그때 그가 믿은 대로 이루어졌다.

그러므로 우리 역시 지금 우리가 당하고 겪는 일들을 우연한 일로, 무의미한 것으로 대수롭게 내던지지 말아야 한다. 살다 보면 전혀 원하지 않는 일을 만나기도 한다. 말씀대로 살아가려고 노력하는데도 이상하게 일이 뒤틀리고, 풀리지 않고, 고통이 끊임없이 계속되어 낙심할 때가 얼마나 많은가. 갈피를 잡지 못하고 탄식하며 괴로워한다. 도대체 길이 어디에 있는지, 어디로 가야 할지 몰라 방황할 때가 다반사다. 그때마다 우리는 로마서 8장 28절을 붙잡아야 한다.

아르투로 토스카니니(Arturo Toscanini, 1867-1957)는 악보를 제

대로 볼 수조차 없는 아주 심한 근시안을 가지고 있었다. 그는 "내 눈을 밝게 해 주십시오"라고 기도했다. 하지만 날이 갈수록 그의 시력은 더 나빠져 나중에는 악보를 전혀 볼 수 없게 되어 버렸다. 방법이 없었다. 이후 그는 악보를 송두리째 외우기 시작했고, 외워서 첼로 연주를 했다.

그러던 어느 중요한 연주회가 있는 날, 교향악단의 지휘자가 갑자기 병으로 인해 지휘할 수 없는 상황이 생겼다. 그때 악보를 송두리째 외운 토스카니니가 엉겁결에 지휘자가 되어 지휘했고, 연주회는 성공리에 끝났다. 이 일을 계기로 그는 마침내 세계적인 지휘자로 명성을 떨치게 되었다. 토스카니니는 그제야 비로소 자신에게 닥친 고난의 진정한 의미를 깨닫게 되어 "한때는 절망했지만, 지금은 어두운 눈을 주신 하나님께 감사드립니다" 하고 하나님께 감사드렸다.

창세기부터 요한계시록까지 계속해서 이어지는 맥이 하나 있다. 그것은 바로 로마서 8장 28절이다. 하나님의 자녀 된 모든 이에게 이 말씀은 그대로 적용된다. 아브라함, 이삭, 야곱, 요셉, 모세, 다윗, 다니엘, 베드로, 바울에게도 그러했다. 모든 것이 합력하여 결국은 선을 이루었다.

『나에게 시간을 주기로 했다』(수오서재, 2020)라는 책이 베스트셀러로 관심을 끌었다. 저자인 오리여인이 그림을 그리고 글을 썼다. 그래서인지 이 책의 반쪽은 글, 반쪽은 그림으로 채워져 있다. 그중에서 "시간을 주는 것"이란 글이 눈에 들어왔다.

"식목일이라 뭐라도 심어야겠다는 생각에 꽃 가게에 가서 쉽게 키울 수 있는 씨앗을 사 집으로 왔다. 화분에 씨앗을 뿌리고 물을 흠뻑 주었다. 매일같이 물을 주며 기다렸으나 안개꽃 하나만 겨우 싹을 틔워 냈다. 꽤 많은 시간이 지난 어느 날, 나팔꽃 화분에서도 싹이 많이 올라와 있는 것을 발견했다. 아보카도도 싹을 틔웠다. 가끔은 그냥 내버려 두는 게 좋을지도 몰라 그저 충분한 시간을 주었더니 결국은 싹을 틔워 얼굴을 보여 줬다. 시간을 주는 것, 각자에게 필요한 시간을 충분히 주는 것은 식물도, 우리도 필요한 일이다. 그래서 책 제목을 '나에게 시간을 주기로 했다'로 잡았는지 모르겠다. 멈추지만 않으면 언젠가 이루어진다는 것을 아니까 말이다."

조급해하지 않고 기다리는 것, 나에게 시간을 주는 것, 충분히 주는 것! 그것이 우리가 해야 할 일이라는 말이 마음에 와 닿았다. 하물며 우리에게는 선하신 하나님이 계시지 않는가. 합력하여 선을 이루시는 그분이 계시지 않는가. 그 하나님께 시간을 드려야 한다. 하나님이 합력하여 선을 이루실 수 있도록 시간을 드려야 한다. 하나님이 조급해하는 하박국에게 뭐라고 말씀하셨던가?

"비록 더딜지라도 기다리라 지체되지 않고 반드시 응하리라"(합 2:3b).

사랑하는 여러분!
지금 어떤 상황에 놓여 있는가? 재산을 날렸는가? 누군가 헛소문을 퍼뜨려 곤경에 처했는가? 정말 믿었던 친구에게 배신을 당했는가? 열심히 일하는데도 끝이 없는가? 승진에서 계속 누락되고 있는가? 사업장을 닫아야 할 상황에 놓여 있는가? 실직을 했는데도 가족에게 알리기 싫어서 매일 출근하는 체하는가? 그래서 가슴이 답답하고 끝없이 추락하는 기분이 드는가?

모두 지울 수 없는 상처들이다. 매우 슬프고 힘들 것이다. 그때 육신의 생각은 뭐라고 지시하는가? "맞지만 말고 너도 때려라. 대들어라. 힘든 인생 끝내 버려라"라고 부추기지 않는가? 하지만 그때마다 성령이 "모든 것이 합력하여 선을 이루느니라"라는 말씀을 들려주신다. "비록 더딜지라도 기다리라. 지체되지 않고 반드시 응하리라"라고 말씀하신다. 모든 것을 하나님께 맡기라. 그리고 하나님 앞에서 잠잠하고 참아 기다리라. 때가 되면 모든 것을 합력하여 선을 이루시는 넉넉한 하나님의 손길을 우리 모두 맛보게 될 것이다.

3부

하나님의 주권에 순종하는 자리

17.

나라와 민족을 위한 애통함 품기

9:1-5

로마서는 매우 논리적이며 체계적인 성경으로 유명하다. 그런데 9장 앞에서는 모두가 고개를 갸우뚱한다. 지금까지의 흐름이 끊기는 듯한 느낌이 들기 때문이다. 바울은 우리가 어떻게 의롭다 하심을 받았는지, 그 과정에서 하나님이 어떻게 일하셨는지에 관한 진술을 이어 왔다. 그런데 9장은 어떻게 시작하는가?

> "내가 그리스도 안에서 참말을 하고 거짓말을 아니하노라 나에게 큰 근심이 있는 것과 마음에 그치지 않는 고통이 있는 것을 내 양심이 성령 안에서 나와 더불어 증언하노니"(롬 9:1-2).

흐름이 끊어지고, 전혀 다른 주제를 다루고 있다. 오히려 로마서 12장이 8장의 흐름을 이어받고 있는 듯하다. 12장은 어떻게 시작하는가?

"그러므로 형제들아 내가 하나님의 모든 자비하심으로 너희를 권하노니 너희 몸을 하나님이 기뻐하시는 거룩한 산 제물로 드리라 이는 너희가 드릴 영적 예배니라"(롬 12:1).

그러면 구원받은 우리가 하나님의 의로운 백성으로서 어떻게 살아갈 것인지에 대한 권면으로 자연스레 이어진다. 그런데 바울은 왜 갑자기 주제를 바꾸어 이스라엘의 구원 문제를 로마서 9-11장에 걸쳐 길게 다룬 것일까?

이스라엘에게 주신 여덟 가지 약속의 말씀

바울은 이방인들에게 복음을 전하라는 특별한 소명을 받았다 (롬 11:13). 그는 이 일을 감당하기 위해 그야말로 혼신의 힘을 쏟았다. 실루기아, 구브로, 살라미, 바보, 버가, 비시디아, 이고니온, 루스드라, 더베, 소아시아 일곱 교회, 아덴, 고린도, 마게도냐 등 끝이 없다. 얼마나 많은 지역, 넓은 지역, 생소한 지역, 위험한 지역을 방문했던가.

바울은 2천여 년 전 열악한 환경 가운데 때로는 조그마한 배를 타고, 때로는 육로로 걸어서 소아시아 곳곳을 누볐다. 때로는 독사에 물리기도 하고, 유라굴로라는 광풍에 죽을 고생을 하고, 귀신 들린 자로 취급받기도 했다. 하지만 그는 하나님이 주신 직분을 영광스럽게 생각해 그야말로 생명조차 조금도 귀한 것으로 여기지 않고 최선을 다해 감당했다(행 20:24). 고국 이스라엘 땅에 머문 흔적이 거의 없을 정도였다.

하지만 바울 역시 우리와 같은 사람이었다. '피는 물보다 진하다'라는 상식을 뛰어넘지 못했다. 로마서 9장 3절에는 '나의 형제', '골육', '친척'이란 말이 나온다. 바울은 자기 동족을 떠올렸다. 동족을 위해서라면 대신 저주도 받겠고, 심지어 그리스도에게서 끊어져도 좋다는 마음을 피력했다. 그는 비록 이방인들의 구원을 위하여 전력투구했지만, 그의 마음속 깊은 곳에는 언제나 동족(형제, 골육, 친척)의 구원에 대한 형언할 수 없는 안타까움과 간절함이 짙게 자리 잡고 있었음을 알 수 있다.

그런데 이 안타까움과 간절함이 왜 하필이면 8장을 끝내면서 표출되었을까? 앞서 언급했듯이, 로마서 8장은 특별한 장이다. 로마서 8장만 있어도 구원받을 수 있다고 하는 이 8장은 어떻게 시작하는가?

"그러므로 이제 그리스도 예수 안에 있는 자에게는 결코 정죄함이 없나니 이는 그리스도 예수 안에 있는 생명의 성령의 법이 죄와 사망의 법에서 너를 해방하였음이라"(롬 8:1-2).

어떻게 이어지는가?

"우리가 알거니와 하나님을 사랑하는 자 곧 그의 뜻대로 부르심을 입은 자들에게는 모든 것이 합력하여 선을 이루느니라"(롬 8:28).

또한 어떻게 마무리되는가?

"누가 우리를 그리스도의 사랑에서 끊으리요"(롬 8:35a).
"내가 확신하노니…우리를 우리 주 그리스도 예수 안에 있는 하나님의 사랑에서 끊을 수 없으리라"(롬 8:38-39).

여기서 '우리'란 누구인가? '우리'의 범주에 동족 이스라엘이 포함되는가? 아니다. 바로 그 순간, 바울의 뇌리에 물보다 진한 동족 이스라엘이 떠올랐다. 이방인들은 다 구원을 받는데 동족은 구원받지 못한다고 생각하니 너무 안타까웠다. 왜냐하면 오직 예수 그리스도를 구주로 받아들이지 않고는 그 누구도 구원받을 수 없기 때문이다. 따라서 하나님은 오랜 세월에 걸쳐 이스라엘 민족이 그 어느 민족보다 쉽게 예수 그리스도를 구주로 영접할 수 있도록 준비시키셨다. 하나님이 준비시키신 내용이 로마서 9장 4-5절에 나온다.

"그들은 이스라엘 사람이라 그들에게는 양자 됨과 영광과 언약들과 율법을 세우신 것과 예배와 약속들이 있고 조상들도 그들의 것이요 육신으로 하면 그리스도가 그들에게서 나셨으니 그는 만물 위에 계셔서 세세에 찬양을 받으실 하나님이시니라 아멘"(롬 9:4-5).

첫째, 양자 됨이다.

"너는 바로에게 이르기를 여호와의 말씀에 이스라엘은 내 아들 내 장자라"(출 4:22; 참고. 신 14:1).

하나님은 많은 백성 중에서 이스라엘을 선택하셔서 자기 자녀로 삼으셨다. 그들은 예수님을 통해 하나님을 '아빠'라고 부르며 나아갈 수 있도록 이미 준비되어 있었던 것이다.

둘째, 영광이다.

'영광'은 히브리어로 'שכינה'(쉐키나)인데, 하나님을 눈으로 볼 수 있는 영광을 가리킨다. 하나님을 볼 수 있도록 우리 주님이 성육신하지 않으셨던가(요 1:14).

셋째, 언약이다.

하나님은 아브라함, 모세, 다윗을 통해 하나님의 백성과 관계를 맺으셨다. 이 새로운 관계는 장차 이 땅에 오실 메시아를 대망하게 하는 약속들이었다.

넷째, 율법이다.

율법을 제대로 깨닫는다면 우리 자신에게는 구원받을 자격이 없음을 알게 된다. 그럼으로써 하나님이 예수 그리스도의 십자가를 통해 이루실 구원을 소망하게 하신 것이다.

다섯째, 예배다.

예배는 하나님 앞에 나아가 하나님을 만나고 경배할 수 있는 특권을 가리킨다. 하나님은 오직 이스라엘에게만 이 특권을 허락하셨다. 이 예배(제사)에 없어서는 안 될 제물은 사람들로 하여금 누구를 사모하게 만들었는가? 단번에 제물이 되신 예수 그리스도를 대망하게 만들었다.

여섯째, 약속이다.

약속은 두말할 필요 없이 메시아가 오실 것을 약속한 구약의 수많은 약속을 지칭한다.

일곱째, 조상이다.

이스라엘에게는 믿음의 조상들이 있었다. 하나님은 그들을 통해 메시아가 탄생할 것을 강조하셨다.

여덟째, 그리스도다.

예수님은 유대인이셨다. 구원자이신 예수님이 수많은 민족 중에서 유대인으로 오신 것은 유대인 전체에 큰 영광이었다. 뿐만 아니라 하나님은 이스라엘이 다른 어떤 민족보다 더 쉽게 하나님의 아들과 관계를 맺을 수 있도록 해 주셨다.

이 여덟 가지는 하나님이 구원자를 보내셨을 때 조금도 의심 없이 그분을 '나의 주, 나의 하나님', 즉 구원자로 받아들일 수 있도록 하는 특별한 은혜요, 통로였다. 이 은혜를 입은 유일한 민족이 이스라엘이다. 그러므로 바울의 동족 이스라엘이야말로 가장 먼저, 가장 확실하게, 의심 없이 예수를 구원자로 받아들여야 했다. 세상의 이방 민족들이 다 구원받지 못해도, 나사렛 예수를 거부하며 멸시한다 해도 이스라엘만큼은 예수를 하나님의 아들로, 구원자로, 메시아로 고백해야 했다. 구원 문제에 관한 한 머리가 될지언정 꼬리가 될 수는 없었다.

그런데 실제로는 어떠했던가? 예수 그리스도가 이 땅에 오셨으나 여덟 가지 은혜를 입었던 바울의 동족 이스라엘은 그분을 구원자로 받아들이기는커녕 멸시하고 조롱하다가 마지막에는 십자가에 못 박아 죽이기까지 했다. 하지만 예수님은 다시 살아나셨고 승천하셨다. 그럼에도 이스라엘은 복음을 거부하고 교회를 핍박했다. 구원의 새 길을 버리고 스스로 지혜로운 체하다가 결국은 복음과 원수가 되어 버렸다.

구원받은 자의 두 가지의 고통

바울은 이 사실을 생각할 때마다 가슴을 치지 않을 수 없었다. 영적인 울분을 참을 수 없었다. 그 마음을 꾹꾹 누르며 소아시아, 지중해, 마게도냐, 고린도, 아가야를 다니며 복음을 전했다. 가는 곳곳마다 교회를 세웠고, 수많은 이방인이 주께로 돌아오는 역사를 목도했다. 그런데 그의 형제, 골육, 친척은 어떠했던가? 그 마음이 점점 더 돌같이 굳어 주께로 돌아오지 않았다. 바울은 그들을 떠올리자 가슴이 멍해 오고 안타까움이 밀려왔다. 그 정도가 어떠했던가?

"내가 그리스도 안에서 참말을 하고 거짓말을 아니하노라 나에게 큰 근심이 있는 것과 마음에 그치지 않는 고통이 있는 것을 내 양심이 성령 안에서 나와 더불어 증언하노니 나의 형제 곧 골육의 친척을 위하여 내 자신이 저주를 받아 그리스도에게서 끊어질지라도 원하는 바로라"(롬 9:1-3).

여기서 '저주'는 헬라어로 'ἀνάθεμα'(아나테마)인데, 여리고 성 함락과 관련해 사용되었다(수 6:26). 또한 '끊어지다'라는 말은 더 단호한 표현이다. 바울이 언제 이 단어를 사용했던가?

"누가 우리를 그리스도의 사랑에서 끊으리요"(롬 8:35a).
"하나님의 사랑에서 끊을 수 없으리라"(롬 8:39b).

그런데 자신이 그리스도에게서 끊어지겠다고 한 것이다. 저주를 받겠다는 것이다. 동족이 구원받을 수 있다면 기꺼이 대가를 치르겠다는 것이다.

암벽을 등반할 때 로프(rope)는 생명줄이다. 등반하는 사람들이 짝이 되어 몸을 이은 '자일파티'(자일로 같이 묶인 등산가의 무리)는 목숨을 나눈 동지들이다. 이들은 생사의 갈림길에서 중요한 선택을 해야 하는 상황에 직면할 때가 있다. 만약 두 사람이 로프로 서로를 묶고서 등반하다가 한 사람이 그만 암벽에서 추락했다고 하자. 동료와 연결된 로프에 의지해 겨우 버텨 보지만, 자기로 인해 동료까지 추락할 위기에 처하면 그는 망설이지 않고 로프에 칼을 가져다 대고 로프를 끊는다. 자기가 죽고 동료를 살리는 것이다. 이것이 '끊어진다'는 말의 의미다.

언젠가 경남 창녕에서 있었던 일이다. 당시 지적장애 1급인 8세 황 모 군이 3m 깊이의 웅덩이에 빠져 허우적거리는 모습을 어머니가 보았다. 어떻게 했을까? 어머니도 지적장애가 있었지만 아들을 살려야겠다는 생각에 조금의 망설임도 없이 웅덩이에 뛰어들었다. 결국 아들과 어머니가 함께 익사해 주변을 안타깝게 했다.

우리는 여기서 엄청난 사실 하나를 확인할 수 있다. 구원의 확신과 기쁨이 있는 자에게는 반드시 고통이 수반된다는 것이다. 진정으로 구원을 받았다면 반드시 고통을 느껴야 한다. 그것도 한 가지가 아니라 두 가지 고통을 느껴야 한다.

첫째, '로마서 7장의 고통'이다.

우리는 7장에서 고통받고 신음하며, 더 나아가 탄식까지 하는 바울을 만났다. 그는 하나님을 믿고 예수 그리스도를 구주로 고백한 자였다. 이미 중생하고 사도가 된 상태였다. 온몸을 던져 복음 사역에 진력하고, 로마서를 쓰고 있는 상태였다. 그런 바울은 자신의 영적 상태를 고백하며 고통스러워 탄식했다. 그 고통은 시간이 지나면서 없어지지 않고 더욱 진해지고 깊어졌다. 죽음 직전에는 이런 고백까지 했다.

"죄인 중에 내가 괴수니라"(딤전 1:15b).

구원받은 자라면 이 탄식, 이 고통이 있어야 한다. 구원의 확신과 기쁨에는 반드시 이 고통이 수반되어야 한다. '이제 구원받았으니 무슨 일을 해도 전혀 거리낄 것이 없다'는 식으로 살아서는 안 된다. 이 탄식, 이 고통이 나에게 있는가?

둘째, '로마서 9장의 고통'이다.

이것은 7장의 탄식과는 전혀 다른 고통으로, '끊어질지라도'의 고통이다. 아직 구원받지 못한 형제, 골육, 친척에 대한 안타까운 마음에서 비롯한 고통이다. 구원받지 못한 영혼 때문에 마음 아파하고, 그 큰 응어리가 가슴에 맺혀 있는 것이다. 누가복음 16장 '부자와 나사로의 비유'가 이를 뒷받침한다.

> "불러 이르되 아버지 아브라함이여 나를 긍휼히 여기사 나사로를 보내어 그 손가락 끝에 물을 찍어 내 혀를 서늘하게 하소서 내가 이 불꽃 가운데서 괴로워하나이다"(눅 16:24).

부자는 불꽃 속에서 계속되는 고통 가운데 누군가를 떠올렸다. 자신의 형제들이었다.

> "내 형제 다섯이 있으니 그들에게 증언하게 하여 그들로 이 고통받는 곳에 오지 않게 하소서"(눅 16:28).

사람들은 세상을 떠날 때 영원한 운명이 결정된다. 부자처럼 음부에 가고, 나사로처럼 낙원에 갈 것이다. 물론 처소는 다르지만 상태는 부자나 나사로나 똑같다. 그런데 만일 나는 천국에 있는데 내 가족, 형제, 친척은 불꽃 속에서 고통을 겪고 있다는 생각이 들면 내 마음이 어떻겠는가?

이처럼 로마서는 8장을 중심으로 한쪽(롬 7장)에는 자신의 죄와 허물에 대한 탄식의 고통이 있고, 또 한쪽(롬 9장)에는 형제, 골육, 친척, 즉 가까운 사람들의 구원 문제에 관한 고통이 자리 잡고 있다. 진정 구원의 확신이 있어 기뻐하고 즐거워하는 사람에게는 반드시 이 두 가지 고통이 수반된다.

한쪽에는 은혜를 받은 자로서 바르게 살지 못하는 자신을 바라보며 안타까운 마음으로 부르짖는 탄식이 있다. 빛과 소금이 되지 못하고, 그리스도의 향기를 발하지 못하고, 도리어 죄악 중에서 먹고 마시는 자신을 바라보며 "이 사망의 몸에서 누가 나를 건져 내랴"(롬 7:24) 하고 탄식하는 고통이 있어야 한다. 또 한쪽에는 죽어가는 내 형제, 골육, 친척을 향한 큰 근심과 고통이 반드시 있어야한다. '하나님이 오늘 밤이라도 부르실 수 있는데, 그러면 저 영혼은 어떻게 될까?' 하는 안타까움이 있어야 한다.

사랑하는 여러분!

"아버지 사랑 내가 노래해"라는 찬양에는 "상한 갈대 꺾지 않으시는, 꺼져 가는 등불 끄지 않는"이라는 가사가 있다. 내게 허물과 부족이 얼마나 많았던가. 그럼에도 용납하시고 용서해 주시는 하나님의 사랑이 있었기에 오늘의 내가 있다. 그런 나에게 바울 같은 탄식이 있는가? 그리고 구원받지 못한 형제, 가족, 이웃을 보며 '나 혼자 구원받으면 행복할까?' 하며 고통스러워하는 마음이 있는가? 가까운 가족, 친척, 혈육을 하나씩 떠올리고 그들의 영적 상태를 점검해 보자. 정말 안타까운 마음이 있는가? 우리가 심판대 앞에 섰을 때 하나님이 물으실 것이다.

"네게는 두 가지 고통이 있었는가? 죄의 세력으로부터 벗어나지 못해 탄식했는가? 형제, 골육, 친척을 향한 큰 근심이 있었는가?"

18.

하나님은 토기장이, 나는 진흙

9:21

1984년 미국으로 입양되었던 한 여성이 친아버지를 상대로 어머니가 누군지, 도대체 왜 자신이 버림받았는지 알고 싶다며 소송을 걸었다. 카라 보스(Kara Bos, 강미숙)라는 이름의 이 여성은 1983년 당시 두 살이라는 나이에 충북 괴산의 한 시장 주차장에 버려졌다가 이듬해 미국으로 입양되었다. 성인이 된 후 네덜란드인 남편과 결혼해 두 자녀를 둔 그녀는 친부모를 찾아 나섰다. 자신이 버려졌던 괴산 시장도 방문하는 등 할 수 있는 방법을 총동원했다.

그러던 중 자신의 유전자 자료를 온라인 족보 플랫폼인 '마이 헤리티지'(My Heritage)에 올렸는데, 이게 결정적이었다. 결국 카라 보스는 아버지를 찾았다. 유전자가 99.9% 일치했기 때문이다. 하지만 아버지와 그의 가족은 만남을 원하지 않았다. 아버지가 살고 있는 강남의 한 아파트 벨을 눌렀지만 허사였다. 그녀를 자식으로 받아들이기를 거부한 것이다. 카라 보스는 소송을 걸었다. 승소하면 딸이 아버지를 만나는 것을 말릴 수는 없지만, 반대로 아버지가 딸을 만나기를 거부하면 어쩔 수 없다고 했다. 천신만고 끝에 아버지를 찾았는데 거부당했으니 마음에 상처가 얼마나 컸을까. 그런데 다행히 승소했고, 대리인을 통해 조율한 결과 아버지가 만나겠다고 약속했다.

기사를 읽은 후 한참이나 상념에 사로잡혔다. 분명히 자기 핏줄인데, 왜 만남을 거절했을까? 왜 같은 자식인데 어떤 자식은 자식으로 인정하고, 어떤 자식은 자식으로 인정하기는커녕 만나 주지도 않는 것일까? 아버지의 권한은 도대체 어디까지란 말인가?

하나님 마음대로 빚으시다

그러면서 자연히 하늘 아버지를 생각하게 되었다. 하늘에 계신 하나님 아버지는 이해되는가? 나와 내 가족을 대하시는 하나님은 이해되는가? 사랑하는 사람의 죽음, 파산 선고, 실직, 암 투병 등 전혀 예기치 못한 갖가지 시련과 고난 앞에서 하나님이 이해되는가? 믿음이 좋으니, 기도를 많이 하고 있으니, 신앙생활을 오래 했으니 하나님이 이해되는가? 다윗은 이렇게 부르짖었다.

"내 하나님이여 내 하나님이여 어찌 나를 버리셨나이까 어찌 나를 멀리 하여 돕지 아니하시오며 내 신음 소리를 듣지 아니하시나이까" (시 22:1).

하박국은 이렇게 절규했다.

"여호와여 내가 부르짖어도 주께서 듣지 아니하시니 어느 때까지리이까 내가 강포로 말미암아 외쳐도 주께서 구원하지 아니하시나이다"(합 1:2).

바울도 마찬가지였다. 그 마음속에 '큰 근심'과 '그치지 않는 고통'이 있다고 고백했다. 하나님에 대해 이해할 수 없다는 뜻이다(롬 9:1). 하나님은 분명 아브라함과 그 자손들에게 복을 주겠다고 약속하셨다(창 12:2). 그런데 그 후손들이 예수를 믿지 않는다. 그것은 주권자이신 아버지 하나님이 이스라엘을 자녀로 받아들이지 않으셨기 때문이 아닌? 왜 하나님은 자기 백성을 외면하시는가? 왜 자식으로 받아들이지 않으시는가?

그래서 바울은 이런 의심까지 들었다. '첫째, 하나님의 말씀(약속)이 폐하여진 것은 아닌가(롬 9:6)? 둘째, 하나님이 불의하신 것은 아닌가(롬 9:14)? 셋째, 하나님께 허물이 있는 것은 아닌가(롬 9:19)?' 등이다. 이런 의심이 든 적 없었는가? 그때 어떻게 했는가? 바울은 어떻게 했는가?

"그러나 하나님의 말씀이 폐하여진 것 같지 않도다"(롬 9:6a).

하나님이 이해되지 않을 때 그는 '하나님의 말씀'인 성경으로 돌아갔다. 성경을 살피기 시작했다. 그때 성령이 그의 마음을 열어 주셨다.

먼저, 아브라함이 눈에 들어왔다. 아브라함에게 두 아들이 태어났다. 이스마엘과 이삭이다. 그런데 하나님은 "오직 이삭으로부터

난 자라야 네 씨라 불리리라"(롬 9:7b)라고 말씀하셨다. 이스마엘과 이삭은 한 아버지의 혈통이다. 그런데 하나님은 두 아들 중 이삭만을 약속의 자녀로 인정하셨다. 같은 자식이지만 이스마엘은 육적 아들로 만족해야 했다. 그러니까 바울은 아브라함의 후손이라고 해서 모두 복을 받은 것은 아니라는 깨달음을 얻었다.

또 하나, 에서와 야곱의 경우다. 둘은 한 아버지, 한 어머니에게서 태어난 쌍둥이였다. 그런데 그중 야곱만이 영적인 후손으로 복을 받았다. 더군다나 그들은 태어나기도 전에 이미 '운명'이 결정되었다.

"그 자식들이 아직 나지도 아니하고 무슨 선이나 악을 행하지 아니한 때에"(롬 9:11a).

즉 그들이 어떤 행동을 했느냐에 전혀 관계없이 한 사람은 선택을 받았고, 한 사람은 버림을 받았다. 하나님은 그 선택의 이유, 조건, 자격이 우리에게 전혀 있지 않다는 사실을 바울로 하여금 깨닫게 하셨다.

또한 성령은 하나님이 모세에게 하신 말씀을 바울로 하여금 듣게 하셨다.

"모세가 이르되 원하건대 주의 영광을 내게 보이소서 여호와께서 이르시되 내가 내 모든 선한 것을 네 앞으로 지나가게 하고 여호와의 이름을 네 앞에 선포하리라 나는 은혜 베풀 자에게 은혜를 베풀고 긍휼히 여길 자에게 긍휼을 베푸느니라"(출 33:18-19).

그때 이스라엘은 어떠했던가? 광야에 들어선 이스라엘은 그저 불평, 불만뿐이었다.

"어찌하여 우리를 애굽에서 인도해 내어 이 광야에서 죽게 하는가"(민 21:5a).

또한 그들은 금송아지를 만들어 경배하면서 하나님을 배신했다(출 32장). 이같이 이스라엘은 하나님을 대적했기에 하나님의 긍휼과 자비를 입을 자격이 없었다. 즉 하나님은 이스라엘 백성에게 긍휼을 베푸셔야 할 어떤 이유도 없었다. 그러므로 모두에게 긍휼을 베푸시든, 일부에게만 긍휼을 베푸시든, 그것은 전적으로 하나님의 자유요 주권이었다. 그래서 하나님은 "나는 은혜 베풀 자에게 은혜를 베풀고 긍휼히 여길 자에게 긍휼을 베푸느니라"(출 33:19)라고 말씀하셨다. 구원, 긍휼, 자비는 하나님의 선물이지 우리의 선행, 성과나 공로로 주어지는 것이 아니라는 사실을 바울이 깨닫게 하셨다.

성령은 또한 애굽의 바로 왕을 떠올리게 하셨다.

"성경이 바로에게 이르시되…그런즉 하나님께서 하고자 하시는 자를 긍휼히 여기시고 하고자 하시는 자를 완악하게 하시느니라"(롬 9:17-18). "그러나 바로가 숨을 쉴 수 있게 됨을 보았을 때에 그의 마음을 완강하게 하여 그들의 말을 듣지 아니하였으니 여호와께서 말씀하신 것과 같더라"(출 8:15).

이 말씀의 진정한 뜻은 바로 왕이 품고 있던 마음을 하나님이 그대로 내버려 두셨다는 것이다(롬 1:24). 그래서 그 마음이 완악하게 되었다는 것이다. 하나님은 완악하게 되고 싶은 사람은 완악하게 하신다. 그대로 내버려 두신다. 이 부분을 놓고 마틴 로이드 존스는 다음과 같이 말했다.

"이 세상은 죄에 빠져들지만 하나님은 그것을 제한하고 억제하신다. 만일 하나님이 그렇게 하지 않으신다면 이 세상은 그야말로 혼돈과 지옥이 될 것이다. 하나님이 더 이상 제어하지 않으신다면 사람들의 마음은 언제든지 완악해지고 말 것이다. …이것은 하나님이 사람들의 마음을 완악하게 하시는 하나님의 방법이다. …그들 마음대로 하도록 내버려 두시는 것이다."

한마디로 '하나님의 주권'이다. 우리에게 따질 권한이 없다는 것이다. 여기까지 이르자 성령이 큰 음성으로 바울의 귓전을 때리셨다.

"이 사람아 네가 누구이기에 감히 하나님께 반문하느냐 지음을 받은 물건이 지은 자에게 어찌 나를 이같이 만들었느냐 말하겠느냐 토기장이가 진흙 한 덩이로 하나는 귀히 쓸 그릇을, 하나는 천히 쓸 그릇을 만들 권한이 없느냐"(롬 9:20-21).

하나님은 토기장이시며, 우리는 진흙이라는 것이다. '토기장이와 진흙' 비유는 일찍이 하나님이 예레미야에게 하신 말씀이다.

예레미야가 어느 날 하나님의 지시로 한 토기장이의 집에 갔다. 가서 보니 한 토기장이가 녹로(轆轤) 위에 반죽한 진흙 한 줌을 올려놓고는 녹로를 서서히 돌렸다. 토기장이의 손이 진흙을 감쌌다. 그 진흙은 토기장이의 생각과 뜻대로 빚어지고 있었다. 진흙 덩어리는 토기장이의 뜻과 손길에 따라 변형되었다. 그런데 토기장이는 자기 뜻대로 진흙이 빚어지지 않자 미련 없이 뭉개 버리고는 다시 진흙을 빚었다. 그때 하나님의 음성이 들렸다.

> "이스라엘 족속아 이 토기장이가 하는 것같이 내가 능히 너희에게 행하지 못하겠느냐 이스라엘 족속아 진흙이 토기장이의 손에 있음같이 너희가 내 손에 있느니라"(렘 18:6).

토기장이의 손에 있는 한 줌의 진흙이 오늘 우리의 현주소다. 저항하거나 의문을 던지거나 불평할 수 있는 권리와 상관없이 하나님은 하나님의 뜻대로 우리를 만드시거나 깨뜨리시거나 빚어가신다. 하나님은 이 절대적 주권을 지금까지 그 누구에게도 나누어 주시거나 양보하신 적이 없다. 비록 사탄의 역사로 우리 눈에는 악이 세상을 지배하는 것 같고, 불의의 창수가 온 세상을 뒤덮은 듯 보이지만 전능자 하나님은 여전히 우주와 인간의 역사, 개개인의 흥망성쇠의 고삐를 붙잡고 계신다.

바로 이것이 우리가 새겨야 할 중요한 진리다. 하나님의 주권 사상을 깨닫지 못한 사람은 항상 자기 입장에서 불평하고 원망한다. 쉽게 좌절하고 낙망한다. 하나님의 절대 주권을 바로 깨닫지 못하면 요나처럼 박 넝쿨 하나에 미친 듯이 좋아하다가, 잠시 후에는 죽겠다고 하나님을 원망하게 된다(욘 4:6-8). 욥의 아내처럼 "하나님을 욕하고 죽으라"(욥 2:9) 하고 윽박지르게 된다. 엘리야처럼 죽기를 원하며 로뎀나무 밑에 주저앉아 버린다(왕상 19:4).

하나님 손에 맡기다

우리는 진흙이다. 애초부터 흙으로 지음 받지 않았던가(창 3:19). 그러므로 우리는 한 줌의 진흙덩이에 불과하다. 하지만 토기장이이신 하나님의 손안에 있는 진흙이다. 그러므로 하나님이 나를 빚기 위해 사용하시는 도구가 병이든, 고난이든, 슬픔이든, 사별이든, 궁핍함이든, 벌거벗음이든, 멸시든, 천대든 상관할 필요가 없다. 더 나아가 하나님이 우리를 새롭게 다듬기 위해 이미 굳어져 있는 나의 가장 아픈, 그리고 가장 중요한 어떤 부분을 깨뜨리실 수도 있다. 짓뭉개 버리실 수도 있다. 우리의 생각이 여기까지 미치게 되면 일말의 두려움이 생긴다. 하지만 두려워할 필요가 전혀 없다.

"진흙으로 만든 그릇이 토기장이의 손에서 터지매 그가 그것으로 자기 의견에 좋은 대로 다른 그릇을 만들더라"(렘 18:4).

여기서 '자기 의견'은 토기장이이신 하나님의 의견을 의미한다. 그런데 그 의견, 뜻은 바로 합력하여 선을 이루어 가시는 손길이다(롬 8:28). 그러므로 우리는 하나님을 신뢰해야 한다. 왜냐하면 하나님의 손길이 나를 어루만져 결국은 가장 아름다운 작품을 빚으실 것이기 때문이다. 진흙과 같은 우리를 빚으시는 하나님은 사랑의 하나님이시기 때문이다. 그렇다면 진흙인 우리가 해야 할 일은 무엇일까?

첫째, 좋은 진흙이 되기를 힘써야 한다.

"그 포도나무를 큰 물가 옥토에 심은 것은 가지를 내고 열매를 맺어서 아름다운 포도나무를 이루게 하려 하였음이라"(겔 17:8).

좋은 진흙이 아니면 좋은 토기나 도자기가 나오지 않는다. 우리나라 고령토는 조선백자, 분청사기, 청자의 백색상감 등을 만들 때 사용되었다. 이처럼 좋은 도자기가 나온 이유는 좋은 흙으로 빚었기 때문이다. 아무 흙으로 만든 도자기는 구울 수 없다. 불순물이 섞이지 않은 좋은 영적 고령토일 때 멋진 작품이 만들어진다(마 13:8).

"자기 앞에 영광스러운 교회로 세우사 티나 주름 잡힌 것이나 이런 것들이 없이 거룩하고 흠이 없게 하려 하심이라"(엡 5:27).

둘째, 부서져야 한다.

진흙은 진흙 그대로 뭉쳐 있으면 안 되고 부드럽게 부서져 가루가 되어야 한다. 형체가 없어져야 한다. 잘게 부서져야 한다. 단단한 흙에는 물이 스며들지 못한다. 부서져야 비로소 토기장이가 원하는 그릇 모양으로 빚어질 수 있다. 부서지는 것은 '순종'이다.

"너희가 순종하는 자식처럼 전에 알지 못할 때에 따르던 너희 사욕을 본받지 말고 오직 너희를 부르신 거룩한 이처럼 너희도 모든 행실에 거룩한 자가 되라"(벧전 1:14-15).

셋째, 불가마에 들어가야 한다.

녹로에 얹어서 만들어진 그릇은 마지막 관문인 불가마를 넘어야 한다. 그것도 엄청나게 뜨거운 불가마다. 굽지 않은 질그릇은 그냥 깨진다. 아무리 좋은 형태의 그릇으로 만들어졌을지라도 굽지 않은 그릇은 그릇이 될 수 없다. 그러면 우리의 불가마는 무엇일까?

하나는 환난과 시련의 불가마다.

"사랑하는 자들아 너희를 연단하려고 오는 불 시험을 이상한 일 당하는 것같이 이상히 여기지 말고 오히려 너희가 그리스도의 고난에 참여하는 것으로 즐거워하라 이는 그의 영광을 나타내실 때에 너희로 즐거워하고 기뻐하게 하려 함이라"(벧전 4:12-13).

환난과 시련의 불가마를 통과해야 비로소 제대로 된 그릇이 된다. 불 시험이라는 불가마에 구워져야 된다. 고난을 통해 더 강해져야만 믿음이 흔들리지 않는다. 그렇지 않고 진흙 그대로 있으면 그냥 부스러지고 만다.

또 하나는 성령의 불가마다.

"술 취하지 말라 이는 방탕한 것이니 오직 성령으로 충만함을 받으라"(엡 5:18).

그릇을 불가마에 구워서 내놓으면 아름다운 빛깔을 낸다. 이때 그냥 굽는다고 영롱한 색깔이 나오지 않는다. 유약을 칠해서 구워야 아름다운 색깔을 지니게 되는데, 그 유약이 성령의 유약이다. 성령의 유약을 발라서 성령의 불가마를 통과하면 비로소 사랑과 희락과 화평과 오래 참음과 자비와 양선과 충성과 온유와 절제의 영롱한 빛을 발하게 된다(갈 5:22-23).

그런데 성령의 불가마에 들어가기 위해 제일 먼저 해야 할 일이 있다. 그것은 '모이는 것'이다.

> "모이기를 폐하는 어떤 사람들의 습관과 같이 하지 말고 오직 권하여 그날이 가까움을 볼수록 더욱 그리하자"(히 10:25).
>
> "두세 사람이 내 이름으로 모인 곳에는 나도 그들 중에 있느니라"(마 18:20).
>
> "오순절 날이 이미 이르매 그들이 다 같이 한곳에 모였더니 홀연히 하늘로부터 급하고 강한 바람 같은 소리가 있어 그들이 앉은 온 집에 가득하며 마치 불의 혀처럼 갈라지는 것들이 그들에게 보여 각 사람 위에 하나씩 임하여 있더니 그들이 다 성령의 충만함을 받고 성령이 말하게 하심을 따라 다른 언어들로 말하기를 시작하니라"(행 2:1-4).

하나님은 우리의 모임을 기뻐하시고, 우리의 모임 중에 함께하신다. 그리고 우리의 모임 중에 강력한 성령의 역사를 내려 주신다. 그런 후 하나님의 뜻대로 우리를 섭리하시고 인도하신다. 지금 내가 처한 환경이 어떠하든지 자기 자신을 하나님의 손에 맡겨 드리면 하나님이 최선의 그릇으로 빚어 가실 것이다. 우리가 만드는 것이 아니다. 주권자이신 하나님이 온 세상을 창조하신 전능의 손으로 만들어 가신다.

> "우리는 그가 만드신 바라 그리스도 예수 안에서 선한 일을 위하여 지으심을 받은 자니 이 일은 하나님이 전에 예비하사 우리로 그 가운데서 행하게 하려 하심이니라"(엡 2:10).

사랑하는 여러분!

지금은 이해할 수 없지만 '찬란한 아침이 오면', 그때 우리는 토기장이이신 하나님의 뜻을 밝히 알게 될 것이다. '하나님은 토기장이, 우리는 진흙'이라는 진리를 깨달을 때 하늘 아버지에 대한 모든 의문이 다 사라질 것이다. 더 나아가 나를 짓누르던 '큰 근심'과 '그치지 않는 고통'도 사라질 것이다. 바울의 이 외침이 나의 외침이 될 것이다.

> "우리가 이 보배를 질그릇에 가졌으니 이는 심히 큰 능력은 하나님께 있고 우리에게 있지 아니함을 알게 하려 함이라"(고후 4:7).

19.

구원에 이르는 길

10:9-10

우리는 이미 로마서 8장의 중요성에 대해 나누었다. 마치 반지 한 가운데 박혀 있는 다이아몬드 같으며, 부득이 어떤 사정으로 성경이 사라진다 할지라도 로마서 8장만 있으면 그 말씀 때문에 구원받을 수 있다는 학자들의 평을 전했다. 로마서는 성경 전체를 압축한 말씀이요, 그중에서 8장은 로마서 전체를 압축한 말씀이라고 했다.

그렇다면 로마서 8장 전체를 압축한 말씀은 무엇일까? 나는 로마서 10장 9절과 10절이라고 생각한다. 성경이 우리의 구원을 위한 책이라면, 이 두 구절은 우리가 어떻게 하면 구원을 받을 수 있는지를 선명하게 제시하기 때문이다. 그러므로 우리는 이 두 구절을 주목해야 한다.

"네가 만일 네 입으로 예수를 주로 시인하며 또 하나님께서 그를 죽은 자 가운데서 살리신 것을 네 마음에 믿으면 구원을 받으리라 사람이 마음으로 믿어 의에 이르고 입으로 시인하여 구원에 이르느니라"(롬 10:9-10).

구원에 대한 주권은 전적으로 하나님께 있다

먼저, 두 구절의 위치를 살펴보자. 9절과 10절은 로마서 10장의 중심부에 위치한다. 즉 마치 황량한 벌판 중앙에 우뚝 솟은 높은 산과 같다. 이 두 구절을 '구원의 산'이라고 부르고 싶다. 왜냐하면 우리가 죄악에서 구원받는 길을 정확하게 제시하고 있기 때문이다.

좀 더 자세히 보자. 로마서 10장 전반부인 1-8절에는 '구원의 산'에 올라가려는 일단의 무리가 있다. 반면, 후반부인 11-21절에서는 '구원의 산'에 올랐던 자들이 그 산에서 내려가고 있다. 그들은 물론 구원받은 자들이다. 그러니까 산봉우리처럼 솟아 있는 9절과 10절 말씀을 중심으로 전반부는 구원받기 위하여 애쓰는 자들, 후반부는 구원받은 자들이 선명하게 대조를 이루고 있는 것이다. 그래서 9절과 10절이 중요하다.

만약 산에 오르고 싶고, 그것도 유명하고 높은 산에 오르려면 사전 준비가 철저해야 한다. 세계에서 제일 높다는 에베레스트 산을 예로 들어 보자. 에베레스트 산을 등반하려면 제일 먼저 네팔 정부에 1인당 1만 1,000달러를 등반 허가 비용으로 지불해야 한다. 그것도 루트 선택, 계절, 등반 높이에 따라 비용이 다 다르다. 무엇보다 장비를 철저히 마련해야 한다.

'구원의 산'에 등반하는 자들도 갖가지 장비들을 동원했다. 어떤 장비들인가? 양자 됨, 영광, 언약, 율법, 예배, 약속, 조상, 그리고 특별히 구원자 그리스도다(롬 9:4-5). 이 얼마나 특별한 장비들인가. 어느 민족도 갖추지 못한 장비들이 아닌가. 그들이 선택한 방법은 무엇이었던가?

첫째, 열심이었다.

"내가 증언하노니 그들이 하나님께 열심이 있으나 올바른 지식을 따른 것이 아니니라"(롬 10:2).

둘째, 자기 의(義)였다.

"하나님의 의를 모르고 자기 의를 세우려고 힘써 하나님의 의에 복종하지 아니하였느니라"(롬 10:3).

셋째, 율법이었다.

"그리스도는 모든 믿는 자에게 의를 이루기 위하여 율법의 마침이 되시니라 모세가 기록하되 율법으로 말미암는 의를 행하는 사람은 그 의로 살리라 하였거니와"(롬 10:4-5).

이렇게 충분한 장비를 갖추고 특별한 루트를 선택해 올라가고 있는 사람들은 누구인가?

"그들은 이스라엘 사람이라"(롬 9:4a).

더 구체적으로, 형제, 골육, 친척들이다(롬 9:3). 그중에서도 대표적인 사람을 꼽는다면 예수 만나기 이전의 바울(사울)이었다. 그는 당대에 누구보다 열심과 자기 의가 있었고, 율법을 열심히 지키는 사람이었다. 어느 정도였던가?

"성밖으로 내치고 돌로 칠새 증인들이 옷을 벗어 사울이라 하는 청년의 발 앞에 두니라"(행 7:58).

"사울이 교회를 잔멸할새 각 집에 들어가 남녀를 끌어다가 옥에 넘기니라"(행 8:3).

"사울이 주의 제자들에 대하여 여전히 위협과 살기가 등등하여 대제사장에게 가서 다메섹 여러 회당에 가져갈 공문을 청하니 이는 만일 그 도를 따르는 사람을 만나면 남녀를 막론하고 결박하여 예루살렘으로 잡아오려 함이라"(행 9:1-2).

"내가 내 동족 중 여러 연갑자보다 유대교를 지나치게 믿어 내 조상의 전통에 대하여 더욱 열심이 있었으나"(갈 1:14).

"나는 팔 일 만에 할례를 받고 이스라엘 족속이요 베냐민 지파요 히브리인 중의 히브리인이요 율법으로는 바리새인이요 열심으로는 교회를 박해하고 율법의 의로는 흠이 없는 자라"(빌 3:5-6).

바울의 열심이 얼마나 대단했으며, 자기 의가 얼마나 강했으며, 율법을 지키기 위해 얼마나 노력했는지를 넉넉히 짐작할 수 있다. 왜냐하면 이렇게 해야만 구원에 이를 수 있다고 믿었기 때문이다.

이 방법으로만 구원에 이를 수 있다고 확신했기 때문이다. 그런 어느 날 바울은 다메섹으로 가는 길에서 참 길, 진리, 생명이신 예수님을 만났다.

"땅에 엎드러져 들으매 소리가 있어 이르시되 사울아 사울아 네가 어찌하여 나를 박해하느냐 하시거늘 대답하되 주여 누구시니이까 이르시되 나는 네가 박해하는 예수라"(행 9:4-5).

그 순간 바울은 꼬꾸라졌다. 길, 진리, 생명이신 참 구원자를 만나고 나니 지금까지 그가 소중하게 생각했던 것들, 즉 열심, 자기 의, 율법 등이 모두 다르게 보였다.

"또한 모든 것을 해로 여김은 내 주 그리스도 예수를 아는 지식이 가장 고상하기 때문이라 내가 그를 위하여 모든 것을 잃어버리고 배설물로 여김은"(빌 3:8).

그런데 이스라엘은 길, 진리, 생명이신 예수 그리스도를 받아들이지 않았다. 여전히 열심, 자기 의, 율법을 고집했다. 바울은 너무 안타까워서 급기야 이런 생각까지 하게 되었다. '하나님의 말씀(약속)이 폐하여진 것은 아닐까(롬 9:6)? 하나님이 불의하신 것은 아닐까(롬 9:14)? 하나님께 허물이 있는 것은 아닐까(롬 9:19)?' 등이다. 그때 성령이 바울의 영적 눈을 열어 주시고 세미한 음성까지 들려 주셨다. 그 음성이 무엇인가?

"이 사람아 네가 누구이기에 감히 하나님께 반문하느냐 지음을 받은 물건이 지은 자에게 어찌 나를 이같이 만들었느냐 말하겠느냐 토기장이가 진흙 한 덩이로 하나는 귀히 쓸 그릇을, 하나는 천히 쓸 그릇을 만들 권한이 없느냐"(롬 9:20-21).

우리는 토기장이의 손에 쥐어진 한 줌의 진흙으로, 하나님의 손에 빚어질 수밖에 없는 존재임을 말씀하시면서, 하나님의 '절대적 주권'을 깨우쳐 주셨다. 하나님은 주권자이시기에 하나님의 주권으로 어떤 사람에게는 구원의 복을, 또 어떤 사람에게는 공의의 심판을 내리실 수 있다는 것이다. 이스마엘 대신 이삭을, 에서 대신 야곱을, 금송아지를 만들어 섬기기까지 한 이스라엘을 택하신 것은 모두 하나님의 절대적 주권이라는 것이다.

그리고 하나님은 이 주권을 그 누구에게도 나누어 주시거나 양도하신 일이 없다고 말씀하셨다. 그러므로 이스라엘이 구원의 길에 들어오지 않은 것도, 반대로 이방인들이 구원의 길에 들어온 것도 하나님의 절대적 주권에 의해 진행된 일이라는 것이다. 바울은 큰 깨달음을 얻었다. 절대 주권, 특히 구원에 대한 주권은 전적으로 하나님께 있다는 사실 말이다.

하나님의 절대 주권과 인간의 책임

그때 바울은 어떤 반응을 보였는가?

"형제들아 내 마음에 원하는 바와 하나님께 구하는 바는 이스라엘을 위함이니 곧 그들로 구원을 받게 함이라"(롬 10:1).

여기서 중요한 것이 있다. 바울이 지금 어떤 소원을 가지고 기도하고 있는가? 기도의 내용이 무엇인가? "그들로 구원을 받게 함이라", 즉 구원의 문제다. 그들이 구원을 받도록, 꼭 예수 그리스도를 믿어 구원에 이르도록 간절히 기도하고 있다. 동족 이스라엘의 구원을 기도 제목으로 삼고 있다.

조금 전 바울은 큰 깨우침을 얻었다. '토기장이와 진흙'의 비유를 통한 하나님의 절대 주권에 대한 깨우침이었다. 하나님이 어떤 자는 구원하시고, 또 어떤 자는 내버려 두신다는 절대 주권에 대해서였다. 인간이 가진 자격이나 조건에 의해서가 아니라 절대적 하나님의 주권이다. 그렇다면 바울이 이 문제를 가지고 굳이 기도할 필요가 있는가? 특히 구원과 관련한 기도가 필요한가? 하나님이 구원받을 자는 언제 어떤 방법을 통해서라도 구원받게 하시고, 버리실 자는 버리실 텐데 굳이 기도할 필요가 있는가?

그런데 이상하게도, 바울은 동족 이스라엘이 구원받게 해 달라고 기도했다. 기도하되, 생명을 걸고 기도했다. 큰 근심과 그치지 않는 고통으로 기도했다. 그가 하나님의 절대 주권을 잊어버렸단 말인가?

바로 여기에 깊은 진리가 숨어 있다. 분명히 바울은 하나님의 절대적 주권을 믿었다. 하지만 그는 지금 무엇인가를 우리에게 알려 주려는 것이다. 즉 바울은 '한 사람이 구원을 받느냐, 받지 않느냐는 문제에 있어서는 인간의 책임을 배제하지 않는다'는 점을 알리려 했다. 다시 말해, "이 사건은 전적으로 하나님의 계획대로 일어났기 때문에 인간에게는 책임이 없다"고 말해서는 안 된다는 것이다. 또한 "인간은 자신의 행동에 대한 책임이 있기 때문에 그 사건이 하나님의 계획대로 일어났는지는 확실하지 않다"고도 말해서는 안 된다는 것이다.

오히려 성경은 두 진리를 함께 묶는다. 팀 켈러는 "모든 역사에 대한 하나님의 완전한 절대 주권, 자신의 행위에 대한 모든 인간의 완전한 책임"이라고 말한다. 즉 하나님의 절대 주권과 인간의 책임이 서로 명백히 모순되는, 이율배반적인 관계라는 것이다. 마틴 로이드 존스는 이 부분을 좀 더 보충하여 설명했다.

"로마서 9장 6-29절에서 바울은 왜 어떤 사람이 구원을 받게 되는지 설명한다. 그것은 하나님의 절대 주권에서 비롯된 선택을 통해서다. 하지만 30-33절은 왜 어떤 사람은 구원을 받지 못하는지를 밝히는데, 그것은 그 사람 자신의 책임 때문이다. 성경의 가르침은 이것이다. 구원받는 것은 택하심으로만 설명되지만, 구원받지 못하는 것은 택함 받지 못하는 것으로 설명되지 않는다. 왜 구원받지 못하는가? 그들이 택하심을 받지 못했기 때문인가? 아니다! 그들이 복음을 거부했기 때문에 구원받지 못한 것이다. 복음을 거부하는 것은 우리의 책임이지만, 복음을 받아들이는 것은 우리의 공로가 아니다."

그래서 바울은 동족을 위하여 기도를 쉬지 않은 것이다. 사무엘처럼 동족을 위한 기도를 쉬는 죄를 범하지 않은 것이다(삼상 12:23). 모세처럼 동족을 위하여 "내 이름을 지워 버려 주소서"라고 기도하는 심정으로 간청한 것이다(출 32:32). 물론 하나님은 절대 주권자시다. 모든 일을 하나님의 뜻대로 행하신다. 절대 후회함이 없으신 분이다. 하지만 그 하나님이 우리에게 말씀하신다.

"너는 내게 부르짖으라 내가 네게 응답하겠고"(렘 33:3).

기도하라는 것이다. "구하라", "찾으라", "문을 두드리라"라고 말씀하신 것이다(마 7:8). 그러면서 친히 기도의 본을 보이기까지 하셨다. 기도가 습관이 될 정도로 말이다(눅 22:39).

바울은 하나님의 절대 주권을 알았다. 하지만 동족의 구원을 놓고 기도했다. 동족이 어렵고 힘든 길, 아무리 애써도 구원의 산에 오르지 못하는 길을 버리고, 하나님이 허락하신 새롭고 쉽고 바른 길로 돌아와 구원의 산에 오르기를 간구한 것이다. 그들이 지금까지 고집하고 있는 길, 장비, 방법을 버리고 주님이 알려 주신 방법과 길로 가기를 간구한 것이다. 심지어 바울은 이렇게까지 말했다.

"믿음으로 말미암는 의는 이같이 말하되 네 마음에 누가 하늘에 올라가겠느냐 하지 말라 하니 올라가겠느냐 함은 그리스도를 모셔 내리려는 것이요 혹은 누가 무저갱에 내려가겠느냐 하지 말라 하니 내려가겠느냐 함은 그리스도를 죽은 자 가운데서 모셔 올리려는 것이라"(롬 10:6-7).

이 말씀은 신명기 30장을 인용한 것이다. 첫째, 그 누구도 하늘에 오를 수 없다. 둘째, 그 누구도 무저갱에서 나올 수 없다. 하지만 이제 하늘에 올라갈 필요가 없다. 왜냐하면 그리스도가 이미 하늘에서 내려오셨기 때문이다. 무저갱에 내려갈 필요도 없다. 왜냐하면 그리스도가 이미 그곳에 내려가셨다가 다시 살아나셨기 때문이다. 믿음은 이 사실을 받아들이는 것이다. 우리가 구원에 이르기 위해, 의롭게 되기 위해 그 어떤 일도 할 필요가 없다는 것, 인간이 가진 그 어떤 힘(열심, 자기 의, 율법)도 구원의 길이 될 수 없다는 사실을 인정하는 것이다(팀 켈러, 『당신을 위한 로마서 2』, 두란노, 2015).

그러면 구원에 이르는 루트는 무엇인가? 첫째, 내 입으로 예수를 주로 시인하는 것이다. 둘째, 내 마음으로 믿는 것이다. 내 열심은 필요 없다. 내 의는 필요 없다. 율법도 더 이상 필요 없다. 단지 내 입으로 예수를 주로 시인하며, 마음으로 예수를 영접하면 된다. 이 구원의 길은 차표도, 통행료도 필요 없다. "차표 필요 없어요 주님 차장 되시니 나는 염려 없어요 / 나는 구원 열차 올라타고서 하늘나라 가지요"라는 찬양 가사 그대로다. 값없다. 유대인이나 헬라인이나 그 어떤 차별도 없다.

"유대인이나 헬라인이나 차별이 없음이라"(롬 10:12b).

무엇보다, 쉽다.

"이는 내 멍에는 쉽고 내 짐은 가벼움이라"(마 11:30).

누구나 이 길을 택하면 구원의 산에 오를 수 있다.

"누구든지 주의 이름을 부르는 자는 구원을 받으리라"(롬 10:13).

너무 값싼가? 너무 쉬운가? 어떤 전도자가 석탄 캐는 탄광에 들어가 광부들에게 값없는 구원을 전했다. 그때 한 광부가 "값이 너무 헐값이어서 그런 종교는 믿어지지가 않소"라고 했다. 그때 승강기 앞에 있던 전도자와 광부의 대화가 다음과 같이 이어졌다.

"우리가 이 탄광을 나가려면 어떻게 해야 합니까?" "그거야 승강기를 타고 올라가면 그만이지요." "위까지 올라가는 데 한참 걸립니까?" "한 3분밖에 안 걸립니다." "그럼 애쓸 필요가 없겠군요." "네, 맞습니다. 그냥 타고 있으면 됩니다." "하지만 처음에 이 승강기를 만든 사람은 힘도 들고 돈도 많이 들었겠네요." "그렇지요. 지하 500m 아래 여기까지 오는 승강기를 만드느라 주인이 돈 쓴 거야 이루 말할 수 없겠지요. 인부도 둘이나 죽었다던데요."

순간, 광부의 얼굴이 진지해졌다. 승강기가 만들어지기까지 얼마나 많은 노력과 힘이 들었던가. 그때 전도자가 말했다.

"바로 그겁니다. 하나님 말씀에 그 아들을 믿는 자는 영생을 얻는다고 했는데, 당신은 '너무 싸다'고 했습니다. 하지만 멸망과 사망의 굴에서 우리를 구원하시기 위해 하나님은 독생자 예수를 죽이기까지 막대한 비용과 희생을 감수하셨답니다. 그래도 값싼 것일까요? 쉬운 것일까요? 만일 값을 매긴다면 단 한 사람도 그 비용을 감당할 수 없기에 하나님이 '은혜'로 거저 주시는 것입니다."

사랑하는 여러분!
언젠가 집에서 강아지를 키운 적이 있다. '테리'라는 이름을 붙여 줬다. 그런데 나이가 들어 열다섯 살쯤 되니 힘을 쓰지 못하고, 먹지 못하고, 병이 들어서 힘들어했다. 드는 정은 모르지만 나는 정은 안다고, 정이 들어서 그 모습을 보는 것이 안쓰러웠다. 그래도 테리는 살아 보겠다고 넘어졌다가는 일어서며 발버둥을 쳤다. 그 모습이 더 슬펐다. 결국 어느 날 테리는 우리 곁을 떠났다. 한동안 집 안이 텅 빈 것 같았다.

그러다 얼마 전부터 '하늘소'가 새 식구로 들어왔다. 강아지나 고양이 이름이 아니다. 이름 그대로 하늘소라는 곤충이다. 하늘소가 있으니 어디에선가 개미 한 마리가 들어와 함께 친구로 지내고 있다. 하늘소와 개미를 보는 재미가 쏠쏠하다. 하늘소는 높은 곳으로 올라가려고 발버둥을 치며 애쓰다가 툭 떨어진다. 다시 올라가려고 자기 몸의 두 배나 긴 더듬이까지 총동원하지만 결국 툭 떨어지고 만다. 그런데 개미는 전혀 다른 방법을 쓴다. 높이 올라가도록 비스듬히 넣어 준 지지대를 타고선 쏜살같이 꼭대기까지 올라간다. 아주 쉽게 자유자재로 올라간다. 하늘소더러 보라는 듯이 말이다.

우리는 땅에 발을 디디고 살아가는 존재다. 누가 하늘에 올라가겠는가. 누가 무저갱으로 내려가겠는가. 인간은 할 수 없다. 그래서 하늘에서 내려오신 분이 계시다. 저 깊고 깊은 무저갱에서 사흘 만에 부활하신 분이 계시다. 우리 주 예수 그리스도시다. 그분을 의지하면, 그분을 입으로 시인하고 마음으로 믿으면 구원을 받는다. 그 주님을 구주로 영접하는 은혜가 있기를 바란다.

20.

아무것도 하지 않는 죄에서 벗어나기

10:9-10

로마서 10장 9절과 10절을 가리켜서 '구원의 산'이라고 명명했다. 구원의 산을 중심으로, 전반부에는 이 산에 오르기 위해 부단히 노력하는 자들의 행렬이 있다. 구원받기 위해 애쓰는 사람들이다. 그들은 등반을 위해 양자 됨, 영광, 언약, 율법, 예배, 약속 등 충분한 장비를 갖추었다(롬 9:4-5). 정복 루트는 열심(롬 10:2), 자기 의(롬 10:3), 그리고 율법(롬 10:4-5)이다. 이 세 가지 경로를 이용하면 틀림없이 구원의 산을 정복하리라고 자신했다. 하지만 결과는 실패였다. 그들은 구원의 산에 이르지 못했다.

반면에 후반부인 11절 이하에는 구원의 산에 오른 사람들이 나온다. 구원받은 자들이다. 그들은 이 산을 정복하기 위해 어떤 장비를 갖추었는가? 없다. 어떤 경로를 택했는가? 많은 사람이 이용했던 열심, 자기 의, 율법이란 경로인가? 아니다. 그런데 어떻게 구원의 산을 정복할 수 있었는가? 그들은 전혀 새로운 경로를 이용했다.

"네가 만일 네 입으로 예수를 주로 시인하며 또 하나님께서 그를 죽은 자 가운데서 살리신 것을 네 마음에 믿으면 구원을 받으리라 사람이 마음으로 믿어 의에 이르고 입으로 시인하여 구원에 이르느니라"(롬 10:9-10).

이 말씀의 핵심은 '예수'다. 그들은 예수라는 전혀 새로운 경로를 택했다. 그리고 그 경로를 따라 올라갔다. 그때 그들은 어떤 수고나 노력, 공로 없이 구원의 산에 오를 수 있었다. 구원의 산을 정복하는 경로는 예수라는 길밖에 없다.

"예수께서 이르시되 내가 곧 길이요 진리요 생명이니 나로 말미암지 않고는 아버지께로 올 자가 없느니라"(요 14:6).
"다른 이로써는 구원을 받을 수 없나니 천하 사람 중에 구원을 받을 만한 다른 이름을 우리에게 주신 일이 없음이라 하였더라"(행 4:12).

구원받은 자가 해야 할 일

그런데 말씀을 더 자세히 보면, 구원의 산에 오른 이들이 산 위에 머물지 않고 산 아래로 내려가고 있다. 이것은 구원받은 자들이 산 아래에서 해야 할 일이 있음을 시사한다. 구원의 산 정상에 이른 사람이라면 그곳에 머물러서는 안 된다는 것을 알려 준다. 등반가 오은선 씨는 '세계 여성 최초 히말라야 14좌 완등'의 금자탑을 세운 것으로 알려져 있다. 14좌란 해발 8,000m 이상의 산들을 말한다. 그녀가 인터뷰에서 한 말이 인상 깊다.

"나는 정상에서 5분 이상 머문 적이 없다. 살아서 돌아가는 것, 그것이 최고의 등반이다."

마태복음 17장을 보면, 주님이 변화산에서 영광스러운 모습으로 변형되셨다. 모세와 엘리야까지 나타났다. 그 경이로운 광경 앞에서 베드로는 엉겁결에 이렇게 말했다.

"베드로가 예수께 여쭈어 이르되 주여 우리가 여기 있는 것이 좋사오니 만일 주께서 원하시면 내가 여기서 초막 셋을 짓되 하나는 주님을 위하여, 하나는 모세를 위하여, 하나는 엘리야를 위하여 하리이다"(마 17:4).

베드로는 그 산에서 세 분을 모시고 천년만년 영광을 맛보며 살고 싶었다. 저 아래 군상들이 뿜어내는 미움, 시기, 다툼, 질투, 경쟁, 살인, 분쟁에 휘말리고 싶지 않았다. 얼마나 좋은가. 그런데 주님은 산에 머물기를 원하는 제자들을 재촉하여 산 아래로 내려오셨다. 산 아래에서 해야 할 일이 있었기 때문이다.

"그들이 무리에게 이르매 한 사람이 예수께 와서 꿇어 엎드려 이르되 주여 내 아들을 불쌍히 여기소서 그가 간질로 심히 고생하여 자주 불에도 넘어지며 물에도 넘어지는지라"(마 17:14-15).

산 아래에는 구원받아야 할 자들, 고침 받아야 할 자들, 예수를 필요로 하는 자들이 기다리고 있었다. 주님의 귀에는 그들의 절규가 들렸다. 주님의 눈에는 불에도, 물에도 넘어지는 자가 보였다.

따라서 저 높은 산 위 영광 가운데 언제까지나 계실 수 없었다. 대접받으며 계실 수 없었다. 그래서 제자들을 재촉하셔서 산 아래로 내려오신 것이다. 이처럼 구원의 산에 오른 자, 그래서 하나님의 영광을 맛본 자는 산 아래로 내려와야 한다. 구원받은 자로서 산 아래서 해야 할 일이 있기 때문이다. 그 일이 도대체 무엇인가?

"그런즉 그들이 믿지 아니하는 이를 어찌 부르리요 듣지도 못한 이를 어찌 믿으리요 전파하는 자가 없이 어찌 들으리요 보내심을 받지 아니하였으면 어찌 전파하리요 기록된 바 아름답도다 좋은 소식을 전하는 자들의 발이여 함과 같으니라"(롬 10:14-15).

15절 말씀은 이사야 52장 7절을 인용한 것이다.

"좋은 소식을 전하며 평화를 공포하며 복된 좋은 소식을 가져오며 구원을 공포하며 시온을 향하여 이르기를 네 하나님이 통치하신다 하는 자의 산을 넘는 발이 어찌 그리 아름다운가"(사 52:7).

'소식을 전하다'라는 말은 히브리어로 'בשׂר'(바사르)이고, '좋은 소식을 전하다'라는 말은 히브리어로 'בשׂר טוב'(바사르 토브)이다. 즉 '토브의 소식을 전하다'라는 뜻이다. 복음이 무엇인가? '토브'의 소식을 전하는 것이다. 그러면 'טוב'(토브)는 무엇인가?

"하나님이 이르시되 빛이 있으라 하시니 빛이 있었고 빛이 하나님이 보시기에 좋았더라"(창 1:3-4a).

성경은 창조 시에 하나님이 보시기에 좋아하셨다는 말씀을 거듭 기록하고 있다. 그리고 하나님은 아담을 창조하신 후에는 보시기에 '심히 좋아하셨다'(מאד טוב, 토브 메오드, 창 1:31). 그런데 여기서 '좋다'라는 말이 히브리어로 'טוב'(토브)다. 그래서 '토브'는 '복', '기쁨', '만족', '아름다움'으로 해석된다.

복이 무엇인가? 우리는 자신이 보기에 좋은 것, 아름다운 것, 귀한 것이 복이라고 생각한다. 하지만 진정한 복은 하나님이 보시기에 좋은 상태, 만족스러운 상태, 기쁜 상태를 의미한다. 하나님의 만족하심이 성경에서 말하는 복이다. 즉 복이란 하나님이 보시기에 기쁨이 되고, 좋음이 되고, 만족이 되고, 완벽하고, 아름다운 상태로서, 그것이 바로 '토브', 복이다. 최상의 복이다.

하나님은 아담을 '토브'의 상태로 만드셨고, '토브'(만족)하셨다. 그리고 '토브'가 된 아담에게 이렇게 말씀하셨다.

"하나님이 그들에게 복을 주시며[ברך, 바라크] 하나님이 그들에게 이르시되 생육하고 번성하여 땅에 충만하라, 땅을 정복하라,…모든 생물을 다스리라 하시니라"(창 1:28).

이렇게 복 받는 것을 'ברך'(바라크)로 표현한다. 하나님이 '바라크', 즉 복을 주셨다. 복이 된 상태의 아담에게 복을 주셨다(바라크). 이것은 무엇을 의미하는가? 하나님이 복을 주셔야 인간은 비로소 '토브'가 될 수 있다는 것이다. 나아가 '토브'가 되어야만 다른 피조물에게 복을 주는 자가 될 수 있다는 의미다. 그러니까 우리는 먼저 하나님의 복을 받아(바라크) '토브'(만족의 상태)가 되어,

다른 피조물에게 '바라크', 즉 복을 주는 사람이 되어야 한다.

이를 쉽게 정리하면, 우리는 '복을 주는 복을 받은 사람', '바라크하는 토브'라고 할 수 있다. 복의 근원이신 하나님으로부터 복을 받아 그 복을 다른 사람에게 전해 줘야 하는 존재라는 의미다. 즉 하나님으로부터 복을 받아 '토브'가 되어 내 주변 사람들에게 '바라크', 즉 복을 주어 그 사람들도 하나님이 보시기에 좋은 상태(토브)로 만들어야 한다. 이것이 우리에게 주어진 사명이다.

그래서 하나님은 아담을 최상의 상태로 만드셨다. 그리고 심히 기뻐하셨다. '토브'하신 것이다. 그리고 이어서 하나님은 '토브'인 아담에게 복을 주셨다(바라크). 그런데 아담은 이 명령에 순응하지 못했고, 사명에 실패했다. 그러자 하나님은 다시 노아에게 이 사명을 주셨다.

"하나님이 노아와 그 아들들에게 복을 주시며[바라크] 그들에게 이르시되 생육하고 번성하여 땅에 충만하라"(창 9:1).

그런데 노아도 이 사명에 실패했다. 그러자 하나님은 아브라함에게 이 사명을 또 주셨다.

"내가 너로 큰 민족을 이루고 네게 복을 주어[바라크] 네 이름을 창대하게 하리니 너는 복이 될지라[바라크] 너를 축복하는[바라크] 자에게는 내가 복을 내리고[바라크] 너를 저주하는 자에게는 내가 저주하리니 땅의 모든 족속이 너로 말미암아 복을 얻을[바라크] 것이라 하신지라"(창 12:2-3).

아브라함도 온전히 순종하지 못해 실패했다. 전부 실패했다. 죄인이기 때문이다. 그러자 하나님은 마지막으로 하나님의 아들 독생자를 사용하기로 결정하셨다. 그리고 이렇게 말씀하셨다.

"그의 아들에게 입 맞추라 그렇지 아니하면 진노하심으로 너희가 길에서 망하리니 그의 진노가 급하심이라 여호와께 피하는 모든 사람은 다 복이 있도다"(시 2:12).

"아들에게 입 맞추라"라는 말씀이 무슨 의미인가? 하나님은 우리가 하나님의 아들과 하나 되길 원하셨다. 따라서 구약의 의인들은 인간을 영원한 '토브'로 만들어 '바라크'를 성취하는 자로 만들어 주실 메시아를 기다리고 있었다. 그 메시아가 곧 예수 그리스도시다. 예수 그리스도를 통해 우리 자신이 복을 받아야(바라크) '토브'가 될 수 있으며, '토브'가 되어 복을 나눠 주는(바라크) 자가 될 수 있기 때문이다.

그렇다면 가장 최상의 복은 무엇인가? 예수 그리스도시다. 예수님만이 우리를 최상의 상태로, 하나님이 보시기에 만족의 상태로 만드실 수 있기 때문이다. 그래서 그분은 인간의 몸을 입고 이 땅에 오셨다. 그리고 이렇게 말씀하셨다.

"그들이 먹을 때에 예수께서 떡을 가지사 축복하시고(ευλογεω, 율로게오; ברך, 바라크) 떼어 제자들에게 주시며 이르시되 받아서 먹으라 이것은 내 몸이니라 하시고 또 잔을 가지사 감사 기도 하시고 그들에게 주시며 이르시되 너희가 다 이것을 마시라 이것은 죄 사함을 얻게 하려고 많은 사람을 위하여 흘리는 바 나의 피 곧 언약의 피니라"(마 26:26-28).

그리고 주님은 친히 십자가에 달리셨다. 자신의 모든 것을 다 쏟아 주셨다. 그 방법만이 우리의 모든 죄를 씻어 '토브'가 되게 할 수 있기 때문이다. 그래서 주님은 우리를 다시 하나님이 보시기에 좋은 상태, 최상의 상태, 만족의 상태인 '토브'로 만드셨다. 십자가를 통해 다시 한 번 "보시기에 심히 좋았더라"라는 말씀이 회복된 것이다.

삶에서 그리스도 전하기

그렇다면 '토브'가 된 우리는 어떤 복을 나눠 줘야(바라크) 할까? 나를 '토브'로 만드신 예수 그리스도다. 예수 그리스도만이 모든 죄인을 '토브'의 상태로 만드실 수 있다. 그러므로 구원받은 자가 마땅히 해야 할 일은 산 아래로 내려가는 것이다. 바울은 이것을 로마서 10장 후반부에서 연이어 강조했다.

"그런즉 그들이…듣지도 못한 이를 어찌 믿으리요 전파하는 자가 없이 어찌 들으리요 보내심을 받지 아니하였으면 어찌 전파하리요 기록된 바 아름답도다 좋은 소식을 전하는 자들의 발이여 함과 같으니라"(롬 10:14-15).

"그러므로 믿음은 들음에서 나며 들음은 그리스도의 말씀으로 말미암았느니라…그 소리가 온 땅에 퍼졌고 그 말씀이 땅끝까지 이르렀도다"(롬 10:17-18).

구원받은 자는 구원의 산에 머물러 있어서는 안 된다. 그 산에서 내려와야 한다. 우리 주님이 하늘 영광을 버리시고 이 낮고 천한 땅에 내려오셨듯이, 우리 또한 산 아래로 내려가야 한다. 노아는 아라랏 산에 머물러 있지 않았다. 모세는 시내 산에 언제까지나 머물러 있지 않았다. 엘리야는 불이 내렸던 갈멜 산에 머물러 있지 않았다. 모두 산 아래로 내려왔다. 해야 할 일이 있기 때문이었다. 그것은 주님처럼 안타까운 마음을 가지는 것이다. 주님처럼 발을 움직이는 것이다. 주님처럼 입을 여는 것이다. 이것이야말로 구원받은 자에게 나타나는 가장 중요한 표징이다.

언젠가 충정교회 성도 한 분이 메일과 함께 자신이 쓴 수필집 『긴 나날, 짧은 인생』(글누림, 2020) 한 권을 보내 주셨다. 메일 내용은 이렇다.

"14년 전 사업 실패로 정신적 공황 상태를 헤매다 평소 알고 지내던 김 집사님에게 자살하겠다며 죽음을 언급하자 죽을 때 죽더라도 교회에 한 번 다녀 보고 판단하라고 하며 나를 이끌어 충정교회로 데려갔습니다. 은혜가 높으신 목사님이 계시다면서…. 아니나 다를까 마음이 평온해지고 흔들거리던 주위 사물들이 똑바로 보이기 시작했습니다. 그리고 든든한 버팀목이 가슴에 자리 잡기 시작했습니다.

그러던 중 그 집사님이 저를 또 시온찬양대로 인도했습니다. 그 자리에 서는 것 자체가 은혜라면서…. 선택의 여지가 없는 저는 열심히 다녔고 매달리기 시작했습니다. 돈 벌어서 빚 갚게 해 달라고…. 긍휼이 많으신 하나님이 드디어 응답하기 시작하셨습니다.

하지만 기대와는 전혀 다른 방법으로 말입니다. 작가 등단이라는 돈하고는 거리가 먼 선물을 주셨습니다. 이 선물은 마음이 안정되고 여유가 있을 때 꼭 이루고 싶었던 저의 소망이었는데 욕심을 버리라는 명령인지 순서를 바꾸시네요. 하지만 순서가 문제입니까? 소망이 이루어졌는데요. 정성을 쏟아 수필집을 만들었습니다. 담임목사님의 추천사까지 받은 책에다 제 사인을 적으니 가슴이 뿌듯하더군요. 앞으로는 작가의 길로 매진하겠습니다. 이끄시는 손길 따라! 감사드리며 아멘!"

성경 중에 하나님이 가장 기뻐하시고 즐거워하시는 모습이 그려진 곳은 어디일까? 누가복음 15장이다. 잃어버린 양을 찾았을 때, 잃어버린 드라크마를 찾았을 때, 잃어버린 탕자를 찾았을 때 하나님이 얼마나 기뻐하셨던가. 얼마나 즐거워하셨던가. 얼마나 좋아서 어쩔 줄 몰라 하셨던가! 그 하나님의 마음을 "예수 이름이 온 땅에"라는 찬양 가사가 잘 담아내고 있다.

"예수 이름이 온 땅에 온 땅에 퍼져 가네 / 잃어버린 영혼 예수 이름 그 이름 듣고 돌아오네 / 예수님 기뻐 노래하시리 잃어버린 영혼 돌아올 때 / 예수님 기뻐 춤추시리 잃어버린 영혼 돌아올 때 / 하나님 기뻐 노래하시리 열방이 주께 돌아올 때 / 하나님 기뻐 춤추시리 열방이 주께 돌아올 때."

성경은 전체가 복을 주시려는 하나님의 말씀이다. 하나님은 복의 근원이시며 주체시다. 그 복을 주시기 위해 예수 그리스도를 보내셨다. 그분이 우리를 복(토브)으로 만드셨고, 복을 주는(바라크) 자가 되게 하셨다. 그러므로 그리스도를 믿는다는 것, 구원받았다는 것은 내가 '토브'의 상태이면서 동시에 '바라크'의 사명이 있다는 사실을 아는 것이다. 그래서 내 곁의 사람들에게 진정한 '바라크'의 삶을 살아야 한다. 즉 예수 그리스도를 전해야 한다.

사랑하는 여러분!

영화 "로베라의 장군"은 나치 정권을 향한 프랑스 레지스탕스들의 저항을 그린 작품이다. 그 영화에 나오는 인상적인 장면 한 토막을 소개하겠다.

많은 레지스탕스가 체포되어 옥에 갇혔다. 그들은 마침내 끌려나가서는 무참하게 고문을 당한 후, 결국에는 처형을 당했다. 그런데 체포된 사람들 가운데 저항 운동과는 아무런 관련 없이 끌려온 사람이 한 명 있었다. 그는 "나는 억울하다. 나는 저항 운동과는 전연 관련이 없다. 나는 그저 장사하면서 열심히 돈을 벌었을 뿐이다. 나는 정말 아무것도 하지 않았다. 그런 내가 왜 죽어야 하나? 나는 정말 억울하다!" 하며 소리 높여 하소연했다. 그때 갇혀 있던 레지스탕스 가운데 한 사람이 나직이, 그러나 똑똑하게 일러주었다.

"당신, 지금 아무것도 하지 않았다고 말했는가? 그 한 가지 이유만으로도 당신은 죽어 마땅하다. 피비린내 나는 전쟁이 5년 동안이나 계속되었다. 이미 수백만의 사람들이 피를 흘리면서 죽었다. 많은 도시가 파괴되었다. 조국과 민족은 멸망 직전에 놓여 있다. 그럼에도 당신이 아무것도 하지 않고 돈 벌고 장사했다고? 당신은 그 한 가지 이유만으로도 죽어 마땅할 것이다."

우리는 구원받은 자들이다. 혹시 우리에게는 아무것도 하지 않은 죄가 없는가? 우리의 이웃이 죽어 갈 때 무관심하게 지나치지는 않았는가?

"인자야 내가 너를 이스라엘 족속의 파수꾼으로 세웠으니 너는 내 입의 말을 듣고 나를 대신하여 그들을 깨우치라 가령 내가 악인에게 말하기를 너는 꼭 죽으리라 할 때에 네가 깨우치지 아니하거나 말로 악인에게 일러서 그의 악한 길을 떠나 생명을 구원하게 하지 아니하면 그 악인은 그의 죄악 중에서 죽으려니와 내가 그의 피 값을 네 손에서 찾을 것이고 네가 악인을 깨우치되 그가 그의 악한 마음과 악한 행위에서 돌이키지 아니하면 그는 그의 죄악 중에서 죽으려니와 너는 네 생명을 보존하리라 또 의인이 그의 공의에서 돌이켜 악을 행할 때에는 이미 행한 그의 공의는 기억할 바 아니라 내가 그 앞에 거치는 것을 두면 그가 죽을지니 이는 네가 그를 깨우치지 않음이니라 그는 그의 죄 중에서 죽으려니와 그의 피 값은 내가 네 손에서 찾으리라 그러나 네가 그 의인을 깨우쳐 범죄하지 아니하게 함으로 그가 범죄하지 아니하면 정녕 살리니 이는 깨우침을 받음이며 너도 네 영혼을 보존하리라"(겔 3:17-21).

당신은 구원받은 자인가? 구원받은 자로서 지금 어디에 머물고 있는가? 당신의 발을 어디로 향하고 있으며, 당신의 입은 무엇을 말하고 있는가?

21.

참된 신앙인의 영적 뿌리

11:1-6

월간지 「JESUS ARMY」 2020년 7월호에 다음과 같은 글이 실렸다.

"최근 이스라엘에서 한 버스 운전사가 예수에 대한 이야기를 나눈 후 실직할 위기에 처했다고 「케힐라 뉴스 이스라엘」(*Kehila News Israel*)이 보도했다. 내용인즉 이 운전사가 승객들에게 예수가 메시아임에 틀림이 없다는 자신의 신앙에 대해 이야기했는데, 그 장면이 촬영되어 직업을 잃을 위기에 놓였다는 것이다. 운전사가 이런 이야기를 하자[복음을 전하자] 버스에 타고 있던 한 승객은 운전사를 비난했으며[당시 미성년자가 타고 있었던 것 같다], 일부 승객은 그 운전사에게 녹음이 시작되었으니 그 말을 멈추라고 요구했으나 이야기를 계속했고, 만일 누구든지 내 말을 듣고 싶지 않다면 헤드폰을 꺼도 된다고 말했다는 것이다.

운전사가 아랍 기독교인인지, 아니면 메시아닉 유대인(Messianic Jew)인지는 분명치 않은데[여기서 '메시아닉 유대인'이란 유대교인으로서 그들의 전통을 지키면서, 예수님을 메시아로 믿는 유대인을 뜻한다. 이들 중에는 아예 기독교인으로 개종하는 유대인도 있다] 해당 버스 회사는 이 문제에 대해 회사가 인지하고 있으며, 그 운전사는 동일한 문제로 두 번째 고발이 되었고, 이에 따라 징계 청문회에 소환되어 고용 지속 여부를 논의할 것이라고 밝혔다."

우리에게는 이런 이야기가 아직은 생소하다. 하지만 곧 현실화 될 것이다. '포괄적 차별금지법' 때문이다. 포괄적 차별금지법이 국회에 발의되었다. 이름이 정말 그럴듯하다. '포괄'이라는 표현도 좋고, '차별금지'라는 말은 더 좋다. 누가 차별을 좋아하겠는가. 하지만 만일 이 법이 국회에서 통과되면 우리나라도 앞서 인용한 상황과 동일한 환경으로 변할 것이다. 이 법의 핵심은 두 가지다.

첫째, 동성애를 합법화하려는 시도다.

하나님이 동성애를 얼마나 싫어하시는가(창 19:24). 그런데 동성애는 죄가 아니며, 오히려 동성애를 죄라고 말하는 것이 죄라는 것이다. 그리고 이렇게 말하는 자를 법으로 처벌하게 하려는 의도가 있다. 죄를 죄라고 말하면 또 죄가 되는 기막힌 일을 눈 뜨고 봐야만 하는 세상이 도래하고 있다. 나는 동성애가 선천적이 아니라 후천적이라고 믿고 있다. 그러므로 그들을 정죄할 것이 아니라 교회가 품어 줘야 한다(요 8:11). 동성애자들의 인격도 소중하다. 하지만 동성애 자체는 죄다. 생명의 역사가 사라지기 때문이다. 그러므로 동성애가 당연시되는 사회로 변화하는 것에는 동의할 수 없다.

둘째, '진리'를 말하지 못하게 하려는 시도다.

반동성애 설교를 교회 홈페이지, SNS 등에 올리면 법 위반이 된다. 방송, 신문, 인터넷 등에 내보내면 법적 제재를 당한다. 쉽게 말해, "성경은 동성애를 죄로 규정한다"라고 가르치면 처벌받는다. 한 걸음 더 나아가, "오직 예수 그리스도만 믿어야 한다"는 설교도 위법이다. 하나님, 그리고 성경의 절대적 권위를 말하면 그것도 차별이다. 이같이 절대적 진리, 그리스도의 유일성, 성경의 절대적 권위를 말하는 입에 재갈을 물리려는 시도다. 그러니까 악한 마귀가 교회를 무너뜨리려고 교묘하게 '포괄적 차별금지법'이란 타락한 수법으로 발광을 하는 것이다.

하나님은 버리지 않으신다

지금 이스라엘의 현실은 냉혹하다. 예수를 구주로, 메시아로 전하지 못하게 제재를 가하고 있다. 예수를 구주로 받아들이는 것에 대해 알레르기 반응을 보이고 있다. 그런데 2천여 년 전에는 어떠했는가? 본문은 바로 이 문제를 집중적으로 다루고 있다. 따라서 본문은 단순히 로마서의 부록이 아니다. 로마서의 전체 주제를 논하는 가장 핵심 부분이라고 할 수 있다. 그렇기에 그만큼 어렵다. 팀 켈러는 신구약성경을 통틀어 가장 어려운 부분이라고까지 말했다. 그만큼 중요하다는 뜻이기도 하다. 그러므로 성령이 우리의 마음을 밝혀 주시고, 우리의 눈을 열어 주시고, 들을 귀를 허락해 주셔서 이 말씀을 밝히 깨닫게 되기를 바란다.

로마서 11장은 도전적인 질문으로 시작한다.

"그러므로 내가 말하노니 하나님이 자기 백성을 버리셨느냐 그럴 수 없느니라 나도 이스라엘인이요 아브라함의 씨에서 난 자요 베냐민 지파라"(롬 11:1).

여기서 '자기 백성'은 유대인, 즉 이스라엘을 뜻한다. 이스라엘이 예수를 메시아로 인정하지 않고, 그래서 믿지 않는 까닭은 하나님이 절대 주권 아래 그들을 버리셨기 때문이 아닌가? 특히 당시 이방인으로서 예수를 믿게 된 로마 교회 성도들은 이런 의문을 가지고 있었다. 이에 바울은 선제적으로 질문을 던지면서 "그럴 수 없느니라"라고 맞받아쳤다. 하나님이 이스라엘을 완전히 버리신 것이 아니라는 것이다. 그러면서 그 근거를 세 가지 들었다.

첫째, 바울은 "나를 보라"고 말했다.

"나도 이스라엘인이요 아브라함의 씨에서 난 자요 베냐민 지파라"(롬 11:1b).

지난날 바울이 하나님의 의를 얼마나 거절했던가. 얼마나 복음을 거부했던가. 얼마나 예수를 박해했던가. 얼마나 교회를 잔멸하려 했던가. 얼마나 예수를 메시아로 받아들인 자들을 잡아 죽이는 데 앞장섰던가.

바울은 지난날 하나님과 원수였다. 그런데 그런 자신을 하나님이 은혜로 부르셨다. 사도의 직분까지 주셨다. 예수를 위하여 생명을 조금도 아끼지 않는 자로 변화시키셨다. 이 엄연한 사실이야말로 하나님이 이스라엘을 버리지 않으셨다는 결정적 이유가 아닌가. 정통 유대인인 바울이 예수 그리스도를 메시아로, 구주로 받아들였다. 이런 바울을 보면 하나님이 이스라엘을 버리지 않으셨음을 알 수 있지 않는가.

둘째, 바울은 "칠천 명을 보라"(롬 11:2-5)고 말했다.

엘리야 당시 이스라엘은 하나님 대신 바알을 섬겼다. 그때 엘리야는 하나님이 그런 이스라엘을 단념하셨고, 오직 자신밖에는 하나님을 진실하게 믿는 사람이 없다고 단정했다.

"이스라엘 자손이 주의 언약을 버리고 주의 제단을 헐며 칼로 주의 선지자들을 죽였음이오며 오직 나만 남았거늘 그들이 내 생명을 찾아 빼앗으려 하나이다"(왕상 19:14b).

하지만 하나님은 단호하게 반박하셨다.

"그에게 하신 대답이 무엇이냐 내가 나를 위하여 바알에게 무릎을 꿇지 아니한 사람 칠천 명을 남겨 두었다 하셨으니"(롬 11:4).

이스라엘의 '남은 자'가 한 명이 아니라 무려 7천 명(헤아릴 수 없이 많은 숫자)이나 존재하지 않았던가. 이것이야말로 하나님이 자기 백성을 버리신 것이 결코 아니라는 사실을 알려 준다.

셋째, 바울이 또 하나 내세운 것은 "은혜를 보라"는 것이다.

바울에게, 그리고 엘리야에게 나타났던 하나님의 은혜의 역사가 지금도 계속되고 있다는 것이다. 하나님은 인간의 행위를 보시는 것이 아니라 하나님의 은혜에 의존하기에 수많은 사람을 남겨두고 계시다는 것이다.

이 세 가지를 볼 때 하나님이 이스라엘을 버리신 것이 결코 아님을 알 수 있다고 바울은 말했다.

교만하면 안 되는 이유

바울은 하나님의 은혜로 보존되고 있는 자를 가리켜 '남은 자'라고 명명했다.

"그런즉 이와 같이 지금도 은혜로 택하심을 따라 남은 자가 있느니라 만일 은혜로 된 것이면 행위로 말미암지 않음이니 그렇지 않으면 은혜가 은혜 되지 못하느니라"(롬 11:5-6).

그런데 '남은 자'들이 지금은 어떤 상태인가?

"그런즉 어떠하냐 이스라엘이 구하는 그것을 얻지 못하고 오직 택하심을 입은 자가 얻었고 그 남은 자들은 우둔하여졌느니라 기록된 바 하나님이 오늘까지 그들에게 혼미한 심령과 보지 못할 눈과 듣지 못할 귀를 주셨다 함과 같으니라"(롬 11:7-8).

여기서 '그 남은 자들'은 5절의 '남은 자' 외의 유대인을 뜻한다. 그런데 그들은 혼미한 심령과 보지 못할 눈과 듣지 못할 귀를 가진 자가 되어 진리이신 주님을 바로 보지도 못하고, 또 주님의 말씀을 듣지도 못하고 있다. 그 이유가 무엇일까? 왜 하나님이 그렇게 하셨을까?

> "그러므로 내가 말하노니 그들이 넘어지기까지 실족하였느냐 그럴 수 없느니라 그들이 넘어짐으로 구원이 이방인에게 이르러 이스라엘로 시기 나게 함이니라"(롬 11:11).

유대인들이 넘어짐으로 구원이 이방인들에게 이르게 하기 위한 하나님의 섭리라는 것이다. 오히려 유대인들이 예수를 믿지 않아서 이방인들이 예수를 믿게 되었으니, 유대인들이 예수를 믿지 않은 것이 다른 모든 인류에게 유익을 주고 있다는 것이다. 그러므로 유대인들이 믿지 않아 다른 사람들이 믿게 되었다면, 그들이 믿지 않는다고 해서 어찌 망했다고 단정할 수 있느냐는 것이다. 유대인들이 믿지 않았기에 우리가 예수를 훨씬 더 빨리, 더 쉽게, 더 많이 믿을 수 있게 되었고, 그들이 믿지 않았기에 복음이 예루살렘과 온 유대와 사마리아를 넘어 이방 땅으로 흘러넘쳐 오늘 우리가 구원을 받는 자리에 이르렀다는 것이다.

더 나아가 성경은 유대인들을 통해 기록되었고, 유대인들에 의해 그 긴 기간 동안 보존되어 왔다. 인류의 구원자 메시아는 유대인의 혈통으로 탄생하셨다. 복음은 유대인인 바울을 위시한 사도들을 통해 세상에 전해졌다. 그러니까 유대교는 기독교의 뿌리라고 할 수 있다. 이런 이스라엘이 없는 기독교는 상상할 수 없다는 것이다. 유대인들에게 무한한 빛을 지고 있다는 뜻이다. 그런 의미에서 이스라엘은 여전히 독보적인 존재요, 중시되어야 하는 위치에 있다.

그런데 이방인인 로마 교회 성도들은 어떤 생각을 하고 있었던가? 그들은 대부분 이방인들이었다. 교육 수준도 높았고 사회적 지위도 대단했다. 물질적으로도 풍족한 부자들이 즐비했다. 그래서인지 그들에게는 영적 교만까지 자리 잡고 있었다. "우리는 예수를 믿는다. 그분이 구원자이심을 믿는다. 그런데 너희 유대인들은 뭐냐? 영적 눈이 어둡고, 영적 귀가 막혀 예수를 보고 듣고 만지기까지 했으면서도 그분을 구주로 영접하지 않고 있으니 정말 한심하고 불쌍하다"라고 말하는 영적으로 교만한 로마 교회 성도들을 향하여 바울은 이렇게 경고했다.

"그러면 네 말이 가지들이 꺾인 것은 나로 접붙임을 받게 하려 함이라 하리니 옳도다 그들은 믿지 아니하므로 꺾이고 너는 믿으므로 섰느니라 높은 마음을 품지 말고 도리어 두려워하라 하나님이 원 가지들도 아끼지 아니하셨은즉 너도 아끼지 아니하시리라"(롬 11:19-21).

그러므로 오늘 우리는 이스라엘 사람들을 멸시하거나 스스로 교만해서는 안 된다. 그들이 예수를 믿지 않을 때 하나님은 그들조차도 꺾어 버리셨다. 하나님이 원 가지(이스라엘)도 여지없이 꺾어 버리지 않으셨는가. 하물며 한갓 접붙임 가지에 불과한 우리랴. 우리가 예수 잘 믿는다고, 믿음이 좋다고, 기도 좀 많이 하고, 헌금 많이 드리고, 복음에 대해서 좀 안다고, 십자가의 놀라운 사건을 믿음으로 받아들이고 있다고 "우리의 눈은 밝고, 우리의 귀는 열려서 너희가 알지 못하는 예수를 메시아로 받아들이고 있다" 하며 으스대고 교만할 수 없다. 비판할 수 없다. 그들이 잘못되어서 우리가 잘된 셈이니, 우리가 덕을 보고 있으니 어찌 그들을 욕할 수 있단 말인가.

사랑하는 여러분!

미국 전 대통령 버락 오바마(Barack Obama)가 쓴 자서전 『내 아버지로부터의 꿈』(알에이치코리아, 2021)을 보면, 그는 캔자스 출신의 백인 어머니와 케냐 출신 아버지 사이에서 태어났다. 그때 어머니는 18세, 아버지는 24세였다. 그런데 아버지는 얼마 후 가족을 버리고 케냐로 가 버렸다. 알고 보니 아버지는 케냐에서 이미 결혼하여 부인과 자녀 4명이 있었다. 그러자 어머니는 다시 인도네시아인 남자(롤로)와 재혼해 이복동생을 낳았고 인도네시아로 거처를 옮겼다. 오바마는 그곳에서 어린 시절을 보냈다. 십 대에 미국으로 다시 돌아온 오바마는 외할아버지, 외할머니와 함께 생활했다. 부모에 대해 반감을 가질 수 있었음에도 그는 어머니를 두고 이렇게 말했다.

> "내가 한창 자라던 시절에 중요한 인물⋯그녀가 내게 가르쳐 준 가치들은 내가 정치에 입문한 이래로 계속해서 나에게 하나의 표준이 되었다."

아버지를 두고는 어떻게 했던가? 아프리카 케냐, 즉 자신의 뿌리를 찾아갔다. 그리고 드디어 노란색 타일로 덮인 아버지의 무덤 앞에 무릎을 꿇었고, 수십 년 동안 애써 참았던 눈물을 쏟아 놓았다.

"오오 아버지, 당신이 느꼈던 혼란 속에는 아무것도 부끄러울 게 없습니다. 당신의 아버지 앞에서 당신이 아무것도 부끄러울 게 없었듯이, 공포 그 자체는 부끄러움이 아닙니다. 공포가 만들어 낸 침묵이 부끄러울 뿐입니다."

오바마는 자서전의 제목을 "내 아버지로부터의 꿈"(Dreams from My Father)이라고 붙였다. 그의 꿈, 대제국 미국의 대통령이 되려던 꿈이 어디서부터 왔는가? 아버지로부터 왔다는 것이다. 그는 자신의 아버지 때문에, 어린 핏덩이 같은 자신을 버리고, 겨우 스무 살에 불과한 아내를 미련 없이 버리고 떠난 아버지 때문에 오늘의 자신이 있다는 것을 강조한 것이다. 오바마는 아버지와 어머니를 원망하지 않았다.

우리는 영적 뿌리를 잊지 말아야 한다. 우리 대부분은 크든 작든 과거의 그 어떤 것에 영적 뿌리를 두고 있다.

우리는 누가복음을 한글로 번역했던 존 로스(John Ross, 1842-1915) 선교사와 서상윤 씨를 잊어서는 안 된다. 우리는 우리에게 복음을 전해 주기 위해 부활절 아침 인천 제물포항에 내려 땅바닥에 엎드렸던 언더우드와 아펜젤러 선교사를 결코 잊어서는 안 된다. 우리 중에는 부모가 너무 가난했기 때문에 예수 믿게 된 자들도 있을 것이다. 남편이 잘못된 길로 빠지자 그 고통을 혼자 감당할 수 없어 교회 문을 두드린 자들도 있을 것이다. 자식의 진로 문제를 위해 교회에 나와 엎드린 자들도 있을 것이다. 너무 가난해서 신학교 문을 두드렸다가 목사가 되어 강단에서 사자후를 외치는 자들도 있을 것이다.

신앙에 있어서 홀로 선 사람은 단 한 사람도 없다. 홀로 된 사람도 없다. 누군가 나에게 복음을 전해 주었기에 믿게 되었다. 누군가 나의 신앙을 위해 눈물로 기도해 주었기에 오늘의 내가 있다. 그래서 흔들리지 않고 믿음 안에 거하고 있다. 누군가 나를 가르치느라 땀을 흘리며 애썼기 때문에 내가 영적으로 이만큼 성장할 수 있었다. 바울은 오늘 우리에게 도전한다.

"그래도 교만할 것인가? 그래도 폼 잡을 것인가? 당신의 신앙의 뿌리는 누구인가? 무엇인가? 그것에 대해 얼마나 감사하고 있는가?"

참된 신앙인이라면 자기가 빚진 영적 뿌리를 잊어버리지 말아야 한다. 그리고 감사할 수 있어야 한다. 이 한마디를 하기 위해서 바울은 "하나님이 이스라엘을 버리셨느냐"라고 도전한 것이다. 그러므로 우리 또한 영적 뿌리를 깊이 헤아리면서 감사함으로 여생을 달려가는 주의 자녀들이 다 되기를 바란다.

22.

나의 이해보다 깊으신 하나님 찬양하기

11:33-36

언젠가 충정교회 본당 천장에 누수 현상이 생겼다. 건물을 사용한 지 20여 년이 되었으니 그럴 만도 했다. 전문가를 불러 알아보니 고압 살수 세척기를 사용해야 한다고 했다. 차량 세 대가 동원되었고, 이내 관 속을 좁게 만들었던 이물질들, 단단한 돌덩어리, 마른 나무 장작과 같은 것들을 다 떨어냈다.

그 작업을 하면서 동맥경화와 똑같은 원리가 아닐까 생각했다. 비만, 노화 현상이 일어나면서 혈관 내벽이 좁아진다. 그때 그 좁은 혈관을 통과하는 혈류에 높은 압력이 가해진다. '소리 없는 죽음의 악마'가 다가오는 것이다. 특히 생명에 직결되는 심장 부위에 동맥경화가 발생한 경우에는 스텐트(stent)를 삽입해서 혈관을 확장해 줘야 한다. 관 속 이물질, 동맥경화는 영적으로 적용하면 교만이다.

이스라엘을 향한 하나님의 계획

로마 교회가 그러했다. 오순절 성령 강림 후 로마로 돌아온 유대인들이 교회를 세웠다. 로마인들도 함께했다. 교회는 은혜롭게 성장했다. 그런데 주후 49년 글라우디오(Claudius) 황제가 유대인들을 로마에서 추방했다. 그러자 이방인 그리스도인들이 로마 교회에 다수를 점하기 시작했다. 그런데 이들 중에는 권력자들, 부자들, 힘 있는 자들이 많았다. 세계 최고의 도시였기에 숫자도 늘어났다. 그런 사람들이 세를 결집하니 자연히 가장 규모가 크고 영향력 있는 교회가 되었다. 예루살렘 교회에서 로마 교회로 그 무게중심이 옮겨지고 있었다.

이때부터 그들은 은근히 유대인들을 얕잡아보기 시작했다. 심지어 "하나님이 자기 백성(이스라엘)을 버리셨다"는 말까지 공공연히 떠벌렸다(롬 11:1). 이것은 일종의 영적 교만이다. 더군다나 당시 유대는 로마의 속국이 아니었던가. 이런 영적 교만은 관 속에 쌓인 노폐물들로 인해 폐수가 역류하는 것처럼, 혈관 안에 찌꺼기가 더덕더덕 낀 것처럼 위험한 상황이었다.

바울은 이런 로마 교회 성도들의 생각에 메스를 가해야 할 필요를 강하게 느꼈다. 그래서 로마서 8장까지 이어 오던 흐름을 잠시 중단하고 이 문제를 다룬 것이다. "하나님이 정말 자기 백성을 버리셨느냐?"는 것이다. 바울은 하나님이 자기 백성 이스라엘을 버리신 것이 아니라고 반박했다.

"그럴 수 없느니라"(롬 11:1).

그럼 "그들이 넘어지기까지 실족하였느냐?"라는 질문에 대해서는 어떠한가? 바울은 이에 대해서도 아니라고 답했다. 그렇다면 이스라엘(유대인)이 예수를 믿지 않는 이유는 무엇이었는가?

"그들이 넘어짐으로 구원이 이방인에게 이르러 이스라엘로 시기 나게 함이니라"(롬 11:11b).

이스라엘이 완악함과 불신 상태에 있는 것은 전 세계 이방인들을 구원하시기 위한 하나님의 섭리라는 것이다. 이스라엘의 불신이 이방인들에게 구원의 기회를 주고 있다는 것이다. 이방 세계에 대한 구원 역사, 그 시작과 완성의 중심에 이스라엘이 있다는 것이다. 이스라엘이 넘어짐으로 구원이 이방인에게 이르기 위한 것이라는 사실이다. 이스라엘이 이방 세계를 위해 중보 사역을 한다는 것이다.

초대 교회가 좋은 예가 될 수 있다. 초대 교회 당시 만일 그 유대인들이 다 예수를 믿었다면 어떻게 되었을까? 그때 그들은 어떻게 생각했을까? '복음은 이스라엘만을 위한 것이구나!' 하고 쉽게 단정했을 것이다. 그러므로 다른 민족, 이방인에게 복음을 전할 필요를 느끼지 못했을 것이다. 그 결과 복음은 국경을 넘지 못했을 것이며, 복음은 이스라엘 민족 내부에 머물러 있었을 것이다. 그런데 그 유대인들은 어떻게 했던가?

"사울은 그가 죽임당함을 마땅히 여기더라 그날에 예루살렘에 있는 교회에 큰 박해가 있어 사도 외에는 다 유대와 사마리아 모든 땅으로 흩어지니라"(행 8:1).

"그 흩어진 사람들이 두루 다니며 복음의 말씀을 전할새"(행 8:4).

이렇게 대다수의 유대인들은 복음에 적대적이었다. 하나님은 이방인을 구원하시기 위하여 이스라엘을 몽둥이로 사용하셨다. 이스라엘로 하여금 완악한 마음, 혼미한 심령, 보지 못할 눈, 듣지 못할 귀를 가지게 하셨다(롬 11:8). 그래서 그들은 믿는 사람들을 박해했다. 박해가 가해지자 복음은 국경을 넘었고, 이방인들에게 전파되었다. 유대인들의 넘어짐, 유대인들의 실패가 온 세상의 풍성함으로 나타난 것이다(롬 11:12).

그러면 언제까지 이런 일이 계속될까? 언제까지 이스라엘이 복음에 적대적인 태도를 취할까?

"형제들아 너희가 스스로 지혜 있다 하면서 이 신비를 너희가 모르기를 내가 원하지 아니하노니 이 신비는 이방인의 충만한 수가 들어오기까지 이스라엘의 더러는 우둔하게 된 것이라"(롬 11:25).

'이방인의 충만한 수'가 예수 믿게 될 때까지다. 그때가 언제일까? 그 숫자는 얼마일까? 알 수 없다. 그래서 '신비'다. 하지만 하나님은 그때를, 그 숫자를 확정해 놓고 계신다. 그래서 그때가 되고 그 숫자가 채워지는 순간, 드디어 이스라엘의 구원 역사를 시작하신다.

"그리하여 온 이스라엘이 구원을 받으리라"(롬 11:26a).

여기서 바울은 '온 이스라엘'이라고 했다. 놀라운 선언이다. '온 이스라엘'을 도대체 어떻게 봐야 할까?

첫째, 이 말을 영적으로 해석하는 견해가 있다.

신약 시대에 들어오면서 '이스라엘'은 단순히 아브라함의 혈통을 타고난 사람만을 의미하지 않게 되었다. 유대인이나 이방인이나 어느 민족 누구나 예수 믿는 사람들은 다 영적으로 아브라함의 후손, 즉 이스라엘이 되었다. 그러므로 여기 '온 이스라엘'은 '구원받을 모든 민족'을 총칭한다고 봐야 한다는 견해다. 하지만 로마서 9장부터 시작된 이 중요한 논의는 이스라엘 민족의 구원 문제를 언급하고 있기에 이 말을 영적으로 해석하는 것은 무리다.

둘째, 이 말은 '남은 자의 총수'를 뜻한다는 견해가 있다.

바울은 로마서 11장 5절에서 "남은 자가 있느니라"라고 말했는데, 여기 '온 이스라엘'이 개인적으로 예수 믿고 돌아오는 '남은 자의 전체 숫자'를 가리킨다고 보는 것이다. 하지만 이 견해도 받아들이기 어렵다. 왜냐하면 '신비'라는 단어 때문이다. 개인의 구원 문제를 놓고 하나님이 '신비'라고 말씀하신 적이 없다. 그러므로 '온 이스라엘'이 개인적으로 예수 믿고 돌아오는 자들의 전체 숫자를 뜻한다고 보기는 어렵다.

셋째, 문자 그대로 '이스라엘 전 민족'을 가리킨다고 보는 견해다.

"그리하여 온 이스라엘이 구원을 받으리라 기록된 바 구원자가 시온에서 오사 야곱에게서 경건하지 않은 것을 돌이키시겠고 내가 그들의 죄를 없이 할 때에 그들에게 이루어질 내 언약이 이것이라 함과 같으니라"(롬 11:26-27).

여기서 '시온'과 '언약'이라는 단어를 주목할 필요가 있다. '시온'은 예루살렘을 뜻한다. '언약'은 하나님이 아브라함과 하신 약속을 뜻한다. 그때 구원자이신 주님이 예루살렘에 등장하셔서 이스라엘의 마음을 부드럽게 하시고, 눈을 밝혀 주시며, 귀를 열어 주실 뿐만 아니라, 그들의 죄를 다 씻어 주심으로 그들 모두가 다 주님께로 돌아오는 찬란한 역사적 사건이 일어나리라는 의미다. 나아가 하나님이 아브라함에게 약속하신 그 언약을 이루시겠다는 뜻이다. 즉 문자 그대로 반드시 이스라엘 전 민족이 구원을 받는다는 것이다.

이방인을 위한 구원 역사가 끝나면(충만한 숫자가 들어오면) 하나님은 이스라엘을 국가적으로 구원하는 놀라운 일을 시작하신다. 이스라엘은 하나님이 특별히 선택하신 민족이기 때문에 마지막 때에 특별한 방법으로 전 이스라엘을 구원하시겠다는 말씀으로 보는 것이다.

세 번째 견해에 동의한다. 동의하는 결정적 이유는 16-17절 말씀 때문이다. 바울은 이스라엘을 무엇에 비유하고 있는가?

"제사하는 처음 익은 곡식 가루가 거룩한즉 떡덩이도 그러하고 뿌리

가 거룩한즉 가지도 그러하니라 또한 가지 얼마가 꺾이었는데 돌감람
나무인 네가 그들 중에 접붙임이 되어 참감람나무 뿌리의 진액을 함
께 받는 자가 되었은즉"(롬 11:16-17).

여기서 '곡식 가루'와 '뿌리'는 이스라엘을 뜻한다. 그 곡식 가
루와 뿌리가 거룩하다는 것이다. 그래서 그 곡식 가루로 만들어
진 떡덩이(이방인)도, 뿌리로부터 진액을 받은 가지(이방인)도 거룩
하다는 것이다. 핵심은 하나님이 곡식 가루의 역할과 뿌리의 역할
을 감당해 온 이스라엘을 절대 포기하거나 버리지 않으신다는 것
이다. 오히려 하나님은 전 세계 구원 역사의 중심적 방편으로 삼
으신 이스라엘을, 그야말로 '온 이스라엘'을 구원하신다는 것이다.
이어지는 말씀은 이 사실을 더 확실히 한다.

"복음으로 하면 그들이 너희로 말미암아 원수 된 자요 택하심으로 하
면 조상들로 말미암아 사랑을 입은 자라 하나님의 은사와 부르심에는
후회하심이 없느니라"(롬 11:28-29).

지금 이스라엘은 완악하다. 복음에 대해 원수같이 행동하고 있
다. 하지만 이스라엘을 향한 하나님의 사랑은 변함이 없다. 아니,
하나님은 지난날 그들과 언약을 맺으신 그 부르심에 후회하심이
없다. 바울은 더 중요한 사실을 30-31절에서 언급했다.

"너희가 전에는 하나님께 순종하지 아니하더니 이스라엘이 순종하지
아니함으로 이제 긍휼을 입었는지라 이와 같이 이 사람들이 순종하지

아니하니 이는 너희에게 베푸시는 긍휼로 이제 그들도 긍휼을 얻게 하려 하심이라"(롬 11:30-31).

지난날 전 세계 모든 이방인이 순종하지 않았음에도 긍휼을 입은 것처럼, 이스라엘 역시 반드시 긍휼을 입을 날이 온다는 것이다.

해답을 모를 때에도 찬양

성령의 깨우치심으로 여기까지 이른 바울은 자기도 모르게 외쳤다. 아니, 찬양했다.

"깊도다 하나님의 지혜와 지식의 풍성함이여, 그의 판단은 헤아리지 못할 것이며 그의 길은 찾지 못할 것이로다 누가 주의 마음을 알았느냐 누가 그의 모사가 되었느냐 누가 주께 먼저 드려서 갚으심을 받겠느냐 이는 만물이 주에게서 나오고 주로 말미암고 주에게로 돌아감이라 그에게 영광이 세세에 있을지어다 아멘"(롬 11:33-36).

이 찬양은 로마서 9-11장의 결론이다. 아니, 1-11장의 총결론이다. 하나님의 지혜와 지식의 풍성함, 그 깊이를 누가 과연 측량할 수 있단 말인가. 그 깊은 지혜, 판단을 누가 감히 헤아릴 수 있단 말인가. 누가 감히 그 길을 추적할 수 있단 말인가. 누가 감히 하나님의 마음을 안다고 떠벌릴 수 있단 말인가.

신앙생활을 하면서 우리가 가끔씩 만나는 위험이 있다. 그것은 '더 알고 싶다. 더 분명하고 자세하게 알고 싶다'는 호기심이다.

'말세가 언제인지, 그 때와 시기를 알고 싶다. 666, 14만 4천에 대해 알고 싶다. 내일 일을 알고 싶다' 등 더 분명하고 자세하게 알고 싶다는 유혹에 지혜롭게 잘 대처해야 한다. 1992년 10월 28일에 예수님이 재림하신다고 헛소리를 하던 다미선교회는 지금 어디에 있는가?

신유의 은사, 즉 병 고치는 은사를 받은 분이 있다. 하지만 우리는 영적 분별력을 가져야 한다. "이 병이 나을 수 있을까요? 언제쯤 나을까요?"라는 질문에 "예, 분명히 낫습니다. 3주면 끝납니다"라고 시원하게 답하는 사람은 가짜다. 그가 누구이기에 미래를 안다는 것인가. "하나님이 고쳐 주셔야 낫지요. 열심히 기도하면서 기다려 봅시다"라고 말하는 사람이 진짜다.

그래서 바울은 어떤 태도를 취했는가? 찬양이다. 해답을 얻어서 찬양했는가? 이스라엘의 구원에 대한 분명하고 명료한 답을 알았기에 찬양했는가? 장차 구원받을 '이방인의 충만한 숫자'가 얼마인지 알았기 때문에 찬양했는가? 아니다. 하지만 바울은 하나님을 찬양했고, 하나님께 영광을 돌렸다. 그 이유는 하나님이 어떤 분이시며, 그분의 계획이 얼마나 장엄하고 신비한가를 조금이라도 깨달았기 때문이다. 그는 지금 다 알지 못하는 것을 놓고 하나님께 찬양하며 감사하고 있다. 그래서 존 칼빈은 본문을 놓고 대단히 의미 있는 말을 했다.

"'깊도다'라는 이 말은 인간의 거만을 한꺼번에 때려눕히는 말이다. 우리의 이성으로 미칠 수 없는 깊이에 관한 어떤 진리를 말할 때는 그때마다 우리의 생각과 혀에 재갈을 물려야 한다. 그래서 하나님이 가르쳐 주시는 만큼만 알고 그 나머지에 대해서는 찬양으로 끝을 맺어야 한다."

특히 바울은 36절, "이는 만물이 주에게서 나오고 주로 말미암고 주에게로 돌아감이라 그에게 영광이 세세에 있을지어다 아멘", 이 말씀을 묵상하는 중에 큰 깨달음을 얻었다.

"세 개의 전치사구, 곧 '주에게서', '주로 말미암고', '주에게로'라는 말은 하나님이 모든 창조의 근원자이시며, 모든 구원 역사의 근원자이시고, 구원 역사의 목적자이자 심판자이심을 강조하고 있구나! 모든 것이 하나님으로부터 시작되었고, 하나님을 통해 존재하고, 하나님 안에서 끝나게 되어 있다는 말이구나. 우리는 하나님에 의해 창조되었고, 그분의 섭리 안에서 지금 이곳에 머물고 있으며, 하나님 앞으로 돌아가게 되어 있구나. 모든 구원 역사는 하나님으로부터 왔고, 하나님을 통하여 이루어졌고, 하나님을 위하여 있구나."

여기까지 이르렀을 때 바울은 자기도 모르게 "아멘" 했다. '아멘'이 무엇인가? '동의한다', '이루어질 것을 확신한다'는 뜻이 아닌가. 특히 36절 하반 절인 "그에게 영광이 세세에 있을지어다 아멘"에 이르렀을 때는 종교개혁의 최종적이고 성경적 원리인 '오직 하나님께 영광'(Soli Deo Gloria)에 착안했다. 즉 36절은 칼뱅으로 하여금 『기독교 강요』를 저술하도록 동기를 부여하는 데 결정적인 영향을 주었다.

사랑하는 여러분!

이 시대를 가리켜 '예의가 헷갈리는 시대'라고들 한다. 예의가 실종된 시대임이 분명하다. 한쪽에서는 선을 걷어 내고 챙겨 주는 것이 예의라고 하고, 또 한쪽에서는 선을 사수하는 것이 예의라고 한다. 이렇게 자기 입맛에 맞는 선택적 예의가 난무하고 있다. 한마디로 '너의 예의'와 '나의 예의'가 첨예하게 맞서고 있다. 예의의 주체는 나이고 객체는 상대방이어야 하는데, 역으로 상대가 나에게 먼저 무엇인가를 베풀어야 한다고 착각하기 때문이다. 결국 예의란 타인과 더불어 살기 위해 내 의무와 도리를 다하는 것이 아닐까? 그렇다면 오늘 나는 타인과의 공공성을 끊임없이 의식하면서 과연 그에 합당한 말과 행동을 하고 있는지 돌이켜 봐야 한다.

신앙생활이란 무엇일까? '영적 예의'를 갖추어 가는 것이다. 먼저, 내 곁의 사람들에게 영적 예의를 갖추어야 한다. 로마 교회 성도들처럼 다른 사람들을 무시하고 그들에 대해 "하나님이 자기 백성을 버리셨다"라고 단정하는 모습은 영적 예의를 갖추지 못한 태도요, 영적 교만이 아닐 수 없다. 하나님이 그들에게 어떻게 역사하실지, 어떤 뜻을 가지고 계시는지 전혀 알 수 없지 않은가. 그런데 우리는 너무 쉽게 예단하고 말한다. 이 점에 대해 우리는 침묵해야 한다.

나아가 하나님께 대한 영적 예의가 있어야 한다. 하나님이 나를 통하여 이루어 가실 일들이 있다. 그 일들을 지금 나는 잘 알지 못하기에 답답하고 불안하고 초조하다. 때로 원망까지 하게 된다. 그러나 하나님은 합력하여 선을 이루시는 분이다. 결국은 우리를 위하여 숫양을 예비해 놓으시는 분이다(창 22:13). 그러므로 우리는 바울처럼 찬양해야 한다.

"깊도다 하나님의 지혜와 지식의 풍성함이여, 그의 판단은 헤아리지 못할 것이며 그의 길은 찾지 못할 것이로다 누가 주의 마음을 알았느냐 누가 그의 모사가 되었느냐 누가 주께 먼저 드려서 갚으심을 받겠느냐 이는 만물이 주에게서 나오고 주로 말미암고 주에게로 돌아감이라 그에게 영광이 세세에 있을지어다 아멘"(롬 11:33-36).

하나님은 우리의 이해보다 훨씬 더 높으시고 광대하신 분이다. 따라서 하나님의 뜻과 계획을 모두 다 이해할 수 없다 할지라도 걱정할 필요 없다. 우리는 하나님이 우리에게 보여 주신 모든 것 때문에 그분을 찬양한다. 또한 보여 주지 않으신 더 많은 것 때문에 하나님을 찬양한다. 하나님이 찬양과 경배를 받기에 합당하신 분이기에 찬양한다. 이처럼 하나님께 걸맞게 하나님을 높이고, 하나님을 선포하고, 하나님을 드러내는 자세를 견지하는 것이 바로 영적 예의다.

나는 영적 예의가 있는 사람인가? 주변 사람에 대하여, 그리고 하나님께 대하여 영적 예의를 갖춘 사람인가? 진지하게 자신을 점검해 보자.

4부

로마서를 따라 산다는 것

23.

진정한 영적 예배자 되기

12:1-2

부교역자로 사역할 때의 일이다. 한 가정에 심방을 갔는데 성도님이 성경책을 한 권 꺼내 오셨다. 보통 성경책에 비해 두꺼웠다. 손에 들고 자세히 보니 필사하여 제본한 필사 성경책이었다. 당시는 모든 성경책이 세로쓰기 방식으로 조판되어 있었다. 그런데 그 성도님은 얇은 백지를 구해 바늘로 구멍을 낸 후 묶고 줄을 긋고서 성경과 똑같이 필사하셨던 것이다. 글자 크기나 페이지까지 같았다. 필사 성경책을 보면서 큰 감동이 왔다.

로마서를 필사해 보라. 말씀을 듣고 읽는 것과 달리 손가락으로 짚어 가며 한 자, 한 자 필사하다 보면 또 다른 감동이 있다. 전에는 지나쳤던 말씀들이 가슴 빗돌에 새겨진다. "주의 말씀의 맛이 내게 어찌 그리 단지요 내 입에 꿀보다 더 다니이다"(시 119:103)라는 고백이 떠오른다.

로마서는 크게 두 부분으로 나뉜다. 1-11장, 그리고 12-16장이다. 전반부는 '우리가 어떻게 구원을 받았는가'를, 후반부는 '구원받은 자는 어떻게 살아야 하는가'에 대한 가르침을 준다. 전반부의 주제가 "이신칭의 복음의 의미"라면, 후반부의 주제는 "이신칭의 복음의 적용"이라고 할 수 있다.

그런데 전반부는 다시 1-8장과 9-11장으로 나뉜다. 9장부터 석 장에 걸쳐서 이스라엘(유대인) 민족의 구원 문제를 집중적으로 다루기 때문이다. 그러면서 내린 결론이 로마서 11장 33-36절이다. 이 결론의 핵심이 무엇일까? '영적 예의'를 갖추라는 것이다. 신앙생활이란 영적 예의를 하나씩 갖추어 가는 것이다.

먼저, 내 곁의 사람들에게 영적 예의를 갖춰야 한다. 내 곁에 있는 어떤 사람에 대해 너무 쉽게 예단하지 말아야 한다. 비판하거나 판단하지 말아야 한다. 하나님이 어떤 뜻을 가지고 계시는지, 앞으로 어떻게 역사하실지 알 수 없기 때문이다. 나아가 하나님께 대한 영적 예의를 갖춰야 한다. 하나님은 합력하여 선을 이루시는 분이다(롬 8:28). 하나님은 우리의 이해보다 훨씬 더 높으시고 광대하신 분이다. 따라서 우리는 하나님의 뜻과 계획을 다 이해할 수 없다 할지라도, 하나님이 보여 주신 모든 것 때문에 그분을 찬양해야 한다. 더 나아가 보여 주지 않으신 더 많은 것 때문에 하나님을 찬양해야 한다. 나는 어떠한가? 내 주변 사람에 대하여, 그리고 하나님께 대하여 영적 예의를 갖추고 있는가?

이제는 삶이다

로마서 1-11장의 총주제는 "영적 예의"다. 자신이 영적 예의를 갖추고 있는지 스스로에게 진지하게 물어봐야 한다. 어떻게 이를 확인할 수 있을까? 바울은 이 질문에 대한 답을 12장부터 시작한다. 먼저, 1절을 보자.

> "그러므로 형제들아 내가 하나님의 모든 자비하심으로 너희를 권하노니 너희 몸을 하나님이 기뻐하시는 거룩한 산 제물로 드리라 이는 너희가 드릴 영적 예배니라"(롬 12:1).

1절은 '그러므로'라는 접속사로 시작한다. 그런데 바울은 1장부터 11장까지 이어 오는 동안 '그러므로'라는 접속사를 무려 21회나 사용했다. 하지만 앞서 사용한 '그러므로'와 여기서 쓴 '그러므로'는 그 범위와 색깔이 완전히 다르다. 이 접속사는 로마서 1-11장 전체를 다 받고 있기 때문이다. 따라서 여기서 '그러므로'는 우리가 구원받았다면, 성령을 받았다면, 예수를 주로 받았다면, 이 은혜를 받았다면 반드시 그에 상응한 삶이 따라와야 한다는 점을 강조하고 있다. 진리와 삶은 언제나 하나이기 때문이다. 말씀과 순종은 하나이기 때문이다. 사람의 구원과 삶의 구원은 하나이기 때문이다. 이 사실을 강조하는 단어가 '그러므로'다. 그렇다면 우리는 스스로에게 질문해야 한다.

"내 영혼, 정말 구원받았는가? 그렇다면 내 영혼과 함께 내 몸도 구원받았는가? 육체도 구원받았는가? 육신도 구원받았는가? 생각은, 행동은, 시간은, 비전은, 꿈은, 물질은, 삶은 구원받았는가? '나'라는 전인격이 구원받았는가?"

영혼은 구원받았다고 하면서 이 질문 앞에 주저하거나 응답이 희미하다면 자신의 영혼 구원에 대해 다시 한 번 확인해 봐야 한다. 어떻게 확인할 수 있을까? 본문에서 '그러므로'라는 단어가 "너희 몸을…거룩한 산 제물로 드리라"라는 문장을 대동하고 선두에 서서 우리 앞에 나타나고 있다. 이것이 바로 체크 리스트다.

사실 이 편지를 받아 본 로마 교회 성도들은 이때 이 부분에서 상당히 당황했을 것이다. 당시 그들은 이원론에 익숙해 있었다. 영은 지성과 영혼을 고양시키는 반면, 몸, 육체는 부정적이고 나쁜 것이라는 교육을 받아 왔기 때문이다. 따라서 '몸을 드리라'라는 말이 무척 충격적으로 들렸을 것이다. 그들만 그러한가? 우리 또한 이 말씀 앞에서 고개를 갸우뚱하게 된다. 하나님은 원래 마음을 중요하게 보시는 분이라고 배웠다(신 8:2). 하나님이 친히 자신은 겉으로 드러나는 몸보다 중심을 살피는 분이라고 말씀하셨기 때문이다(삼상 16:7). 그런데 왜 하나님은 마음이 아닌 몸을 드리라고 하신 것일까?

"그뿐 아니라 또한 우리 곧 성령의 처음 익은 열매를 받은 우리까지도 속으로 탄식하여 양자 될 것 곧 우리 몸의 속량을 기다리느니라"(롬 8:23).
"예수를 죽은 자 가운데서 살리신 이의 영이 너희 안에 거하시면 그리스도 예수를 죽은 자 가운데서 살리신 이가 너희 안에 거하시는 그의 영으로 말미암아 너희 죽을 몸도 살리시리라"(롬 8:11).

하나님이 택하신 백성은 '몸의 속량'을 기다린다. 주님이 십자가를 통해 우리의 '죽을 몸'을 살리셨다. 그러니까 우리가 구원받았다는 것, 즉 우리가 죄 씻음을 받았다는 것은 우리의 영(영혼)만 구원받은 것이 아니라 우리의 몸(육체, 육신)도 함께 구원받았다는 뜻이다. 그렇다면 왜 십자가에 달리신 우리 주님이 잠시 후면 썩어질 우리의 몸까지 깨끗이 씻어 구원해 주셨을까?

"너희 몸이 그리스도의 지체인 줄을 알지 못하느냐"(고전 6:15a).
"너희 몸은 너희가 하나님께로부터 받은 바 너희 가운데 계신 성령의 전인 줄을 알지 못하느냐"(고전 6:19).

사람은 영혼과 몸으로 구성되어 있다. 영혼 없는 몸을 생각할 수 없듯이, 몸이 없는 영혼도 생각할 수 없다. 그런데 둘 중에서 그리스도의 지체는 무엇인가? 몸이다. 성령이 거하시는 곳(처소)이 어디인가? 영혼이 아니고 몸이다. 물론 이 몸은 잠시 후에는 썩어 한 줌의 흙으로 돌아갈 것이다. 하지만 지금 살아 있는 동안에 몸은 대단히 중요한 역할을 한다. 그리스도의 지체요, 동시에 성령이 거하시는 처소의 역할을 하기 때문이다.

더 나아가 몸은 우리가 이 땅에서 숨 쉬고 살아가는 동안 '나라는 존재', '나라는 인격', '나라는 존재의 삶'을 구체적으로 세상에 드러내는 통로다. 몸이 없다면 내가 어떻게 살고 있는지, 내가 어떤 존재인지를 다른 사람이 알 수도, 볼 수도 없다. 보여 줄 수도 없다. 몸(육신)이 이처럼 매우 중요하기에 주님이 우리의 영혼뿐만 아니라 몸까지도 구원하신 것이다.

이런 내 몸이 구원받아 주의 것이 되었다면, 그 몸으로 움직이는 모든 생활 영역에서 내 몸이 하나님의 기쁨이 되어야 한다. 그래서 바울은 "너희 몸을 하나님이 기뻐하시는 거룩한 산 제물로 드리라"라고 말했다. 내가 뛰고, 내 몸이 가고, 내 몸이 머무는 생활 영역 전체가 하나님 앞에 드리는 제단이요, 내 몸이 움직이는 일거수일투족이 곧 하나님께 드리는 제사요, 내 몸이 곧 제물인 것이다. 바울은 바로 이것이 '영적 예배'라고 했다.

'영적 예배'라는 단어는 앞서 언급한 '영적 예의'와 서로 깊은 상관관계가 있다. 사람에게 영적 예의를 갖추고, 하나님 앞에 영적 예의를 갖추는 것이 곧 영적 예배라는 뜻이다. 그래서 영적 예배를 가리키는 헬라어 'λογικός λατρεία'(로기코스 라트레이아)는 그 앞에 나오는 '너희 몸'을 받는다. 즉 이 단어는 전인격적으로 드려야 할 통전적(統全的, holistic) 예배를 암시한다.

특히 'λογικός'(로기코스)라는 단어는 '합리적'이라는 뜻을 담고 있다. 무엇이 합리적일까? 하나님이 베푸신 긍휼과 자비를 생각한다면 나의 전부를 바치는 것이 합리적이다. 독생자를 버리기까지 나에게 베푸신 하나님의 긍휼과 자비를 떠올린다면 내 살아 있는 몸을 하나님께 드려야 하며, 내 몸을 통해 이루어지는 삶의 모든 영역을 하나님이 기쁘시게 드리는 것이 합리적이다. 다시 말해, 내 지성, 감성, 건강, 젊음, 재물, 직업, 사업, 학업 등 내가 관여하는 전 영역이 나를 위한 것이 아니라 하나님을 위한 것이 되어야 한다는 의미다. 그 어느 것 하나도 하나님으로부터 분리되어 있거나 그리스도의 주권으로부터 벗어나 있을 수 없다.

그래서 다시 묻겠다. 영혼이 구원받았는가? 그렇다면 몸도 구원을 받아야 한다. 몸이 구원받았는가? 그렇다면 삶도 구원받아야 한다. 거룩한 일이 따로 있는 것이 아니다. 우리가 구원받은 자로서 매일매일 삶의 현장에서 전력하는 모든 일 전부가 주의 일이요, 하나님께 드리는 예배다.

신학교를 졸업해서 목사가 되는 것만 대단한 일이요, 거룩한 일이 아니다. 선교사로 헌신하는 것만 칭송할 일이 아니다. 설거지, 청소, 식사 준비, 빨래, 분리수거, 시장 보기 등 집안일을 포함해 아이 돌보기, 직장에서 근무하거나 가게를 운영하거나 학교에서 공부하는 일, 심지어 먹고 마시고 잠자는 것까지도 거룩한 예배라는 믿음을 가지고 하루하루를 살아갈 때 우리 생활에서 버릴 것이 하나도 없게 된다. 낮은 데서도, 작은 데서도, 평범한 데서도, 마치 쳇바퀴 돌듯이 반복되는 삶의 일상에서도 매 순간 하나님이 기뻐하시는 영적 예배를 드릴 수 있다.

언젠가 예배 시간에 중환자실에 입원한 한 여자 청년의 이야기를 한 적이 있다. 매우 건강했는데 갑자기 고열이 나서 병원을 찾았다 원인을 알 수 없는 상태로 그만 의식을 잃고 말았다. 고열을 잡고자 고육지책으로 뇌를 열었는데, 이후 3개월이나 지났고 억대의 치료비가 들었다. 예배 후 승강기 안에서 한 성도님을 만났다. 급히 가방에서 봉투를 꺼내시더니 투병하는 청년에게 조금이라도 도움이 되었으면 좋겠다면서 건네셨다. 그분은 생활이 어려워 가사 도우미를 하시던 분인데 많은 금액을 희사하셨다. 그분의 삶이야말로 하나님이 기뻐하시는 영적 예배다.

애완견을 데리고 공원에 산책 나오는 사람들이 많다. 어떤 사람은 애완견의 배설물을 그대로 둔 채 가 버린다. 또 어떤 사람은 비닐을 휴대하여 깨끗이 치우고 간다. 애완견의 배설물을 잘 치우는 것도 하나님이 기뻐하시는 영적 예배다. 분리수거를 할 때 박스나 스티로폼에 붙어 있는 비닐 테이프는 다 떼어 내야 한다. 그런데 두루뭉술하게 쏟아 놓고 가는 사람들이 종종 있다. 분리수거를 잘 해야 한다. 조개껍질같이 딱딱한 것은 음식물 쓰레기에 넣어서는 안 된다. 전 세계가 자연을 보존하기 위해 발 벗고 나서지 않는가. 하나님이 잘 관리하라고 주신 자연환경을 구원받은 우리가 앞장 서서 지키는 것도 영적 예배다.

한국유리공업 창설자인 최태섭 장로(1910-1998)는 해방 당시 만주에서 사업을 하고 있었다. 그때 공산당원이 들어와서 인민재판을 했다. 전부 운동장에 모으고 "이 사람 어떠냐?"라고 묻고, 사람들이 "죽여야 한다"고 말하면 그 자리에서 처형하는 식이었다. 최태섭 장로 차례가 되어 끌려 나왔다. 그는 '이제 죽었구나. 내 인생 끝났구나!' 했다. 그때 공산당원이 "이 사람 어떠냐?"라고 물었다. 그때 군중이 조용해졌다. 한 중국인이 앞으로 나와 "이분은 우리 집 경제가 정말 어려워서 아들을 학교에도 못 보내고 병으로 고생할 때 도와주신 분입니다. 그러니 살렸으면 좋겠습니다"라고 말했다. 한 사람이 입을 열자 모두가 고개를 끄떡이며 동참했다. 이렇게 최태섭 장로는 살아남았다. 그는 하나님이 기뻐하시는 영적 예배를 삶에서 매일 드렸던 것이다.

욥바의 다비다도 그러했다. 다비다가 죽었을 때 어떤 일이 일어났던가?

"욥바에 다비다라 하는 여제자가 있으니 그 이름을 번역하면 도르가라 선행과 구제하는 일이 심히 많더니"(행 9:36).
"모든 과부가 베드로 곁에 서서 울며 도르가가 그들과 함께 있을 때에 지은 속옷과 겉옷을 다 내보이거늘"(행 9:39b).

이것이 바로 하나님이 기뻐하시는 영적 예배다. 이것이야말로 영적 예의를 갖추어 나가는 삶이다.

진짜 구원받은 자답게 살기

'산(living) 제물'은 제물이 살아 있기에 이 일이 계속된다는 의미다. '제물'은 원래 죽이는 것이다. 그렇다면 '산 제물'은 '살아 있는 죽임'이 된다. 우리의 태도, 생각, 행동을 끊임없이 새롭게 해야 한다는 뜻이다. 자기를 부인하고, 자기 십자가를 지고, 주님을 따르는 삶이 아닐까(눅 9:23)? 살아 있는 동안에, 숨을 쉬고 있는 동안에 그렇게 하라는 것이다. 건강할 때, 재물이 있을 때, 움직이고 생각할 수 있을 때, 그때를 놓치지 말고 내 몸으로 하나님이 기뻐하시는 일을 하라는 것이다. 그날이 언제 올지 알지 못하기 때문이다.

"그러므로 깨어 있으라 집 주인이 언제 올는지 혹 저물 때일는지, 밤중일는지, 닭 울 때일는지, 새벽일는지 너희가 알지 못함이라"(막 13:35).

우리는 이런 찬양을 드린다.

"나는 하나님을 예배하는 예배자입니다 / 내가 서 있는 곳 어디서나 하나님을 예배합니다 / 내 영혼 거룩한 은혜를 향하여 내 마음 완전한 하나님 향하여 / 이곳에서 바로 이 시간 하나님을 예배합니다."

그런데 오늘 우리는 어떠한가? 분명히 구원받았다고 말한다. 예수 믿는다고 한다. 하지만 구원받은 자의 삶은 보이지 않는다. 구원과 삶이 분리되어 있다. 십자가 예수를 통해 죄 문제를 해결받고, 그래서 영혼 구원을 받았다고 하면서 몸, 육체, 생활, 생각, 행동, 시간, 비전, 꿈, 재물 등은 구원받지 못한 자의 모습 그대로다. 그래서 세상은 이런 우리를 향해 손가락질하며 비웃는다. 교회, 복음, 십자가가 길바닥에 내동댕이쳐지고 있다. 사람들이 '예수'의 이름에 욕을 돌린다. 다시 예수를 십자가에 못 박고 있다.

"기록된 바와 같이 하나님의 이름이 너희 때문에 이방인 중에서 모독을 받는도다"(롬 2:24).

본문을 놓고 존 스토트는 몸의 중요성을 이렇게 말했다.

"바울은 로마서 3장에서 인간의 타락상을 폭로한다. 그런데 그것이 우리 몸을 통해 드러난다는 사실을 분명히 했다. 곧 혀로는 남을 속이고, 입술에는 독사의 독이 흐르고, 발은 피 흘리는 데 빠르고, 눈에는 하나님을 두려워하는 기색이 없다. 반면에 그리스도인의 고결함도 역시 몸으로 표현된다. 혀로는 진리를 말하며, 입술은 복음을 전파할 것이고, 발은 하나님의 길을 걸을 것이며, 눈은 겸손하게 하나님을 바라볼 것이다."

사랑하는 여러분!
기독교 윤리는 율법을 지켜야 하는 의무감이나 벌 받을 것에 대한 두려움에서 나오는 것이 아니다. 오직 값없이 구원받은 은혜에 대한 감사와 응답에서 비롯된다. 부득이함이나 억지로가 아니다. 자원하는 마음과 은혜에 보답하는 마음으로 어둠을 밝히는 빛의 역할을, 썩어져 가는 세상에서 소금의 역할을 감당하는 것이다. 엄청난 구원을 받았음을 분명히 알고 믿고 감격하기에 거기에 상응한 반응을 나타내는 것이다. 정말 구원받은 자답게 살겠다는 결심과 행동이 몸으로 표출되어야 한다는 것이다. 구원받았다면, 그 사람의 삶도 구원받아야 한다.

다시 한 번 로마서 12장 1절을 마음에 새기고 내 몸을 하나님이 기뻐하시는 거룩한 산 제물로 드리는 진정한 영적 예배자의 삶을 살아가는 우리가 되기를 바란다.

"그러므로 형제들아 내가 하나님의 모든 자비하심으로 너희를 권하노니 너희 몸을 하나님이 기뻐하시는 거룩한 산 제물로 드리라 이는 너희가 드릴 영적 예배니라"(롬 12:1).

24.

구원은 삶으로 나타난다

12:1-2

로마서를 다루면서 '정말 성경 중의 성경이구나!'라는 생각이 절로 든다. 따라서 한 구절 한 구절, 아니 한 자 한 자 그냥 넘길 수가 없다. 하지만 이번에는 로마서를 속도 내서 살펴보자. 나무 한 그루, 한 그루에 너무 집중하다 보면 숲을 놓치고 산세를 보지 못하듯이 한 구절, 자구(字句)에 너무 집중하다 보면 전체적인 흐름을 놓치는 우를 범할 수 있다. 그래서 이 장에서는 로마서 12장을 다시 다룬다. 같은 본문을 두 번에 걸쳐 다루면 말씀의 맥을 짚으면서도 전체적인 흐름을 놓치지 않을 수 있다.

구원받은 자는 세대를 따르지 않는다

앞 장에서 살폈듯이, 1절은 '그러므로'로 시작한다.

"그러므로 형제들아 내가 하나님의 모든 자비하심으로 너희를 권하노

니 너희 몸을 하나님이 기뻐하시는 거룩한 산 제물로 드리라 이는 너
희가 드릴 영적 예배니라"(롬 12:1).

사실 바울은 '그러므로'라는 접속사를 앞서 21회나 사용했다.
하지만 여기 '그러므로'는 전반부(롬 1-11장) 전체를 다 받고 있
기 때문에 그 범위와 색깔에 있어서 완전히 다르다. '그러므로'라
는 말씀이 우리에게 무엇을 도전하는가? 우리가 정말 구원받았다
면 반드시 그에 상응한 삶이 따라야 한다는 것이다. 그렇다면 우
리는 스스로에게 물어야 한다. "나는 그리스도의 피로 구원받았다
고 하는데, 내 몸도 구원받았는가? 내 육신도 구원받았는가? 생각,
행동, 시간, 비전, 꿈, 물질, 삶, 인격도 구원받았는가?"라고 말이다.
2절은 이를 확인하는 잣대라고 할 수 있다.

"너희는 이 세대를 본받지 말고 오직 마음을 새롭게 함으로 변화를 받
아 하나님의 선하시고 기뻐하시고 온전하신 뜻이 무엇인지 분별하도
록 하라"(롬 12:2).

2절의 핵심은 '본받지 말고', '변화를 받아'라는 말이다. 바울은
무엇을 놓고 이 말을 한 것인가? '이 세대'다. 1절의 키워드가 '영
적 예배'라면, 2절의 키워드는 '세대'임을 알 수 있다. 진정 구원받
았다면 '이 세대'를 본받지 말아야 한다.

그런데 'αἰών'(아이온), '세대'라는 단어가 좀 특이하다. NIV 성
경에는 'world' 혹은 'generation'으로 번역되어 있는데, 이 단어
는 사람이나 상황에 따라 다양한 의미로 사용된다. 동시 출생 집

단을 의미하는 경우도 있다. '부모 세대', '자식 세대'처럼 가계 계승의 원리로 사용되는 경우도 있다. 또한 '전후(戰後) 세대'나 '4·19세대'의 경우처럼 특정한 역사적 경험을 공유하는 사람들을 총칭하는 경우도 있다.

『90년생이 온다』(웨일북, 2018)라는 책이 출간되자마자 반응이 뜨거웠다. 언젠가 대통령이 휴가 중에 읽고서는 청와대 직원들에게 한 권씩 다 돌렸다고 한다. 90년생은 기존 세대와는 완전히 다른 밀레니엄 세대다. 이 세대의 특징은 세 단어로 요약된다. '간단함', '병맛', 그리고 '솔직함' 등이다. 그들은 무엇이든지 '간단하거나', '재미있거나', '정직하거나' 할 때 어필한다. 만사가 그러해야 한다고 믿기 때문이다. 그들이 제일 싫어하는 음료는 '라떼'다. 소위 "나 때는 말이야!"라고 시작하는 말을 듣기 싫어한다. 또 그들이 제일 싫어하는 것은 '꼰대'다. '늙은이', '선생님'이라는 뜻도 있지만 '남보다 서열이나 신분이 높다고 해서 자기가 옳다는 생각으로 남에게 충고하거나, 또 남을 무시하고 멸시하고 등한시하는 것을 당연하게 여기는 자'를 지칭한다.

사실 '꼰대'라는 단어 자체는 선도, 악도 아니다. 하지만 부정적인 뉘앙스로 쓰이고 있다. 이와 같은 단어들이 성경에는 없을까? 먼저, '돈'이란 단어는 어떠한가?

"베드로가 이르되 네가 하나님의 선물을 돈 주고 살 줄로 생각하였으니 네 은과 네가 함께 망할지어다"(행 8:20).
"돈을 사랑함이 일만 악의 뿌리가 되나니 이것을 탐내는 자들은 미혹을 받아 믿음에서 떠나 많은 근심으로써 자기를 찔렀도다"(딤전 6:10).

"돈을 사랑하지 말고 있는 바를 족한 줄로 알라"(히 13:5a).

'세상'이란 단어도 그렇다.

"하나님이여 일어나사 세상을 심판하소서 모든 나라가 주의 소유이기 때문이니이다"(시 82:8).
"세상이 너희를 미워하면 너희보다 먼저 나를 미워한 줄을 알라"(요 15:18).
"간음한 여인들아 세상과 벗 된 것이 하나님과 원수 됨을 알지 못하느냐 그런즉 누구든지 세상과 벗이 되고자 하는 자는 스스로 하나님과 원수 되는 것이니라"(약 4:4).

그렇다면 '세대'란 단어는 어떠한가?

"여호와께서 노아에게 이르시되 너와 네 온 집은 방주로 들어가라 이 세대에서 네가 내 앞에 의로움을 내가 보았음이니라"(창 7:1).
"여호와께서 이스라엘에게 진노하사 그들에게 사십 년 동안 광야에 방황하게 하셨으므로 여호와의 목전에 악을 행한 그 세대가 마침내는 다 끊어졌느니라"(민 32:13).
"그들이 여호와를 향하여 악을 행하니 하나님의 자녀가 아니요 흠이 있고 삐뚤어진 세대로다"(신 32:5).

하나님은 '세대'라는 단어를 부정적인 뉘앙스로 사용하셨다. 예수님도 '세대'라는 단어를 부정적으로 사용하셨다.

"심판 때에 니느웨 사람들이 일어나 이 세대 사람을 정죄하리니 이는 그들이 요나의 전도를 듣고 회개하였음이거니와 요나보다 더 큰 이가 여기 있으며"(마 12:41).

"악하고 음란한 세대가 표적을 구하나 요나의 표적밖에는 보여 줄 표적이 없느니라 하시고 그들을 떠나가시니라"(마 16:4).

"예수께서 대답하여 이르시되 믿음이 없고 패역한 세대여 내가 얼마나 너희와 함께 있으며 얼마나 너희에게 참으리요"(마 17:17).

바울은 어떠했던가?

"그리스도께서 하나님 곧 우리 아버지의 뜻을 따라 이 악한 세대에서 우리를 건지시려고 우리 죄를 대속하기 위하여 자기 몸을 주셨으니"(갈 1:4).

"이는 너희가 흠이 없고 순전하여 어그러지고 거스르는 세대 가운데서 하나님의 흠 없는 자녀로 세상에서 그들 가운데 빛들로 나타내며"(빌 2:15).

그 바울이 본문에서도 '세대'라는 단어를 썼다.

"너희는 이 세대를 본받지 말고 오직 마음을 새롭게 함으로 변화를 받아 하나님의 선하시고 기뻐하시고 온전하신 뜻이 무엇인지 분별하도록 하라"(롬 12:2).

그러니까 '돈', '세상', '세대' 같은 단어는 그 자체로는 선도, 악도 아니지만 부정적인 뉘앙스를 풍기는 것만은 틀림없다. 그러므로 바울이 하고자 하는 말은 진정 구원받은 자라면 이 세대를 따르지 말아야 한다는 것이다. 본받지 말아야 할 것이 많이 있다는 의미다.

이 세대가 과연 어떠하기 때문인가? 한 가지만 생각해 보자. 오늘날 이 세대에는 창세 이래로 올바르고 유효하다고 여겨졌던 인간 행동의 근본적인 기준들이 용도 폐기 처분되고 있다. 지난날 선하다고 받아들여졌던 것들이 지금은 악한 것으로 간주되고 있다. 현재 우리는 나치주의나 공산주의 공포 체제를 지나 자유 민주 체제의 빛 가운데 있는 양 생각한다. 하지만 현실에서는 우리의 자유가 이전보다 훨씬 더 위축되고 있음이 느껴지지 않는가?

국가가 강요하는 이데올로기는 없는 것처럼 보인다. 공식적인 국가 검열 기구는 없다. 하지만 정부에는 새로운 언론의 원칙, 가이드라인이라는 것이 있다. 공포를 조장하는 경찰이나 비밀 첩보 시스템은 없지만, 디지털 데이터 저장소로 인해 모두가 유리로 된 집에서 살고 있다. 언제 어디를 갔는지, 누구를 만났는지, 무엇을 했는지에 관한 자료가 다 축적되고 있다.

부동산 가격을 잡는다는 이유로 부동산거래분석원이라는 기관을 설치하겠다 한다. 그러면서 검찰, 경찰, 국세청, 금융감독원의 엘리트들을 결집시킨다. 정보의 독점을 통해 사회를 통제하는 '빅브라더'(Big Brother)의 탄생이다. 이제는 영장 없이 개인 계좌까지 다 들여다볼 개연성이 있다. 종교적 예배를 금지하지는 않지만, '행정 명령' 혹은 '포괄적 차별 금지'라는 이름으로 종교에 개입하고 있다. 그래서 신앙의 영역을 축소시키고 있다. 이러한 상황을 놓고 가브리엘 쿠비(Gabriele Kuby)는『글로벌 성혁명』(밝은생각, 2018)에서 이렇게 말했다.

> "이러한 상황은 완전히 새로운 형태의 전체주의다. 전체주의는 이제 옷을 갈아입었다. 이데올로기적 배경을 가진 왜곡된 자유, 관용, 정의, 평등, 차별 금지, 다양성이란 이름의 껍데기를 쓰고 우리 앞에 그 모습을 드러내고 있다. 이러한 글로벌 문화 혁명의 핵심은 성규범의 해체다."

'젠더 이데올로기'라는 말을 들어 보았는가? 젠더 이데올로기란 성(性)에 대한 도덕적인 한계를 없애 버리는 것이 곧 개인의 자유를 증대시킬 것이라는 신념이다. 이를 위해서는 새로운 용어가 필요했다. 따라서 '성'이라는 말 대신 '젠더'(gender)라는 단어를 새로 도입했다.

우리는 "당신의 성이 무엇이냐?"라는 질문을 받으면 "남자" 아니면 "여자"라고 답해 왔다. 그런데 남자, 여자 외에 또 하나, 즉 '젠더'가 있다는 것이다. 세상에는 단지 남자, 여자라는 두 개의 성만 존재하는 것이 아니라, 개인적 성적 취향에 따라 많은 성이 존재한다는 것이다. 예를 들어, 레즈비언(Lesbian), 게이(Gay), 양성애자(Bisexual), 트랜스성(Transsexual), 간성(Intersexual) 등이 있는데 그들을 어떻게 획일적으로 남자 혹은 여자라고만 구분할 수 있겠냐는 것이다. 그러므로 남자 혹은 여자로만 획일적으로 구분하는 것은 반드시 해체시켜야 한다, 아니 파괴시켜야 한다는 것이 젠더 이론이다.

이처럼 '젠더'라는 단어 속에는 성 정체성을 혼동시키고, 불안 정하게 하며, 종국에는 해체시키려는 음흉한 계획이 숨어 있다. 아울러 그 내면에는 가정과 사회 구조를 해체시켜 하나님의 창조 질 서를 파괴하려는 무서운 책략이 숨어 있다. 아니, 이미 트랜스젠더 쓰나미는 시작되었다. 2015년 미국 연방대법원은 동성 결혼을 합법화한 후 이렇게 선포했다.

"당신은 이제 자발적으로 당신의 성별을 바꿀 수 있다. 그냥 그렇 다고 선언만 하라. 의학적인 진단도, 성전환 수술도 필요치 않다. 각 사람이 내면에 깊이 느끼고 있는 각각의 주관적인 감정이 중요 하다. 이제 본인이 원하기만 하면 '그'가 '그녀'로, '그녀'가 '그'로 불릴 수 있다."

학교는 남자아이들이 여자라고 주장하는 것을 허용해야 하고 여자아이들과 같은 화장실과 라커룸을 사용하는 것을 허락해야만 한다. 그 반대의 경우도 마찬가지다. 실제로 한 소녀가 자신이 남 자라고 주장하면서 남자아이들과 같은 화장실과 샤워 시설을 사 용하게 해 줄 것을 요구하기도 했다.

이 세대는 이같이 가족, 전통, 하나님으로부터 자신을 해방시키 려 하고 있다. 남자로부터 여자를, 부모로부터 아이를, 남자와 여 자의 정체성으로부터 개인을 해방시키려 하고 있다. 이 세대의 인 간은 그 무엇에도 제한을 받지 않고, 오직 자기 자신의 소원, 충동, 욕망만을 만족시키려 한다. 동성애 운동가인 미켈란젤로 시그노 릴(Michelangelo Signorile)은 다음과 같이 커밍아웃했다.

"동성애 운동의 목적은 동성 결혼을 위해 싸워서 결혼 제도를 완전히 재정의하는 것이다. 이 오래된 결혼 제도에 대한 신화를 깨어부수고 뒤집어엎는 것이다. 가족을 완전히 바꾸려는 것이다."

성경은 이에 대해 무엇이라고 하는가? 성경은 성에 있어서 경계를 넘지 말라고 한다. 동성애를 통해 상호보완적인 성의 경계를 넘지 말라는 것이다. 근친상간을 통해 혈연적 경계를 넘지 말라는 것이다. 동물과의 관계를 통해 생물 종간의 경계를 넘지 말라는 것이다. 이것이 성경 전체의 밑바닥에 면면히 흐르고 있다. 그런데 당시 이방 족속들은 이 모든 행위를 아무런 거리낌 없이 자행했다. 그 결과는 심판과 재앙이었다. 오늘 우리가 몸담고 있는 세대는 과연 어떠한가?

"예수께서 말씀하시되 이 세대는 악한 세대라"(눅 11:29a).
"그리스도께서 하나님 곧 우리 아버지의 뜻을 따라 이 악한 세대에서 우리를 건지시려고 우리 죄를 대속하기 위하여 자기 몸을 주셨으니"(갈 1:4).

악한 세대다. 그러므로 우리는 이 세대를 본받지 말아야 한다. 진정 구원받은 자라면 이것들을 피해야 한다.

"오직 너 하나님의 사람아 이것들을 피하고"(딤전 6:11a).

마음을 새롭게 하여 변화를 받으라

그런데 여기서 멈춰서는 안 된다. 2절의 핵심은 본받지 말고, 변화를 받으라는 것이다. 변화를 받는 것이 우리가 나아가야 할 길이다. 이를 위해서는 무엇보다 마음을 새롭게 해야 한다. 어떻게 마음을 새롭게 할 수 있는가?

> "그가 사무엘에게서 떠나려고 몸을 돌이킬 때에 하나님이 새 마음을 주셨고 그날 그 징조도 다 응하니라"(삼상 10:9).
> "또 새 영을 너희 속에 두고 새 마음을 너희에게 주되 너희 육신에서 굳은 마음을 제거하고 부드러운 마음을 줄 것이며"(겔 36:26).

여기서 '새 마음'은 성령과 깊은 관련이 있다. 성령이 하시는 가장 중요한 사역이 마음을 새롭게 하시는 일이다. 내 안에 있는 죄악의 쓴 뿌리를 제거하시고, 죄악으로 달려가는 내 발걸음을 붙들어 매시며, 죄악으로 불타고 있는 추악한 마음을 새롭게 하시는 것이다. 바로 그때 변화가 일어난다. 나 스스로 변화를 일으키는 것이 아니다. 밖으로부터 와야 한다. 거스를 수 없는 도도한 물결이 나를 덮쳐야 하는 것이다. 전에는 그렇게 살았지만, 이제는 아니다.

> "그러나 진리의 성령이 오시면 그가 너희를 모든 진리 가운데로 인도하시리니"(요 16:13a).
> "너희는 성령을 따라 행하라 그리하면 육체의 욕심을 이루지 아니하리라"(갈 5:16).

"이는 힘으로 되지 아니하며 능력으로 되지 아니하고 오직 나의 영으로 되느니라"(슥 4:6b).

내 힘으로 안 된다. 오직 성령의 힘으로 가능하다. 성령 충만할 때, 성령이 지배하실 때 가능하다.

"여호와께서 스알디엘의 아들 유다 총독 스룹바벨의 마음과 여호사닥의 아들 대제사장 여호수아의 마음과 남은 모든 백성의 마음을 감동시키시매 그들이 와서 만군의 여호와 그들의 하나님의 전 공사를 하였으니"(학 1:14).

내가 구원받은 자로서 이 세대를 본받지 않고 변화를 받았는지를 어떻게 확인할 수 있는가? 로마서 12장 14-21절에 변화받은 자의 모습이 그려져 있다. 그중에서 중요한 세 가지만 정리하면 다음과 같다.

첫째, 입술의 변화다.

"너희를 박해하는 자를 축복하라 축복하고 저주하지 말라"(롬 12:14).

이것이 변화받은 자에게 나타나는 첫 번째 모습이다. '내 입술에서 무슨 말이 나오는가?'로 내가 변화받았는지 여부를 확인할 수 있다. 스데반은 돌로 자신을 치는 사람들을 위해 "주여 이 죄를 그들에게 돌리지 마옵소서"(행 7:60)라고 기도했다. 바울은 다른 복음으로 변질된 갈라디아 성도들에게 먼저 "우리 하나님 아버지와 주 예수 그리스도로부터 은혜와 평강이 있기를 원하노라"(갈 1:3)라고 인사했다. 주기철, 손양원 목사님도 마찬가지였다. 그들의 입술에서는 축복의 언어가 흘러나왔다.

둘째, 마음의 변화다.

"서로 마음을 같이하며 높은 데 마음을 두지 말고 도리어 낮은 데 처하며 스스로 지혜 있는 체하지 말라"(롬 12:16).

서로 하나 된 마음, 겸손한 마음으로 낮은 자의 자세로 살아가야 한다는 것이다. 내 마음은 서로 하나 되려고 하는가? 높은 데 마음을 두고 있는가, 낮은 데 마음을 두고 있는가?

셋째, 시선의 변화다.

"할 수 있거든 너희로서는 모든 사람과 더불어 화목하라 내 사랑하는 자들아 너희가 친히 원수를 갚지 말고 하나님의 진노하심에 맡기라 기록되었으되 원수 갚는 것이 내게 있으니 내가 갚으리라고 주께서 말씀하시니라"(롬 12:18-19).

모든 사람과 더불어 화목하려는 방향으로 시선을 돌려야 한다. 내가 바라보는 목표가 '화목'이 되어야 한다. 화목이야말로 우리의 시선을 집중해서 추구해야 할 삶의 목적이다.

입술의 변화, 마음의 변화, 시선의 변화야말로 오늘 우리가 세상을 향해 보여 주어야 하는 덕목이다. 이처럼 변화된 자들은 언제나 21절 말씀을 되새김질한다.

"악에게 지지 말고 선으로 악을 이기라"(롬 12:21).

사랑하는 여러분!

나는 진정 구원받았는가? 그것을 어떻게 증명할 수 있는가? 삶을 통해서 나타나야 한다. 그것은 이 세대를 본받지 않는 것이다. 마음을 새롭게 함으로 변화를 받는 것이다. 변화를 받은 자에게는 입술의 변화, 마음의 변화, 시선의 변화가 일어난다. 그렇다고 해서 절대 비굴하지 않다. 악에게 지지 않는다. 선으로 악을 이기는 자가 되기를 힘쓴다.

다시 한 번 묻는다. 진정 구원을 받았는가? 몸의 구원을 받았는가? 무엇으로 증명하려는가? 그것은 입술이다. 마음이다. 그리고 시선이다. 세 가지 변화가 있어야 한다. 입술은 축복하는 입술이다. 마음은 낮은 마음이다. 눈은 화목하기 원하는 눈이다. 이런 사람의 심령 속에 성령이 거하신다. 성령이 그 입술과 마음과 시선을 지배하신다.

25.

권세는 하나님의 통치 안에 있다

13:1-7

로마서는 논리적으로 빈틈이 없다. 건너뛰거나 비약하지도 않는다. 적어도 8장까지는 그렇다. 그런데 9장에서 유대인의 구원 문제를 다루면서 흐름이 끊어지는 듯한 느낌을 받는다. 그런 이유로 '로마서 9장은 누군가가 끼워 넣은 것이 아닐까?'라는 논란이 있었다. 본문인 로마서 13장 1-7절도 마찬가지다. 사실 좀 낯설다. 따라서 어떤 이는 "로마서 13장 1-7절 역시 바울이 쓴 것이 아니고 후대의 누군가가 첨가한 것이다"라고 주장한다. 정말 그렇기라도 하듯, 본문을 괄호로 처리한 후 로마서 12장 마지막 절과 로마서 13장 8절을 바로 연결시키면 문맥이 무척 매끄럽고 자연스럽다.

하지만 9장에서 다룬 유대인의 구원 문제가 매우 중요했듯이, 본문에서 다루는 문제도 대단히 시급하고 중요한 주제다. '권세자와의 관계 설정'에 관해서다. 그래서 바울은 작심하고 이 문제를 다룬 것이다.

세상 권세는 하나님께로부터 온다

로마 교회는 로마에 세워진 교회다. 하지만 로마 교회는 바울이 로마서를 쓸 당시만 해도 유대인들이 중심 세력을 구축하고 있었다. 물론 그들은 식민지 백성이었기에 로마 정부, 나아가 황제에 대해 반감을 가지고 있는 자들이 많았다. 개중에는 황제를 인정하지 않는 극렬분자까지 있었다. 당시 로마 황제는 포악하기 그지없었던 네로였다.

네로 황제가 그리스도인들을 얼마나 박해했는지 우리는 잘 안다. 특히 주후 64년 여름, 제국의 심장 로마에 큰 불이 났다. 인구 100만 명이 넘는 도시의 절반 이상이 완전히 파괴될 정도로 대화재였다. 그때 시민들은 네로에게 의심의 눈초리를 보냈다. 이 사실을 눈치챈 네로는 화재를 일으킨 방화범으로 그리스도인들을 지목했다. "방화는 미신을 믿는 자(그리스도인)들의 소행이다"라고 말하며, 자신에게로 향한 화살을 엉뚱한 곳으로 돌려 버린 것이다.

그때부터 대중은 그리스도인들을 향해 끔찍한 박해를 가하기 시작했다. 십자가 처형이 대부분이었다. 그때 네로는 십자가에 달린 그리스도인들에게 초로 만든 옷을 입혔다. 그 이유는 밤이 되어서야 알 수 있었다. 어두운 경기장을 밝히는 인간 등불로 만든 것이다. 네로는 십자가에 매달린 이들이 산 채로 불타는 장면을 가까이에서 보기 위해 경기장에 전차를 이끌고 들어갔다. 그 정도로 잔인하고 포악한 인간이었다.

그렇다 보니 교회 내에서는 다음과 같은 정서가 흐르기 시작했다. 첫째, 오직 하나님만이 유일한 우리의 황제시다(신 6:4). 세상

황제 앞에 굴복할 수 없다. 둘째, 우리의 시민권은 하늘에 있다(빌 3:20). 로마라는 나라의 시민권은 별것 아니다. 셋째, 우리는 보화를 하늘에 쌓아야 한다(마 6:20). 그러므로 세금을 낼 필요가 없다.

이런 이유로 유대인들 중에서 고분고분 세금을 잘 내는 등 친정부적인 인사가 있으면 암암리에 그 집에 불을 지른다든지, 사람을 살해하는 일까지도 빈번히 일어났다. 이렇게 반정부 활동을 하는 자들이 특히 교회를 중심으로 세력을 결집하고 있었다. 곧 교회는 본의 아니게 황제 지지파와 반대파로 나누어졌다.

이런 정치적 분위기 속에서 다수의 그리스도인들은 고민하지 않을 수 없었다. 황제의 권세를 인정해야 할지 말아야 할지, 로마 정부에 호의적이어야 할지 적대적이어야 할지, 어떻게 하는 것이 구원받은 자로서 취할 태도인지 혼란스러웠다. '황제와의 관계 설정', 이 문제야말로 로마 교회 성도들이 당면한 최대 문제, 중요한 이슈였다. 그때 바울은 이 문제를 정면으로 취급했다. 피하거나 주저하지 않았다. 먼저, 무엇이라고 권면했는가?

"각 사람은 위에 있는 권세들에게 복종하라 권세는 하나님으로부터 나지 않음이 없나니 모든 권세는 다 하나님께서 정하신 바라"(롬 13:1).

바울은 배짱이 대단한 사람이었다. 네로와 같은 폭군 권세자에게 복종하라니, 이는 마치 일제강점기에 이토 히로부미(伊藤博文)에게 굴복하라는 말과 다를 바 없지 않은가.

다음으로, 바울은 이렇게 권면했다.

"그가 공연히 칼을 가지지 아니하였으니 곧 하나님의 사역자가 되어 악을 행하는 자에게 진노하심을 따라 보응하는 자니라"(롬 13:4b).

권세자는 칼을 가졌고, 그 칼을 쓰는 것은 합법적이다. 여기서 '칼'은 법 제정과 집행을 뜻한다. 그것은 정당하다고 말한 것이다. 바울은 이어서 권면했다.

"모든 자에게 줄 것을 주되 조세를 받을 자에게 조세를 바치고 관세를 받을 자에게 관세를 바치고 두려워할 자를 두려워하며 존경할 자를 존경하라"(롬 13:7).

세금을 빠짐없이 바치라는 것이다. 국세, 지방세, 취득세, 양도 소득세 등을 다 바쳐야 한다. 이는 백성 된 자로서 당연히 해야 할 일이다.

당시 권세자는 네로, 그야말로 폭군이었다. 그런데 바울은 그 황제에게 복종하라고, 권세를 인정하라고 했다. 그가 권세를 행사하는 것이 정당하다고 말했다. 그가 징수하는 세금은 내야 한다고 했다. 말씀이 너무 명백하여 군더더기가 없다. 다르게 해석할 여지도 없다.

로마서 13장을 펴 놓고 피할 수 없는 고민을 했다. 평소보다 더 많이 기도했다. 또 주변에 기도를 부탁하기까지 했다. 결론은 역시 피해서는 안 된다는 것이었다. 진리라는 빛을 전해야 한다는 책임 때문이었다. 한 줄기 빛이 프리즘을 통과하면 여러 색으로 나뉘듯이 본문은 독자들 각자의 마음속에 전혀 다른 빛으로 다양하게 투과되는데, 그 이유는 각자의 의식을 통과하기 때문이다. 하지만 별을 따라 아기 예수님을 찾아가 경배한 동방박사들처럼 하나님으로부터 내려온 원줄기 빛을 찾아가 보자. 그래서 분노 대신 하나님의 은혜를, 분열이 아닌 하나 됨을 맛보기를 바라는 마음이 간절하다.

사실 지난날 우리나라는 정치적 암흑기를 거치면서 한쪽에서는 이 말씀에 근거하여 이런저런 정권 혹은 권세자들 앞에 굴복했고 침묵했다. 오히려 협력하고 축복해 주기까지 했다. 반대로 또 한쪽에서는 그러한 행동을 비웃고 조롱했다. 그러나 우리는 언제나 말씀에 근거하여 판단하고, 또 행동해야 한다. 보수냐 진보냐 등 내 취향, 내 성향이 내 행동을 결정짓게 해서는 안 된다. 우리는 그리스도인이다. 그리스도인에게는 오직 하나님의 말씀이 내 발의 등이요, 내 길에 빛이 되어야 한다(시 119:105).

하나님의 온전하신 뜻은 무엇일까? 우리는 누군가의 말이나 글을 대할 때면 원래 목적이 무엇인지 잘 살펴야 한다. 같은 말이라도 다르게 해석될 여지가 있기 때문이다. 어떤 사람이 "선생님, 댁이 참 한적한 곳에 있군요"라고 말했다고 하자. 이 말은 "너무 외진 곳이어서 무척 쓸쓸하겠다"라는 부정적인 말이 될 수도 있고, 반대로 "번잡하지 않고 조용해서 너무 좋겠다"라는 긍정적인 말이 될 수도 있다. 성경도 마찬가지다. 단순히 문자에만 집착하면 깊은 뜻을 놓칠 수 있다. 본문이 특히 그렇다. 그래서 이 말씀은 지난 세월 격동기를 거쳐 오는 동안 논란의 중심이 되곤 했다. 아니, 지금도 이 말씀은 우리에게 지대한 영향을 끼치고 있다. 그래서 우리는 다시 한 번 하나님 말씀을 잘 살펴야 한다.

당시 배경을 보자. 유대는 로마의 속국이었기에, 구원이란 로마로부터 해방되는 것이라고 생각하는 사람들이 많았다. 그들은 구원을 정치적인 구원으로 이해했다(행 1:6). 이런 상황에서 바울은 그리스도인들이 불필요하게 정치적인 문제에 깊이 빠져들거나 문제를 야기하는 것에 대해 경계할 필요를 느꼈다. 즉 '그리스도인들은 하나님 나라의 백성이 되었지만, 여전히 세상 나라의 통치가 필요하고 국가 권력과 체계 아래서 살아가야 한다'는 사실을 깨우쳐야겠다고 생각한 것이다.

그러므로 이 말씀은 불의한 권력에 복종해야 할지, 저항해야 할지를 놓고 갈등하고 고민하는 자에게 하나님이 주시는 응답이 아니다. 오히려 그 부분에 대해서는 이상하게 침묵하고 있다. 이 본문은 세상의 질서와 권세를 무시하려는 자들에게 국가와 사회의 체계와 권위가 필요하다는 것을 강조하는 데 방점을 두고 있다. 예수님처럼 말이다. 예수님은 세상 권력자들 앞에서 어떤 태도를 취하셨던가?

예수님은 빌라도 총독에게 끌려가 재판을 받으셨다. 전형적인 불법 재판이었다. 깊은 밤에 붙잡히셨는데, 새벽에 사형 언도를 받으셨고, 아침 9시에 십자가에 매달리셨다. 처음부터 끝까지 불의와 불법의 연속이었다. 그런데 그 모든 과정에서 주님은 침묵하셨다. 오히려 빌라도가 당황할 정도로 침묵하셨다. 빌라도가 "내가 너를 놓을 권한도 있고 십자가에 못 박을 권한도 있는 줄 알지 못하느냐"(요 19:10b)라고 말하자 주님은 유명한 말씀을 남기셨다.

"예수께서 대답하시되 위에서 주지 아니하셨더라면 나를 해할 권한이 없었으리니"(요 19:11a).

다시 말해, "빌라도야, 네가 하나님으로부터 총독의 권세를 받지 않았다면 너는 나를 그렇게 다룰 수 없다"라고 말씀하신 것이다. 비록 빌라도가 불법 재판을 행하고 칼을 휘두르고 있지만 그 권력은 하나님으로부터 왔다는 의미다. 주님은 빌라도의 권력을 인정하신 것이 아니라, 권력의 원천이신 하나님을 드러내셨다.

하나님이 빌라도에게만 권력을 주셨던가?

"그 후에 그들이 왕을 구하거늘 하나님이 베냐민 지파 사람 기스의 아들 사울을 사십 년간 주셨다가 폐하시고 다윗을 왕으로 세우시고"(행 13:21-22a).

사울, 그리고 다윗만이 아니다. 이방 여러 나라의 왕들도 하나님이 세우셨다. 앗수르 왕도, 천하의 고약한 왕 느부갓네살도, 바사 왕 고레스도 하나님이 세우셨고, 하나님이 그들에게 권세를 위임하셨다. 그리고 고레스에 대하여는 "내 목자라 그가 나의 모든 기쁨을 성취하리라"(사 44:28)라고까지 말씀하셨다.

세상 모든 왕을 세우시고 폐하시는 분이 하나님이시다. 하나님은 지금도 그 일을 하고 계신다. 세상 모든 왕은 하나님의 섭리 가운데서 자신들이 가진 지혜와 능력과 성품, 심지어 정치 수단을 행사하고 있다. 하나님이 좋은 정부만 쓰시는 것이 아니다. 민주적인 사람만 쓰시는 것이 아니다. 필요에 따라서는 독재자도, 악한 정부도 쓰신다. 똑똑한 사람도, 바보스러운 사람도 왕으로 쓰신다. 그래서 장 칼뱅은 이렇게 말한 바 있다.

"존경할 만할 일말의 가치도 없는 악랄한 사람이라도 공적인 권력을 장악하면 하나님이 주신 정의와 심판의 사자로서 갖는 그 찬란하고도 거룩한 권세가 그에게 들어간다. 그러므로 백성은 가장 훌륭한 왕에게 바치는 것과 똑같은 존경을 그에게도 바쳐야 한다."

하나님을 믿는 신앙의 근간이 무엇인가? 하나님이 세상을 만드셨고, 그분의 전능하심과 온전하심으로 세상을 경영하신다는 사실을 믿는 것이다. 우리의 눈에 불합리하고 정의롭지 못한 것 같은 이 세상이라 할지라도 하나님이 온전히 경영하고 계신다고 믿는 것이다. 이 세상의 그 어느 것 하나도 예외 없이 모든 것에 하나님의 아들들이 나타난다고 믿는 것이 믿음이다(롬 8:19). 세상 권력이 선할 때는 선함으로, 악할 때는 악함으로 하나님의 성품을 드러내는 도구로 쓰임을 받는 것이다. 이 세상 권력이 때로는 정말 악하고 부당하고 정의롭지 못하지만, 그 불의함이 오히려 하나님의 선하심을 나타내는 도구로 사용될 수 있다는 의미다.

사실 정권을 잡았다고 해서 들풀 같은 권력을 무자비하고 공정하지 못하게 행사하는 자들에게 무조건 복종하고 그 방침에 죽은 듯이 따르는 것은 정말 참기 어려운 일이다. 차라리 죽음을 택하고 싶은 충동까지 생길 수 있다. 하지만 우리는 하나님이 이 세상을 만드신 후 지금까지 통치하신다는 사실을 잊지 말아야 한다. 그러므로 세상이 지금 잘못 돌아가고 있다고 여기는 것은 아주 정의로운 것 같지만, 실상은 하나님의 통치를 비웃는 행위와 마찬가지라고 할 수 있다.

권력은 하나님으로부터 나오는 것이며, 하나님이 하나님의 권한을 위임하신 것임을 인정해야 한다. 엄격하게 말하면, 권세자는 하나님의 대리인이다. 그러므로 모든 세상의 질서와 권세, 국가와 사회의 체계, 권위를 부인해서는 안 된다. 이렇게 볼 때 이 말씀은 원칙에 관한 논의다.

세상 권세에 복종하기 어려울 때

그렇다면 이런 질문을 던지지 않을 수 없다. 어떤 경우라도 권력자에게 굴복해야만 하는가? 우리가 할 수 있는 일은 그런 권력자를 위해 기도하는 것이 전부란 말인가(딤전 2:1-3)? 어떤 권력자 앞에서도, 부당한 정권 앞에서도 꿀 먹은 벙어리가 되어 잠잠해야만 하는가? 불의를 보고 나라를 잘못 이끌어 가는 모습을 보면서도 먼 산 바라보듯 해야 한단 말인가? 본문에 진정 이 의문에 대한 답은 없단 말인가?

로마서 13장 1-7절은 겉으로는 분명 "권세자들에게 복종하라"라는 말씀으로 가득 차 있는 것처럼 보이지만, 행간을 살피고 뜯어보면 "무조건 복종하라", "무조건 잠잠하라"라는 명령만 있지는 않다는 것을 알 수 있다. 비록 명시적이지는 않지만, 그리스도인들이 권세자들을 어떻게 대할 것인지에 대한 행동 지침이 마치 보화처럼 숨겨져 있다.

첫 번째 암시는 7절에 나온다.

"모든 자에게 줄 것을 주되…조세를 바치고…관세를 바치고…두려워하며…존경하라"(롬 13:7).

이 말씀은 "가이사의 것은 가이사에게, 하나님의 것은 하나님께 바치라"(마 22:21)라는 예수님의 말씀을 명백히 되풀이한 것이다. 바울은 여기서 통치자에게는 한정된 권한밖에 없다고 강조하신 예수님의 가르침을 염두에 두고 있음을 알 수 있다.

예수님은 그 시대의 일반적인 국가관인 '왕이나 황제는 신들 가운데 하나'라는 개념에 도전하셨다. 예수님은 로마 황제에게 세금을 내는 것은 인정하셨지만, 황제를 숭배하는 것은 인정하지 않으셨다. 곧 무조건적인 복종에는 반대하신 것이다. 여기 권력자가 있다. 그는 무한 권력자가 아니다. 헌법에 근거하여, 국민으로부터 부여받은 만큼의 권력을 행사해야 한다. 헌법을 뛰어넘거나 무시해서는 안 된다. 그가 헌법에 명시한 만큼의 권력을 넘어서면 그때는 불복종해야 한다. 본문의 행간에 이런 뜻이 담겨 있다.

17세기 잉글랜드와 스코틀랜드의 스튜어트(Stuart) 왕조는 '왕권신수설'(王權神授說)을 주장했다. 왕의 통치권은 하나님으로부터 주어진 것이므로 왕권을 제한하려는 어떤 시도도 있어서는 안 된다고 주장한 것이다. 그때 개신교 목사인 사무엘 러더포드(Samuel Rutherford, 1600-1661)가 분연히 일어나 "법이 왕이다"라는 문서를 작성했다. 곧 성경이 가르치는 바는 왕이 법이 아니라 하나님의 법이 왕이라는 것이다. 정권 담당자나 권력자에게 복종해야 한다. 하지만 그가 주어진 권력을 남용하거나 권력을 넘어설 때는 굴복하지 않아도 된다. 아니, 당연히 그렇게 해야 한다.

두 번째 암시는 3-4절에 나온다.

"다스리는 자들은 선한 일에 대하여 두려움이 되지 않고…그는 하나님의 사역자가 되어 네게 선을 베푸는 자니라…곧 하나님의 사역자가 되어 악을 행하는 자에게 진노하심을 따라 보응하는 자니라"(롬 13:3-4).

이 말씀에 또 하나의 진리가 감춰져 있다. 다스리는 자는 하나님의 도덕적 명령에 따라 일해야 함을 분명히 보여 준다. 왕이 백성에게는 왕일지 모른다. 하지만 그는 어디까지나 하나님의 종이다. 종은 자기 마음대로 할 수 있는 자유가 없다. 영화 "라이온 킹"에서 왕의 아들인 어린 사자 심바는 "왕이 되면 원하는 것을 마음대로 할 수 있다고 생각했어요"라고 말한다. 그러자 아버지 무파사 왕은 이렇게 답한다. "왕이 된다는 것은 그것보다 더 큰 일이란다." 이처럼 권력자는 하나님의 도덕적 명령에 위배되는 옳지 않은 행동을 결코 행해서는 안 된다. 그는 하나님 앞에서 종에 불과하기 때문이다.

하나님은 세상 모든 사람, 특히 세상 권력자들을 저울 위에 올려놓고 오늘도 달고 계신다. 다니엘 시대의 일이다. 저울에 달아 보니 부족함이 보였던 갈대아 왕 벨사살은 그날 밤 죽임을 당했고, 다른 사람이 나라를 차지했다(단 5:25-31). 따라서 야고보는 이렇게 충고했다.

"내 형제들아 너희는 선생 된 우리가 더 큰 심판을 받을 줄 알고 선생이 많이 되지 말라"(약 3:1).

사랑하는 여러분!

워터게이트 사건의 주범이었던 찰스 콜슨(Charles Wendell Colson, 1931-2012)은 예수를 믿고 변화된 다음, 시민이 불복종을 할 수 있는 원칙 네 가지를 제시한 바 있다.

> "첫째, 정부가 교회의 역할을 대신하려고 하거나 하나님께만 드려지는 충성을 빼앗아 가려고 할 때, 둘째, 국가가 하나님이 명령하신 생명을 지키고 질서와 정의를 보존하라고 하는 책임을 기만하고 무시할 때, 셋째, 국가가 양심의 자유를 제한하려고 할 때, 넷째, 불복종한 결과에 대해 내가 책임을 질 수 있을 때."

여기에 한 가지를 더 첨가하고 싶다. 권력자가 하나님의 자리에 대신 앉으려 할 때(행 12:23)다. 본문에는 "하나님의 사역자"(롬 13:4)라는 말이 두 번이나 언급된다. 하나님처럼 행해서는 안 된다는 의미다. 내 위에 더 크고 위대하신 분이 계시다는 겸손함으로 칼을 행사하지 않는 자에게는 저항해도 된다는 것이다.

오늘 한국 교회가 처한 상황은 어떠한가? 교회 안에는 다양한 정치 성향의 사람들이 포진해 있다. 평소에는 드러나지 않는다. 하지만 정국이 어수선하고 이슈가 터지면 무척 예민해진다. 우리 교회 리더는 어떤 정치적 성향을 갖고 있는지, 강단에서 전하는 말이 무슨 뜻인지, 그 장로, 그 권사, 그 집사는 어떤 색깔인지, 보수와 진보 중 도대체 어느 쪽인지, 이런 것들이 성도들과의 친분을 결정짓는 기준이 되어 버린다. 이것이 신앙일까? 과연 믿음일까?

목회자가 정치에 관해 언급하지 않으면 지금 시국이 어떤데 어떻게 아무 말도 하지 않느냐 하고, 또 어떤 말에 오해하여 정치에 관여하지 말고 성경에 충실한 목회자가 되어 달라고 말하기도 한다. 한쪽에서는 이런 성향이다, 또 한쪽에서는 저런 성향이라고 하는 것이다. 물론 목회자 또한 투표장에 들어가면 기표를 하는 당이 있고 후보가 있다. 그것을 드러내고 종용하는 분도 있는 것 같다. 모두 각자의 뜻이다. 하지만 나는 이를 공개적으로 드러내지는 않는다. 나는 정치인이 아니며, 목회자로서 여기까지 달려왔고 앞으로도 달려갈 것이다. 엄정한 중립을 지킬 것이다. 하지만 하나님의 말씀에 입각하여 바울이 로마 교회 성도들을 향하여 담대하게 외쳤듯이, 예레미야가 군주를 향하여 눈물로 호소했듯이 오늘 이 시대를 향한 예언자적 외침을 포기하지는 않을 것이다.

하나님이 시대를 향해 주시는 말씀이 있다. 성령의 감동으로 주시는 말씀이다. 그 말씀을 목회자는 전해야 한다. 그러한 사람이 주의 종 아닌가. 세상을 향한 하나님의 뜻 안에서 우리는 하나가 되어야 하며, 하나 되기를 힘써야 한다. 무엇보다 말씀대로 따라야 한다. 우리 모두 한마음으로 위기를 극복해 나가자. 그 끝에는 분명 하나님의 뜻과 섭리가 있을 것이다.

26.

'오늘'은 '심판의 날'과 직결되어 있다

13:11-14

성경은 하나님이 자신의 뜻을 드러내시는 현장이다. 어떻게 드러
내실까?

첫째, 문장 구조를 통해 드러내신다. 룻기 2장을 보자.

A 해설: 보아스라는 이름(1절)

  B 룻과 나오미의 대화: 은혜 입기를 구함(2절)

    C 룻이 집에서 밭으로(3절)

      D 보아스와 베는 자들의 대화(4-7절)

        E 보아스와 룻의 만남(8-14절)

      D′ 보아스와 베는 자들의 대화(15-16절)

    C′ 룻이 밭에서 집으로(17-18절)

  B′ 룻과 나오미의 대화: 은혜 입었음을 고함(19-22절)

A′ 해설: 보아스라는 이름(23절)

둘째, 문장 혹은 글자를 통해서 드러내신다.

한 문장에, 아니 글자 하나하나에 하나님의 뜻이 담겨 있다. 다시 룻기를 예로 들어 보겠다. 룻기에는 '은혜'라는 단어가 빈번히 등장한다. 나오미도, 룻도 '은혜'라는 단어를 자주 쓴다. 나오미가 말한 은혜는 'חסד'(헤세드)다(룻 2:20). 반면에 룻이 말한 은혜는 'je@'(헨)이다(룻 2:2, 10, 13). '헤세드'에는 '은혜'라는 뜻뿐만 아니라 '선대'(善待, 룻 1:8), '인애'(룻 3:10), '후대'(厚待, 창 21:23)라는 뜻이 담겨 있다. '헨'보다 훨씬 더 광범위하며 깊다. '헤세드'와 '헨'은 같은 은혜지만, 분명 의미가 다르다. 이렇게 문장 혹은 단어 속에서 하나님의 뜻을 찾아가는 것이다.

셋째, 키워드를 통해서 드러내신다.

하나님은 어떤 문단 혹은 문장 속에 키워드를 숨겨 놓고 계시기에 잘 찾아내야 한다. 키워드는 마치 고구마나 감자의 줄기와 같다. 제대로 잡고 뽑아 올리면 고구마, 감자가 줄줄 매달려 올라온다. 특히 로마서를 읽을 때는 키워드를 늘 염두에 두어야 한다.

로마서 12장 1절에는 '영적 예배'라는 키워드가 있고, 2절에는 '세대'라는 키워드가 있다. 13장의 키워드는 '양심'이다(롬 13:5). 세상 권력자들 앞에서 믿는 자들은 어떤 태도를 취할 것인가? 교회 안에는 다양한 정치 성향을 가진 사람들이 포진해 있기에 매우 주의를 요하는 문제다. 목회자는 어떤 태도를 취할 것인가? 그때의 행동 지침은 무엇인가? "진노 때문에 할 것이 아니라 양심을 따라 할 것이라"(롬 13:5b)라는 말씀에서, '양심'이라는 단어가 중요한 키워드다.

이어지는 말씀이 이 장 본문인 로마서 13장 11-14절이다. 이 말씀에서 키워드는 무엇일까? 11절에서 '깰 때', '믿을 때' 등 '때'라는 단어가 시야에 들어온다.

> "또한 너희가 이 시기를 알거니와 자다가 깰 때가 벌써 되었으니 이는 이제 우리의 구원이 처음 믿을 때보다 가까웠음이라"(롬 13:11).

여기에 '시기'라는 단어도 '때'를 더 도드라지게 해 준다. '때', '시기'를 '시간'이라고도 할 수 있다.

그날은 모르지만 죽음은 확정된 미래

철학자들은 시간관을 대략 세 가지로 구분한다. 첫째, 윤회적인 시간관이다. 시간이 끝없이 돌고 돈다는 것이다. 사람이 동물이 되고, 동물이 또 사람이 되는 원(圓)의 개념으로 시간을 본다. 둘째, 직선적인 시간관이다. 시작이 있는가 하면 끝이 있는, 마치 직선과 같다는 개념이다. 돌아오지 않는, 다시 돌이킬 수 없는 것이 시간이라는 의미다. 셋째, 사건 중심적인 시간관이다. 시간이 마치 옷장 속의 옷처럼 보관되어 있는 것이 아니라, 어떤 사건이 곧 시간이라는 개념이다.

나는 사건 중심적인 시간관을 '그리스도 중심의 시간관'이라고 부른다. 왜냐하면 '역사'(History)라는 것은 'His+Story', 즉 그리스도 그분의 이야기, 사건이기 때문이다. 그래서 바울은 그리스도 중심의 시간 신학, 그리스도 중심의 시간 철학을 설파했던 것이다.

우리는 돌고 도는 윤회적인 시간관을 받아들이지 않는다. 그렇다고 해서 직선적인 시간관을 전적으로 지지하는 것도 아니다. 시간이란 분명 시작과 끝이 있어 직선적이기는 하지만, 끝에서 모든 것이 끝나 버린다고 하는 데에는 동의할 수 없다. 그러면 사건 중심적인 시간관, 즉 그리스도 중심의 시간관이란 무엇인가?

주님이 재림하실 그날을 바라보고 그 시간, 그 때, 그 시기를 향하여 나아가는 시간관이다. 주님을 만날 날이 가까이 오고 있다는 의식, 우리의 앉고 일어섬을 아시며 멀리서도 우리의 생각을 살피시는 심판주를 만날 날이 가까이 다가오고 있다는 의식이다. '심판주가 지금 문밖에 서 계시는데(약 5:9), 아니 그 심판주가 문밖에 서서 문을 두드리고 계시는데(계 3:20) 나는 지금 무엇에 관심을 가지며 전념하고 있는가? 나는 지금 무엇을 준비해야 하는가?'라는 진지한 고민을 하는 시간관이 그리스도 중심의 시간관이다.

그래서 본문에 사용된 '시기'라는 단어 'καιρός'(카이로스)는 '명확한', '정해진', '확정된'이라는 뜻이기도 하지만, '현재적 시간'(present-time)이라는 점을 강하게 내포하고 있다. 지금 내가 서 있는 오늘을 강조한다. 현재를 가볍게 생각해서는 안 된다는 뜻이다. 오늘 하루를 무겁게 받아들여야 한다는 것이다. 그러니까 그리스도 중심의 시간관은 그날, 즉 심판의 날에 직결된 것이 오늘임을 인식하는 시간관이다.

매년 수능일이 있다. 그날이 정해진 때부터 디 마이너스로 하루하루 다가온다. 고등학교에 입학하는 순간부터 이미 수험생들에게는 수능시험이라는 자명종 시계가 재깍재깍 돌아가기 시작한다. 모두 긴장한다. 밤잠을 설치면서 준비한다. 그런 아이들에게 "2년, 3년이나 남았는데 벌써 왜 그래? 일주일쯤 남겨 놓고 바짝

공부하면 되잖니?"라고 말하는 부모가 있을까?

하나님은 이미 그날과 그때를 발표하셨다(막 13:32). 그것도 2천 여 년 전에 아들을 통하여 '그날'과 '그때'를 공포하셨다. 그러므로 1세기 당시든, 21세기인 오늘이든 종말의 날은 똑같이 종말의 날 이다. 그때 1세기에 살았든지, 오늘 21세기에 살아가고 있든지 종 말 의식을 가져야 한다는 의미다. 왜냐하면 그 일은 틀림없이 우리 앞에 나타날 것이기 때문이다. 이같이 '때'가 정해지는 순간부터 역사의 과정은 필연적으로 종말을 향하게 된다.

그래서 초대 교회 성도들은 '주님이 곧 오신다. 다시 오신다'라 는 종말 의식으로 살았다. 그들이 서로 나눈 인사말은 '우리 주여 오시옵소서', 즉 '마라나타'(Maranatha)였다(고전 16:22). 왜냐하면 하나님이 마지막 때를 공포하셨기 때문이다. 성령이 이 종말 의식 을 우리에게 심어 주셨다.

그런데 종말과 관련하여 놓치지 말아야 하는 중요한 사실이 하 나 있다. 이 종말에는 나 개인의 종말까지 포함되어 있다는 사실 이다. 하나님은 이 세상의 종말을 정해 놓으셨다. 마찬가지로 나 개인의 종말, 즉 죽음의 그날을 정해 놓으셨다. 그 누구도 앞당기 거나 늦출 수 없다. 학력, 권세, 건강, 환경, 재물, 성품, 친구, 배우 자, 가족, 의지, 의료 기술, 첨단 과학, 바이오 신약 등 그 어떤 것 도 그날에 그 어떤 영향도 끼칠 수 없다. 변수가 되지 않는다. 우 리는 모두 다 죽는다.

"한 번 죽는 것은 사람에게 정해진 것이요 그 후에는 심판이 있으리 니"(히 9:27).

그러므로 '죽음'은 확정된 운명이다. 나의 그날과 그때는 알 수 없다. 하나님이 정해 놓으셨기에 하나님만이 아신다. 지금 살아 있는가? 당신은 운명의 그날을 향하여 나아가고 있는 것이다. 마치 모래시계처럼 나의 남은 시간이 밑으로 빠져 내려가고 있다. 그러므로 미지에 약속된 사건, 곧 죽음은 언제든지 닥칠 수 있는 현재적 사건이요, 현재적 실재(實在)다. 아침에 손을 흔들며 출근했던 내가 사랑하는 가족을 저녁에 다시 볼 수 있다고 자신할 수 있는가? 나만 조심한다고 누가 나의 생명을 보장해 주는가? 예측불허의 위기, 사건들이 한두 가지인가? 머리카락 하나라도 희게 혹은 검게 할 수 있는 힘이 내게 있는가? 이 사실을 깨달은 다윗은 이렇게 고백했다.

"내가 사망의 음침한 골짜기로 다닐지라도"(시 23:4a).
"나와 죽음의 사이는 한 걸음뿐이니라"(삼상 20:3b).

종말 의식을 가져야 한다

다윗은 종말 의식을 가지고 살았다. 그처럼 종말 의식을 가지고 살아가는 사람에게는 두 가지 결단이 있어야 한다.

첫째, 어둠의 일을 벗는 것이다.
'어둠의 일'이란 어떤 것인가? 우리가 벗어야 할 것이 무엇인가? 바울은 단도직입적으로 말했다.

"간음하지 말라, 살인하지 말라, 도둑질하지 말라, 탐내지 말라"(롬

13:9a).

"방탕하거나 술 취하지 말며 음란하거나 호색하지 말며 다투거나 시기하지 말고"(롬 13:13).

둘째, 빛의 갑옷을 입는 것이다.

바울은 '빛의 갑옷'이라는 단어가 좀 어렵다고 생각했던 것 같다. 그래서 빛의 갑옷을 입는 것이란 곧 주 예수 그리스도로 옷 입는 것이라고 부연 설명을 했다.

"오직 주 예수 그리스도로 옷 입고 정욕을 위하여 육신의 일을 도모하지 말라"(롬 13:14).

그러면 빛의 갑옷, 주 예수 그리스도로 옷 입는다는 것은 무엇을 의미할까?

"피차 사랑의 빚 외에는 아무에게든지 아무 빚도 지지 말라 남을 사랑하는 자는 율법을 다 이루었느니라"(롬 13:8).
"사랑은 이웃에게 악을 행하지 아니하나니 그러므로 사랑은 율법의 완성이니라"(롬 13:10).

2012년 방영되었던 일본 드라마 중에 "최고의 인생을 마감하는 방법, 엔딩 플래너"의 마지막 장면에 나오는 내레이션을 소개하겠다.

"사람은 죽음을 향해 살고 있다. 언제 올지 모르는 죽음을 향해. 그렇다면 왜 사람은 태어나는 것이며, 무엇을 위해 사는 것일까? 죽은 사람의 목소리는 들을 수 없다. 그 따뜻함을 느낄 수도 없다. 하지만 이렇게 마음속으로 이야기를 걸 수 있다. 그것은 사랑받은 기억이 있기 때문이다. 사랑한 기억이 있기 때문이다. 사람은 사랑을 알기 위해서 태어난다. 사랑을 남기기 위해서 산다. 그리고 그 남겨진 사랑은 영원히 영원히 이어져 간다."

사랑을 완벽하게 이루신 분이 누구신가? 우리 주님이시다. 주님은 율법을 다 이루셨다. 그러므로 예수 그리스도로 옷 입는다는 것은 곧 주님처럼 '사랑'의 삶을 사는 것을 의미한다.

더 중요한 것이 있다. 옷을 껴입지 않는 것이다. 본문에서 강조하는 바는 먼저 벗으라는 것이다. 이 말속에는 껴입지 말아야 한다는 권면이 담겨 있다. 껴입어선 안 되고 먼저 벗고 입어야 한다. 완전히 벗고, 그러고 나서 입어야 한다. 어둠의 일을 벗어야 한다. 그다음에 빛의 갑옷을 입어야 한다. 예수 그리스도로 옷 입어야 한다. 사실 어둠의 일을 벗기란, 청산하기란 정말 쉽지 않다. 다음은 한 주부가 쓴 경고문이다.

"우리 아파트는 금연 아파트입니다. 경고문을 보고도 또 하루에 몇 번이나 피웁니까! 내려가기 싫으면 창문 닫고 방 안에서 혼자 피우세요. 앞 베란다에서 담배 피우고 불붙은 꽁초를 화단으로 던지는 것을 목격했어요. 복도, 계단, 창문에서도 피우면 안 됩니다. 기본 좀 지킵시다."

그 주부는 그전에도 몇 차례 이런 경고문을 승강기 안과 들어가는 입구에 붙였다. 이 글귀를 대할 때마다 당사자는 얼마나 창피할까. 가족들은 얼마나 주눅이 들까. 아니, 얼마나 맥이 빠질까. 담배 하나를 끊는 것도 저렇게 힘든데, 하물며 내 온몸을 감싸고 있는 어둠의 일들을 벗어버린다는 것은 얼마나 힘든 일일까. 특히 수십 년 신앙생활을 하면서, 교회 안에서 이런저런 직분까지 받아 일하면서 더러운 어둠의 옷을 벗어버리지 못한 채 끙끙 앓고 있는 자들이 없겠는가.

만일 그런 사람이 있다면 본문을 주목하기 바란다. 왜냐하면 이 말씀 때문에 완전히 변화된 사람이 있기 때문이다. 그 주인공은 성 어거스틴이다. 탕자 어거스틴을 성자 어거스틴으로 바꾼 능력의 말씀이다. 어거스틴은 예수 믿는 집안에서 태어났지만 생활이 방탕했다. 배운 것은 많고 아는 바도 많았지만 못된 짓은 도맡아 하는 사람이었다. 무려 20년 동안 방탕한 삶을 살았다. 그의 어머니는 자나 깨나 아들을 위해서 기도했지만, 어거스틴은 죄악에 젖은 생활을 청산하지 못했다. 후에 그는 『고백록』에서 이렇게 고백했다.

"내 영혼 깊숙이 숨겨져 있는 내 인생의 비참함이 그대로 내 눈앞에 드러났다. 나는 통곡하고 싶었다. 그래서 아무도 없는 호젓한 곳으로 나아갔고 그 누구의 방해도 받지 않은 채 통곡했다. 나는 진실로 나의 죄악 때문에 괴로움과 고통 중에 부르짖었다. '오! 주님, 나는 왜 나의 이 더러운 생활을 깨끗이 끝내지 못합니까? 방탕하고 술 취하는 더러운 행동에서 말입니다.'
바로 그때 하나님이 찾아오셨다. 어린아이의 노랫소리와 같은 음성이 찾아오셨다. 'Take and read, take and read'(받아서 읽어라, 받아서 읽어라). 그때 나는 가지고 있던 성경책을 급히 펼쳤다. 그리고 내 눈길이 닿는 부분을 읽었다. 거기에는 이런 말이 기록되어 있었다. '낮에와 같이 단정히 행하고 방탕하거나 술 취하지 말며 음란하거나 호색하지 말며 다투거나 시기하지 말고 오직 주 예수 그리스도로 옷 입고 정욕을 위하여 육신의 일을 도모하지 말라'(롬 13:13-14). 나는 더 읽지 않았다. 아니, 더 읽을 필요가 없었다. 이 말씀이 광명한 확신의 빛으로 찾아왔기 때문이다."

순간 어거스틴은 가슴이 뜨거워졌고, 말씀 앞에서 완전히 굴복하고 말았다. 그동안 끊어야 하는 줄 알면서도 끊지 못했던 행위들을 그 후 완전히 끊었다. 이 말씀이 그야말로 탕아를 성 어거스틴으로 만든 것이다.

사랑하는 여러분!
바울은 우리에게 도전한다.

"또한 너희가 이 시기를 알거니와 자다가 깰 때가 벌써 되었으니 이는 이제 우리의 구원이 처음 믿을 때보다 가까웠음이라"(롬 13:11).

코로나19가 우리에게 준 깨우침 중 하나가 '준비된 죽음'이다. '당하는 죽음에서 맞이하는 죽음으로의 전환'이다. 죽음 준비는 결코 빠르지 않다. 빨리 벗어야 한다. 그리고 입어야 한다. 옷을 절대 껴입어선 안 된다.

"임금이 손님들을 보러 들어올새 거기서 예복을 입지 않은 한 사람을 보고 이르되 친구여 어찌하여 예복을 입지 않고 여기 들어왔느냐 하니 그가 아무 말도 못하거늘 임금이 사환들에게 말하되 그 손발을 묶어 바깥 어두운 데에 내던지라 거기서 슬피 울며 이를 갈게 되리라 하니라"(마 22:11-13).

"아버지는 종들에게 이르되 제일 좋은 옷을 내어다가 입히고 손에 가락지를 끼우고 발에 신을 신기라"(눅 15:22).

하나님이 우리에게 말씀하신다.

"너희는 이 세대를 본받지 말고 오직 마음을 새롭게 함으로 변화를 받아 하나님의 선하시고 기뻐하시고 온전하신 뜻이 무엇인지 분별하도록 하라"(롬 12:2).

우리도 변화할 수 있다.

"우리가 다…그와 같은 형상으로 변화하여 영광에서 영광에 이르니 곧 주의 영으로 말미암음이니라"(고후 3:18).

어둠의 일을 벗고 빛의 갑옷을 입을 수 있다. 변하여 새사람이 될 수 있다. 나도 변할 수 있다. 이전과는 완전히 다른, 변화된 사람이 될 수 있다. 지난날 우리가 어떻게 살았던가?

"너희가 그때에는 하나님을 알지 못하여 본질상 하나님이 아닌 자들에게 종노릇하였더니"(갈 4:8).

"전에는 우리도 다 그 가운데서 우리 육체의 욕심을 따라 지내며 육체
와 마음의 원하는 것을 하여 다른 이들과 같이 본질상 진노의 자녀이
었더니"(엡 2:3).

그때에 우리는 하나님이 아닌 자들의 뜻을 따라 살았다. 육체의
욕심을 따라 살았다. 사탄의 지배 아래에서 살았다. 그러나 이제는
아니다. 베드로 사도는 이렇게 말했다.

"너희가 음란과 정욕과 술 취함과 방탕과 향락과 무법한 우상 숭배를
하여 이방인의 뜻을 따라 행한 것은 지나간 때로 족하도다"(벧전 4:3).

왜냐하면 우리는 구원을 받았기 때문이다. 하나님의 자녀가 되
었기 때문이다. 성령이 내 안에 계시기 때문이다. 성령은 우리를
변화시키기 원하신다. 그러므로 어둠의 일을 벗어버리고 빛의 갑
옷을 입어야 한다. 예수 그리스도로 옷 입어야 한다. 성령이 도와
주실 것이다. 힘 주시고 능력 주실 것이다. 내일은 나의 날이 아니
다. 오늘 이 자리에서 벗어야 하는 어둠의 일을 벗어야 한다. 그리
고 주님이 십자가에서 흘리신 피로 흠뻑 젖은 새 세마포를 입어야
한다. 무엇보다 껴입지 말아야 한다. 성령의 은혜로 벗고, 다시 그
리스도로 옷 입는 은총이 있기를 바란다.

27.

그것은 진리도, 죄도 아니다

14:1-12

로마서 14장 1-12절을 읽으면서 지난 일 하나가 뇌리를 스쳤다. 어느 주일 저녁이었다. 둘째 아이가 분유를 끝내고 우유를 먹고 있었는데, 집에 우유가 떨어졌는지 아내가 급히 가게에 가서 우유를 사 왔다. "주일에 돈을 쓰지 않는 게 좋지 않겠어?" 하고 한마디 했다. 그러자 아내는 "불가피한 일이에요. 아이를 굶길 순 없어요"라고 했고 그 사소한 문제로 우리는 한동안 다퉜다. 그때 속으로 내가 어떤 생각을 했는지는 잘 모르겠다.

그러다 그해 연말 강남의 모 교회에 부목사로 부임했다. 부임 첫 주일 예배 후 교역자 회의가 있었다. 그런데 회의를 마친 후 담임목사님이 "우리 출출한데 밥 먹으러 갑시다" 하며 앞장서서 인근 설렁탕집으로 쑥 들어가시는 것이 아닌가. 설렁탕을 먹고 개운하지 않은 적은 그때가 처음이었다.

주일에 우유를 사서 배고픈 아이에게 먹이는 것을 어떻게 생각하는가? 주일에 식당에 들어가 음식을 사 먹는 것을 어떻게 생각하는가? 더 중요한 질문이 있다. 어느 쪽 믿음이 더 좋다고 생각하는가? 아마도 이런 질문을 하는 것 자체가 별 대수롭지 않은 것일 수 있다. 각자의 믿음대로 하면 될 일이라고 단순히 대답할지도 모른다. 로마서를 계속 살펴보자.

바울은 로마서 12장부터 구원받은 자는 어떻게 살아야 하는지에 대한 논제를 풀어 나가고 있다. "과연 영적 예배자인가? 과연 이 세대를 분별하고 있는가? 과연 권세자들에게 바른 태도를 취하고 있는가? 구원받은 자로서 벗어야 할 것을 벗었는가? 입어야 할 것을 입었는가? 지금 겨입지는 않았는가?" 등의 논제를 하나씩 풀면서 여기까지 이르렀다. 그리고 여기서 또 하나의 중요한 과제를 던진다. 그 과제는 다름 아닌 '먹는 문제'와 '날에 관한 문제'다.

'먹는 문제'와 '날에 관한 문제'

사실 '먹는 문제'와 '날에 관한 문제'는 당시 성도들 사이에서 뜨거운 감자였다. 특히 로마 교회가 그러했다. 로마 교회는 유대인과 이방인이 뒤섞여 있었다. 그들은 겉으로 볼 때는 한 예수를 믿고, 한 믿음을 갖고 있었으며, 한 성령으로 세례를 받았기에 하나인 것처럼 보였다(엡 4:3-6). 그런데 실상은 그렇지 않았다. 한쪽은 정복자, 다른 한쪽은 식민지 백성이었다. 한쪽은 이방인, 다른 한쪽은 선민이었다. 한쪽은 본토인, 다른 한쪽은 이민자였다. 달라도 너무 다른 구성원들이었다. 그야말로 물과 기름 격이었다.

그런 이유로 평소에는 평온했으나 민감한 문제가 불거지면 이

해관계가 충돌했다. 그런 그들의 머리 위로 '먹는 문제'와 '날에 관한 문제'가 투하되었다. "신앙인으로서 이 음식을 먹는 것이 과연 옳은 것인가?", "일주일 중 과연 어느 날이 더 중요한가?"라는 문제였다.

당시 유대인 그리스도인들은 어떤 입장이었던가? 그들은 어렸을 때부터 율법을 엄격하게 지키면서 성장했다. 율법에는 정한 음식, 부정한 음식이 엄격히 구분되어 있었다. 따라서 그들은 율법을 지키는 일이 체질화되어 있었다. 비록 예수를 믿지만 율법의 말씀을 그대로 지켜야 한다는 입장이었다. 그것이 하나님의 말씀대로 사는 것이며, 그러한 삶이 거룩한 신앙생활이라고 생각했다.

베드로가 좋은 예다. 어느 날 베드로에게 환상이 나타났다. 하늘에서 한 그릇이 내려오는데 그 안에는 땅에 있는 각종 네 발 가진 짐승과 기는 것과 공중에 나는 것들이 있었다. 한결같이 부정한 것들이었다. 그때 하늘에서 "베드로야 일어나 잡아 먹어라"(행 10:13)라는 음성이 들렸다. 그때 베드로가 무엇이라고 했던가?

"베드로가 이르되 주여 그럴 수 없나이다"(행 10:14).

이런 일이 세 번이나 반복되었다(행 10:16). 분명히 성령이 말씀하셨음에도 베드로는 단호히 세 번이나 거절한 것이다. 베드로가 누구인가? 예수님의 수제자요, 오순절 성령 강림 사건의 주인공이다. 하지만 그는 여전히 정한 음식과 부정한 음식을 구분 짓고 있었다. 음식 문제에 있어서만큼은 지금까지의 습관을 고집했다. 그것은 절대로 포기할 수 없다고 생각한 것이다. 이런 고정관념이

초대 교회에 이르러서는 더 엄격해지기까지 했다.

"고기도 먹지 아니하고 포도주도 마시지 아니하고"(롬 14:21a).
"채소만 먹느니라"(롬 14:2b).

'채소만' 하면 누가 떠오르는가? 다니엘과 그의 친구들이다. 그들은 느부갓네살 왕에게 뽑혀 바벨론으로 갔다. 왕은 환관장에게 3년 동안 왕이 먹는 산해진미와 포도주로 그들을 잘 먹이라고 명령했다. 그러자 다니엘이 환관장에게 요청했다. "우리에게는 채식만 주어서 먹게 하시고 열흘 후에 비교해 보십시오"라고 말이다. 그 결과가 어떠했던가? 채식만 고집했던 다니엘과 그의 친구들의 얼굴은 더욱 아름답고, 더욱 윤택하고, 더 좋아 보였다(단 1:15).

이렇게 채소만 먹었던 다니엘과 그의 친구들에게 어떤 일이 일어났던가? 세 친구들은 극렬히 타는 풀무불 속에서 불 탄 냄새조차도 나지 않았다(단 3:27). 심지어 다니엘은 사자 굴 속에서도 머리털 하나 상함 없이 보호받는 은총을 입었다(단 6:23).

이런 역사적 사실을 유대인들이라면 다 배워서 알고 있었다. 경건한 유대인들은 '아! 채소만 먹으면 이처럼 하나님의 은총을 입는구나'라고 생각해 정한 음식과 부정한 음식 정도가 아니라, 아예 고기는 먹지 않고 채소만을 고집했다. 더 나아가 '고기를 먹는 것은 죄'라고 하며 고기 먹는 자를 정죄하는 지경까지 이르렀다. 심지어 소나 양에서 나오는 우유를 먹는 것조차 죄라고 생각했다. 그래서 설거지를 할 때 우유를 담은 접시와 다른 접시가 섞이지 않도록 세심한 주의를 기울이기까지 했다. 그러니까 먹는 규범이 이전보다 더 엄격해졌다는 것을 알 수 있다.

날에 대해서도 마찬가지였다. 유대인들이 그 긴 세월 동안 안식일을 얼마나 소중히 생각하고 지켜 왔던가. 그들은 생명을 걸고 안식일을 지켰다. 그야말로 맞춤옷처럼 몸에 배어 있었다. 그래서 예수를 믿은 이후에도 안식일 지키기를 포기하지 않았던 흔적을 성경 곳곳에서 찾아볼 수 있다. 바울과 그의 일행도 그러했다.

"그들은 버가에서 더 나아가 비시디아 안디옥에 이르러 안식일에 회당에 들어가 앉으니라"(행 13:14).

바울의 설교를 들은 사람들은 이렇게 요청했다.

"그들이 나갈새 사람들이 청하되 다음 안식일에도 이 말씀을 하라 하더라"(행 13:42).
"그다음 안식일에는 온 시민이 거의 다 하나님의 말씀을 듣고자 하여 모이니"(행 13:44).

바울과 디모데 일행의 모습을 보라.

"안식일에 우리가 기도할 곳이 있을까 하여 문밖 강가에 나가 거기 앉아서 모인 여자들에게 말하는데"(행 16:13).

다음은 바울이 아덴을 떠나 고린도에 이르러 그 유명한 브리스길라와 아굴라를 만난 현장이다.

> "안식일마다 바울이 회당에서 강론하고 유대인과 헬라인을 권면하니
> 라"(행 18:4).

모두 한결같이 예수를 믿는 자들이며, 복음을 전하고 가르치
는 자들이었다. 그런데 그들은 여전히 한 날, 즉 안식일을 중히
여기고 있었다. 안식일은 단지 7일 중 한 날이 아니라 특별한 날
이었다.

그런데 언제부터 그리스도인들이 안식일 대신 주일(일요일)에
모이게 되었는지, 그 정확한 기원에 대해 전혀 알려지지 않고 있
다는 것은 미스터리 중의 미스터리다. 물론 사도행전 20장 7절과
고린도전서 16장 2절에 '주의 날'에 대한 흔적이 있기는 하지만,
안식일에 대한 흔적이 훨씬 더 많다. 이로 보건대 초대 교회에는,
특히 로마 교회에는 "어느 날을 중히 여길 것인가? 안식일인 토요
일인가, 아니면 안식일 다음 날인 주일인가?" 등 날의 문제로 논쟁
이 일었다.

당시 유대인 그리스도인들은 먹는 문제와 안식일 문제를 포기
하지 않았다. '무엇을 먹느냐, 그리고 어느 날을 중하게 생각하느
냐'가 신앙생활의 기준이었다. 두 가지를 어떻게 지키는지를 보면
그 사람의 신앙 상태를 알 수 있다고까지 생각했다. 이처럼 로마
교회 성도들은 한 공동체를 이루고 있었지만 두 가지 문제를 놓고
의견이 완전히 갈라졌다. 자칫하면 교회가 쪼개지는 지경까지 이
를 수 있는 상황이었다. 이에 대해 교회사 전문가인 웰즈(Wells) 박

사는 "교회에서는 오랫동안 초기의 제도와 명령에 대해 논쟁하느라 암흑에 쌓인 채 분열을 일삼아 왔다"라고 지적했다.

죄의 문제가 아니라 믿음의 문제다

그렇다면 바울은 이 문제에 대해 어떤 입장을 피력했는가?

"믿음이 연약한 자를 너희가 받되 그의 의견을 비판하지 말라 어떤 사람은 모든 것을 먹을 만한 믿음이 있고 믿음이 연약한 자는 채소만 먹느니라"(롬 14:1-2).

"어떤 사람은 이 날을 저 날보다 낫게 여기고 어떤 사람은 모든 날을 같게 여기나니 각각 자기 마음으로 확정할지니라"(롬 14:5).

좀 더 유심히 본문을 살펴보자. 우선, 바울은 한쪽은 "옳다", 다른 한쪽은 "그르다" 하지 않았다. "그렇게 하는 것은 죄를 범하는 것이며, 그렇게 하지 않아야 죄를 범하지 않는 것이다"라고도 하지 않았다. 한쪽을 향해 "진리다", 다른 한쪽을 향해 "진리가 아니다"라고 판정을 내리지도 않았다. 본문에서 바울은 매우 이색적이며 생소한 표현을 사용했다. 한쪽은 "믿음이 연약하다", 다른 한쪽은 "믿음이 강하다"라고 말했다. 즉 "양쪽 다 믿음이 있다. 다만 믿음이 약하고 강한 차이만 있을 뿐이다"라고 말한 것이다.

그렇다면 누가 믿음이 강한 자이며, 누가 믿음이 약한 자란 말인가? 음식은 정한 음식만 가려서 먹고 이 날을 저 날보다 더 중히 여기는, 다시 말하면 안식일을 특별한 날로 여기는 유대인 그리스도인들이 믿음이 강한 자들인가? 반면, 무엇이든지 먹고 안식일 다음 날에 모여도 무방하지 않느냐고 하는 이방인 그리스도인들은 믿음이 약한 자들인가?

우리 생각에는 유대인 그리스도인들이 믿음이 강한 자들처럼 보인다. 반면, 이방인 그리스도인들은 믿음이 약한 자들처럼 보인다. 하지만 바울은 반대라고 말했다. 과거의 습관, 율법을 못 버린 채 음식을 가려서 먹고 안식일을 고집하는 유대인 그리스도인들이야말로 약한 믿음의 소유자들이며, 음식이나 날에 구애받지 않는 이방인 그리스도인들이 오히려 더 강한 믿음의 소유자들이라고 했다. 왜냐하면 그들이야말로 규례, 법규, 전통, 습관에서 벗어나 자유롭게 되는 믿음을 소유하고 있기 때문이라는 것이다.

우리가 아는 대로 하나님이 "하라" 하신 것을 하지 않으면 죄가 된다. 반대로 "하지 말라" 하신 것을 행하면 죄가 된다. 레위기 11장을 보면, 먹어야 할 짐승과 먹지 말아야 할 짐승이 열거되어 있다.

"토끼도 새김질은 하되 굽이 갈라지지 아니하였으므로 너희에게 부정하고"(레 11:7).
"지느러미와 비늘 없는 모든 것은 너희에게 가증한 것이라"(레 11:10b).
"새 중에 너희가 가증히 여길 것은…곧 독수리와 솔개와 물수리와"(레 11:13).

그래서 구약의 일부를 믿는 이슬람교도들은 돼지를 먹지 않는다. 코란(Koran)에도 금하고 있기 때문이다. 그런데 동일하게 구약을 경전으로 받아들이는 우리는 어떠한가? 삼겹살이 얼마나 맛있는가. 장어가 얼마나 혀끝에서 녹는가. 그런데 어떤 죄책감을 느끼는가? 그렇다면 우리는 도대체 성경을 어떻게 해석하고 있는 것일까? 여러 책들을 참고해도 시원한 답이 보이질 않는다. 매튜 헨리(Matthew Henry)는 그래도 솔직하다.

"아마 부정하다고 금지된 음식의 대부분은 건강상 별로 좋지 않았던 것들이요, 먹기에 부적합한 것들이었다. 이것을 금지하신 것은 하나님의 백성이 신앙생활에서뿐만 아니라 일상생활 면에서도 남과 다르다는 것을 스스로 깨달으라고 가르치신 것이다."

하지만 하나의 변명처럼 들린다. 우리는 이 사건을 어떻게 이해해야 하는가? 폴 쥬이트(Paul K. Jewett)는 그의 책 『주일의 참뜻』(개혁주의신행협회, 2003)에서 비교적 시원한 답을 제시했다.

"음식이나 날의 문제는 주님이 오시기 전 그림자처럼 잠깐 허락되었던 규례에 불과하다. 예수 믿는 사람들이 신앙생활뿐만 아니라 일상생활에서도 남다르다는 것을 보여 주기 위함도 아니라고 생각한다. 그렇다면 율법이 아닌 믿음으로 구원받는 새로운 길이 열린 지금에는 붙들고 있을 필요가 없는 낡은 관습은 아닐까."

안식일, 할례, 짐승 제사 등 구약 시대에 하나님이 명령하신 말씀들은 일종의 그림자에 불과하다는 것이다. 믿음으로 구원받는 새로운 길이 열린 지금은 붙들고 있을 필요가 없는 것들이라는 의미다. 음식 문제와 날의 문제도 같은 범주에 속한다. '죄냐, 죄가 아니냐? 옳으냐, 그르냐? 진리냐, 비진리냐?' 이런 문제가 아니라 는 뜻이다. 이것은 단순히 '믿음이 좀 강하냐, 믿음이 좀 약하냐?' 이런 문제일 뿐이라는 것이다. 양쪽 다 믿음이 있는데 그 믿음이 강한 믿음인지, 약한 믿음인지의 차이일 뿐이라는 것이다.

한마디로, 이 문제는 본질적인 문제라기보다는 부수적인 문제 요, 지엽적인 문제에 불과하다는 말이다. 그런데 당시 로마 교회 성도들은 그 문제가 마치 신앙생활의 전부인 양, 잣대인 양 으르 렁대고 사생결단하고 있었던 것이다. 그러면 우리는 어떠한가? 우 리 또한 진리도 아니고, 그렇다고 해서 죄도 아닌 일, 즉 비본질적 인 문제를 가지고 다투며 정죄하지는 않는가? 과거의 전통이나 습 관으로 굳어진 것들을 진리인 양 생각하고 고집하지는 않는가? 그 것이 죄라고 정죄하는 일은 없는가?

충정교회에 사우디아라비아와 쿠웨이트에서 5년간 파견 근무 한 집사님이 계신다. 언젠가 전화 통화를 하면서 "그곳에서는 주 일을 어떻게 지키셨어요?"라고 물었다. 그러자 집사님은 "주일이 라니요? 그곳은 금요일에 쉽니다. 그래서 금요일이면 모두 모여서 하나님께 예배했습니다"라고 답하셨다. 그러면 그 집사님이 죄를 지은 것인가? 주일을 범한 것인가? 고국과 가족을 그리워하며 이 국땅에서 눈물로 드린 예배를 하나님이 외면하셨을까?

사랑하는 여러분!

우리는 각각 다르다. 어떤 환경, 어떤 교파, 어떤 교회에서 신앙 생활을 했느냐에 따라 견해가 다를 수 있다. 보수적이며 외골수인 사람들은 일반적으로 믿음이 독실하다는 평을 듣는다. 그러나 대개 성경 진리보다는 자기의 견해, 입장, 오랜 관습 등에 얽매인 경우가 많다. 그들은 자신의 잣대를 가지고 다른 사람들을 계속해서 비판한다.

성경은 그들을 가리켜 '믿음이 약한 자'라고 말한다. 그렇다고 믿음이 약한 그리스도인들은 구원받지 못한다거나 그들은 그리스도를 신뢰하지 않는다는 뜻은 아니다. 사실 믿음이 약한 사람들이야말로 그리스도를 기쁘시게 하는 데 가장 부지런하고 열의가 있을 수 있다. 성경이 그런 그들더러 믿음이 약하다고 하는 까닭은 그들에게 아직도 남아 있는 율법주의적인 열심 때문이다. 그들은 복음의 진정한 뜻을 온전히 깨닫지 못했다. 은혜로만 구원받는다면 하나님께 잘 보이기 위해 규정이나 규범들을 꼭 지켜야 한다고 느낄 필요가 없지 않은가. 레온 모리스(Leon Lamb Morris, 1914-2006)는 이 부분을 다음과 같이 부연 설명했다.

"바울은 그리스도를 거의 믿지 않는 사람들을 두고 믿음이 약하다고 하지 않는다. 오히려 믿음으로 구원받는다는 진리에 내포되어 있는 행위의 참된 의미를 이해하지 못하는 이들이다. 곧 믿음으로 의롭다 함을 받는다는 의미를 깨닫는 데 있어서 고기와 포도주, 그리고 특정한 날들에 대한 질문은 아무런 관련이 없다는 것을 이해하지 못한 사람이다."

그렇다면 진정으로 믿음이 약한 자는 과연 누구일까? 바울은 본문의 말씀 행간 곳곳에 그 답을 숨겨 놓았다. 주의 깊게 읽어 보자.

"먹는 자는 먹지 않는 자를 업신여기지 말고 먹지 않는 자는 먹는 자를 비판하지 말라 이는 하나님이 그를 받으셨음이라 남의 하인을 비판하는 너는 누구냐 그가 서 있는 것이나 넘어지는 것이 자기 주인에게 있으매 그가 세움을 받으리니 이는 그를 세우시는 권능이 주께 있음이라"(롬 14:3-4).

"네가 어찌하여 네 형제를 비판하느냐 어찌하여 네 형제를 업신여기느냐 우리가 다 하나님의 심판대 앞에 서리라"(롬 14:10).

바울이 숨겨 놓은 답을 발견했는가? 믿음이 약한 자는 음식을 가려서 먹는 사람이 아니다. 이 날을 저 날보다 중히 여기는 사람도 아니다. 정말 믿음이 약한 자는 남을 비판하는 사람이다. 그것도 진리가 아닌 문제를 가지고, 죄가 되지 않는 문제를 가지고 비판하는 사람이다. 자신이 가진 잣대로 남을 재단하는 사람이다. 너무 쉽게 입을 열고 이러쿵저러쿵하는 사람이다.

성경은 우리에게 "다 하나님의 심판대 앞에 서리라"라고 교훈한다. 그러므로 비판을 삼가야 한다. 내가 진보적이라고 해서 그 관념으로 다른 사람을 정죄해서는 안 된다. 내가 보수적이라고 해서 남을 재는 잣대로 사용해서는 안 된다. 특히 진리 문제가 아닌 것을 마치 진리 문제인 양, 죄가 아닌 것을 마치 큰 죄인 양 비판하지 말아야 한다. 설령 진리일지라도, 죄일지라도 자기 또한 자기 일을 직고할 것이라는 두려움으로 살아야 한다.

그리스도인이 서로에게 하지 말아야 할 일이 있다. 먹는 자는 먹지 않는 자를 업신여기지 말아야 한다. 먹지 않는 자는 먹는 자를 비판하지 말아야 한다. 내 곁의 사람들을 업신여기거나 비판하지 말아야 한다. 다음 말씀을 다시 한 번 되새기자.

　"이러므로 우리 각 사람이 자기 일을 하나님께 직고하리라"(롬 14:12).

28.

하나님 나라는 의와 평강과 희락이다

14:17

기억하지 않으면 잊히고 만다

모세는 이런 유언을 남겼다.

"옛날을 기억하라 역대의 연대를 생각하라 네 아버지에게 물으라 그가 네게 설명할 것이요 네 어른들에게 물으라 그들이 네게 말하리로다"(신 32:7).

이 유언을 무겁게 받아들인 다윗은 다음과 같이 고백했다.

"내가 옛날을 기억하고 주의 모든 행하신 것을 읊조리며 주의 손이 행하는 일을 생각하고 주를 향하여 손을 펴고 내 영혼이 마른 땅같이 주를 사모하나이다 (셀라)"(시 143:5-6).

이 고백을 한 다윗은 얼마나 큰 복을 받았던가. 목동의 자리에서 왕의 자리에 오르지 않았던가. 하지만 이 유언을 농담으로 여긴 세대는 어떻게 되었던가?

"이전 세대들이 기억됨이 없으니 장래 세대도 그 후 세대들과 함께 기억됨이 없으리라"(전 1:11).

이전 세대, 즉 옛날을 기억하지 않으면 그 자신들도 잊히고 만다. 그래서 헛되고 헛된 것이다. 우리는 옛날을 기억해야 한다. 이전 세대를 잊지 말아야 한다. 그들이 허리띠를 조이고 얼마나 애쓰며 살았는지를 망각해서는 안 된다. 이 나라가 그냥 세워졌는가? 부강한 나라를 후손에게 물려주기 위해 얼마나 피땀 흘리며 애썼는지 한시도 잊지 말아야 한다.

나는 강원도 속초를 참 좋아한다. 알고 보니 속초는 6·25전쟁 이전까지는 38선 이북 북한 땅이었다고 한다. 그러고 보니 양양공항, 설악산, 고성, 간성까지 다 북한 땅이었다. 휴전협상이 막바지에 이르렀을 때 서부 전선에 배치되었던 유엔군은 전선을 고수하면서 휴전협정이 조인되기만을 손꼽아 기다렸다. 그도 그럴 것이 남의 나라에 와서 자신의 고귀한 피를 흘릴 필요가 없다고 생각했을 것이다. 하지만 동부전선을 책임졌던 우리 국군은 어떠했던가? 휴전협정이 조인되기 전에 한 치의 땅이라도 더 차지하기 위해 피를 흘렸다. 아니, 목숨을 던져 그 험준한 태백산맥 줄기, 산악 지대를 타고 넘었다.

그 결과 휴전선이 어떻게 그어졌는가? 서쪽은 38선 이남으로 오히려 내려왔다. 하지만 동쪽은 38선 위쪽 강원도 고성까지, 기존 38선에서 무려 82km 북쪽으로 그어졌다.

6·25전쟁이 안겨 준 전쟁의 참화는 비참했다. 그야말로 잿더미 그 자체였다. 이런 폐허 가운데서 이전 세대는 삽과 곡괭이 하나로 '한강의 기적'을 이루었다. 번영한 조국을 만들었다. 그래서 오늘 우리가 누리고 있다. 그렇다면 우리는 후손에게 무엇을 물려줘야 할 것인지 정말 진지하게 고민해야 한다. 잊지 말아야 한다. 빚과 빈 깡통을 물려줘서는 안 된다. 무엇보다 신앙의 자유가 보장되는 자유 민주주의를 결코 포기하지 말아야 한다.

2020년 추석 연휴 첫날, KBS가 "대한민국 어게인"이라는 야심 찬 프로그램을 기획하고 모 가수를 초청했다. 그는 무려 15년 만에 TV에 출연했다고 한다. 가창력도 뛰어나거니와 중간 중간 그가 던진 말들의 무게감이 상당했다. 먼저, 코로나19 방역의 진정한 영웅은 의사들과 간호사들이라고 하며 그들을 칭송하고 감사의 인사를 전한 후 이어서 이렇게 말했다.

"우리는 지금 많이 힘듭니다. 많이 지쳐 있습니다. 그런데 역사책을 보면 왕이나 대통령이 국민 때문에 목숨을 걸었다는 사람은 한 사람도 본 적이 없습니다. 이 나라를 누가 지켰습니까? 바로 오늘 여러분이 이 나라를 지켰습니다. 여러분, 생각해 보십시오. 유관순 누나, 진주의 논개, 윤봉길 의사, 안중근 의사, 이런 분들 모두가 다 보통 우리 국민이었습니다. IMF 때도 세계가 깜짝 놀라지 않았습니까? 집에 있는 금붙이 다 꺼내 팔고… 나라를 위해서 말입니다. 대한민국 국민 여러분이 세계에서 제일 위대한 1등 국민입니다."

우리 이전 세대는 정말 근면하고 성실했다. 비록 많이 배우지는 못했지만 밥상 앞에서 자녀들에게 사람됨의 도리를 가르쳤다. 풀뿌리를 캐 먹으면서도 거짓말하지 말고 진실해야 한다고 교훈했다. 부끄러움을 아는 자가 되어야 한다고 알려 줬다. 우리는 옛날을 기억해야 한다. 어른들에게 묻고 배워야 한다.

비본질은 중요하지 않다

충정교회는 1945년 조국이 해방되던 그해 10월 첫 주일, 일본인들이 도망치듯 빠져나간 서울 서대문구 충정로의 언덕배기에서 출발했다. 그곳에 조그마한 신사(神社)가 하나 있었는데, 아이러니하게도 일본인들이 귀신을 모시고 섬기던 그곳에 하나님께 예배를 드리는 교회가 탄생했다. 초기에는 '죽첨교회'라 불렸는데 이듬해부터 '충정교회'로 개칭했다.

초기에는 이북 성도들이 주축이었다. 그도 그럴 것이 신앙의 자유를 위해 이북에서 내려온 이들이 교회를 세웠기 때문이다. 그런데 그로부터 몇 년 후 6·25전쟁이 발발하자 모두들 어쩔 수 없이 피난을 떠나게 되었고, 자연히 교회는 문을 닫을 수밖에 없었다. 하지만 서울이 수복되면서 전국에서 모여든 피난민들로 인해 교회는 부흥하기 시작했다.

호사다마(好事多魔)라고 할까. 그때부터 모 지역의 유력인사를 중심으로 그룹이 형성되기 시작했다. 그러자 위기의식을 느낀 이북 성도들이 또 한 세력을 구축했다. 두 세력이 서로 영향력을 행사하면서 교회 안에는 보이지 않는 파벌이 형성되었다. 그들은 서로 내 사람, 그리고 내 밥그릇을 챙겼다. 그러면서 상대를 경계하고 배격했다. 내 쪽의 의견은 무조건 지지했고, 상대의 의견이나 제안은 무조건 반대했다. 1970년대에 결국은 교회가 둘로 쪼개졌고, 그 후 오랜 기간 분열의 아픔을 겪었다.

하지만 하나님의 특별한 섭리 가운데 교회는 상처를 추스를 수 있었고, 대망의 2000년을 열면서 정말 기적적으로 일산으로 옮겨 오늘에 이르렀다. 돌아보면 은혜, 은혜, 은혜가 아닐 수 없다. 많은 목회자가 묻곤 한다. "어떻게 서울 충정로에서 그 멀고 낯선 일산으로 교회를 옮길 수 있었습니까?" 그때마다 내가 하는 답은 하나다. "하나님의 은혜였습니다."

30년 넘게 충정교회를 섬겨 오면서 뼈저리게 느낀 것은 하나다. 교회는 하나가 되어야 한다는 것이다. 진정 교회는 하나가 되어야 한다. 성령이 하나 되게 하신 것을 힘써 지켜야 한다(엡 4:3). 특정 개인이나 지역을 중심으로 '나는 바울 파', '나는 아볼로 파' 하는 순간, 그때부터 교회는 내리막길을 걷게 되고, 결국은 쪼개지고 만다. 고린도 교회처럼 말이다. 일설에 의하면, 고린도 교회는 30여 개 교회로 쪼개지고 말았다고 한다. 그러므로 우리는 하나님의 말씀을 새겨들어야 한다. 그 교훈은 무엇일까?

"하나님의 나라는 먹는 것과 마시는 것이 아니요 오직 성령 안에 있는 의와 평강과 희락이라"(롬 14:17).

물론 이 말씀은 하나님이 당시 로마 교회에 주신 말씀이다. 로마 교회는 지금 어떤 상태인가? 로마인으로서 예수 믿게 된 사람들과 유대인으로서 예수 믿게 된 사람들, 두 부류가 주축을 이루고 있었다. 그들은 이방인과 유대인, 본토인과 이민자, 정복자와 식민지인이 아닌가. 그야말로 물과 기름 격이다. 따라서 평소에는 잠잠하다가도 어떤 사안이 발생하기라도 하면 순식간에 양쪽으로 갈라져서는 서로를 향해 비난의 화살을 쏘아 댔다. 어느 정도였던가? 14장만 들여다보자.

> "비판하지 말라"(롬 14:1).
> "업신여기지 말고…비판하지 말라"(롬 14:3).
> "남의 하인을 비판하는 너는 누구냐"(롬 14:4).
> "네가 어찌하여 네 형제를 비판하느냐 어찌하여 네 형제를 업신여기느냐"(롬 14:10).
> "이러므로 우리 각 사람이 자기 일을 하나님께 직고하리라"(롬 14:12).

오죽했으면 이 짧은 구절에 '비판'이라는 단어가 깨알같이 박혀 있을까. 바울의 간절한 권면이 12절에서 끝난 줄 알았는데, 13절에서 바울은 다시 한 번 더 못을 박았다.

> "그런즉 우리가 다시는 서로 비판하지 말고 도리어 부딪칠 것이나 거칠 것을 형제 앞에 두지 아니하도록 주의하라"(롬 14:13).

그럼 그들은 도대체 어떤 문제를 가지고 대립각을 세우고 있었던가? 앞 장에서 살펴보았듯이, '먹는 문제'와 '날에 관한 문제'였다. 그들은 이 두 가지야말로 양보할 수 없는 중요한 문제, 신앙생활의 근본이라고 생각했다. 자신들이 진리인 양 팻대를 세우면서 상대처럼 신앙생활 하는 것은 마치 큰 죄를 범하는 것인 양 정죄했다. 그런 그들에게 바울은 "그것은 진리도, 죄도 아니다!"라고 말했다. 진리도, 진리가 아닌 것도 아니다. 그것은 선도, 죄도 아니다. 그것은 옳고, 그름의 문제가 아니다. 단지 믿음이 좀 약하고, 믿음이 좀 강한 차이일 뿐이다.

하나님 나라를 이루었는가?

그러면서 바울이 간절하게 호소한 것이 있는데, 바로 '하나님 나라'다. 하나님의 자녀라면 하나님 나라를 세우는 데 열정을 쏟아붓고, 하나님 나라를 세우는 것을 최우선으로 생각하며, 하나님 나라를 세우는 꿈을 가져야 하는데(마 6:33) 비본질적인 문제를 본질적인 문제인 양 중요시하는 태도는 바람직하지 못하다는 것이다. 그들이 서로를 향하여 비판하고 정죄하는 까닭은 하나님 나라에 대한 꿈, 소원이 없기 때문이라는 것이다. 그러므로 이 문제를 해결하는 방법은 관심사를 바꾸는 것, 곧 하나님 나라에 대한 꿈과 열망을 가지는 것임을 바울은 깨우쳐 주었다.

그렇다면 '하나님의 나라'(Kingdom of God)란 무엇인가? 하나님의 나라는 주님이 선포하신 복음의 핵심 메시지다. 마태는 주님이 '천국' 혹은 '하늘나라'라는 용어를 함께 사용하셨다고 증언하는데(마 3:2, 4:17, 5:19, 13:11), 여기서 '나라'를 뜻하는 'βασιλεία'(바실레이아)는 'βασιλεύς'(바실레우스)에서 파생된 단어로 '왕권', '통치'(눅 1:33; 행 1:6), '왕국', '영토'(마 12:25; 눅 11:17)의 의미를 담고 있다. 이를 요약하면 하나님의 나라는 세 가지를 의미한다.

첫째, 하나님이 다스리시는 영역이다.

즉 하나님의 나라는 하나님의 다스리심이 실현되는 모든 영역이다(눅 16:16). 이 영역은 현재가 되기도 하며, 동시에 미래가 되기도 한다. 주님은 현재적 영역으로서 하나님 나라를 소개하셨다(마 21:31, 23:13; 눅 16:16). 즉 귀신을 내쫓는 권세는 바로 하나님 나라가 이 땅에 현재적으로 임한 증거라고 말씀하셨다(마 12:28; 눅 11:20). 동시에 주님은 미래적 영역으로서 하나님 나라를 소개하셨다(마 18:23-35, 22:2, 25:1-30). 즉 하나님 나라는 주님의 재림과 함께 나타나는데, 장차 메시아의 재림 때에 완성된 모습으로 임할 것이라고 하셨다(마 6:10, 33, 10:7; 막 14:25).

둘째, 하나님이 다스리시는 백성이다.

하나님 나라는 그 나라 백성을 뜻한다. 특히 요한계시록에 언급된 '구속받은 사람들'은 그 자체가 나라다(계 1:6, 5:10). 그 이유는 그들이 왕이신 하나님의 다스리심(왕권)에 참여하는 복된 존재들이기 때문이다. 하나님 나라는 하나님께 부르심을 받은 자로서(눅 22:29) 거듭난 자들만이 들어갈 수 있다(요 3:3-5). 다시 말해, 하나님 나라는 회개하는 자(마 3:2), 심령이 가난한 자(마 5:3), 하나님의 뜻대로 행하는 자(마 7:21), 하나님을 사랑하는 자(약 2:5)들만이 상속받는다. 그들은 하나님 나라에서 해와 같이 빛날 것이요(마 13:43), 영원한 생명을 누리게 될 것이다(마 19:16, 23-30).

셋째, 하나님의 다스리심 그 자체다.

하나님 나라란 하나님의 다스리심 그 자체를 뜻한다. 따라서 하나님의 다스리심을 인정하고 받아들이는 자들이나 하나님의 다스리심을 지금 받고 있는 자들은 이미 복된 나라에 들어가 있는 자들이다(막 10:15). 이 하나님의 다스리심은 대단히 중요하다. 왜냐하면 하나님의 다스리심 안에 거할 때 사탄의 나라와 악의 세력을 파하는 강력한 힘을 공급받게 되며, 그 힘으로 하나님이 통치하시는 거룩한 나라를 이 땅에서 확장해 갈 수 있기 때문이다(마 12:28).

정리하면, 하나님 나라란 하나님이 다스리시는 영역 안에 들어와 그 하나님의 다스리심을 겸허하게 인정하고 받아들이면서, 장차 주님의 재림과 함께 완전한 나라가 도래할 것을 믿음의 눈으로 바라보며 나아가는 거룩한 백성 그 자체라고 할 수 있다.

그런데 이 하나님 나라는 어디서부터 시작되는가?

"또 여기 있다 저기 있다고도 못하리니 하나님의 나라는 너희 안에 있느니라"(눅 17:21).

이 말씀의 뜻은 내 안에서 먼저 하나님 나라가 시작되어야 한다는 것이다. 그러기 위해서는 어떻게 해야 할까?

"하나님의 나라는 먹는 것과 마시는 것이 아니요 오직 성령 안에 있는 의와 평강과 희락이라"(롬 14:17).

먹는 것과 마시는 것이 옳으니, 그르니 하면서 다투고 비판하고 삿대질하는 공동체와 그 심령에는 하나님 나라가 임하지 않는다. 그것은 진리도, 죄도 아니기 때문이다. 그러면 하나님 나라는 어떻게 임하는가? "오직 성령 안에서"가 대전제다. 성령의 지배를 받으며, 성령의 감동하심에 녹아지며, 성령의 간섭을 즐거워하며, 성령으로 충만함을 입을 때 비로소 그 심령 속에 성령이 좌정하시면서 하나님 나라가 시작된다. 우리는 이 사실을 놓쳐서는 안 된다.

성령은 주춧돌과 같다. 우리는 성령 안에서 하나님 나라를 세워야 한다. 하나님 나라는 성령 안에서 의와 평강과 희락이다. 성령의 주춧돌 위에 세 기둥이 세워져야 한다. 세 기둥은 성령 안에 있는 의와 성령 안에 있는 평강과 성령 안에 있는 희락이다.

첫째, 우리 안에 성령으로 '의'를 이루어야 한다.

무엇인가? 예수님은 마태복음 5장에서 산상보훈을 말씀하셨는데, '팔복'으로 시작한다. 그중 네 번째 복이 무엇인가?

"의에 주리고 목마른 자는 복이 있나니 그들이 배부를 것임이요"(마 5:6).

마지막 여덟 번째 복은 무엇인가?

"의를 위하여 박해를 받은 자는 복이 있나니 천국이 그들의 것임이라"(마 5:10).

이와 같이 의는 팔복에서 2회 언급된다. 그만큼 의가 중요하다는 의미다. 그래서 주님은 이어서 다시 의를 강조하셨다.

"내가 너희에게 이르노니 너희 의가 서기관과 바리새인보다 더 낫지 못하면 결코 천국에 들어가지 못하리라"(마 5:20).

주님은 또 여기서 끝내지 않으시고, 또다시 의를 강조하셨다.

"그런즉 너희는 먼저 그의 나라와 그의 의를 구하라 그리하면 이 모든 것을 너희에게 더하시리라"(마 6:33).

그러므로 하나님 나라에서 가장 중요한 것은 의다. 의가 무엇인 가? 문자 그대로 '옳음', '바름'을 의미하는 것일까? 우리 중에 누가 당시 서기관과 바리새인보다 더 나을 수 있겠는가. 마틴 로이드 존스는 의와 관련해 이렇게 말했다.

"여러분의 생활에서 가장 크고 첫째가는 일은 하나님을 영화롭게 하며, 이것을 너무 소원하므로 그것이 여러분에게 어떤 희생을 치르게 하더라도 개의치 않는다고 정직하게 말할 수 있느냐는 것입니다. 이것이 가장 중요하다는 것을 알고 있습니까? 내가 하나님 앞에 심히 큰 죄를 지었지만 독생자를 보내사 갈보리에서 죽게 하신 그 하나님을 존귀하게, 영화롭게, 더 나아가 사랑할 때에 그분이 여러분을 자기의 지위에까지 회복시키실 수 있음을 믿습니까?"

한자는 이를 더 잘 설명해 준다. '옳을 의'(義) 자는 '양 양'(羊)

자 밑에 '나 아'(我) 자가 있는 모양이다. 어린양이신 주님이 나를 위하여 피를 흘려 주셨다는 뜻이다. 그 피를 받은 자만이 의로운 자가 될 수 있다는 뜻이다.

둘째, 우리 안에 성령으로 '평강'을 이루어야 한다.
복음을 전한 바울과 실라는 비록 옥에 갇혔지만 그 옥에 하나님 나라가 임하지 않았던가. 그들이 하나님 나라를 얼마나 멋지게 세워 가고 있었던가?

"한밤중에 바울과 실라가 기도하고 하나님을 찬송하매 죄수들이 듣더라"(행 16:25).

바울과 실라는 평강이 전혀 없을 것만 같았던 감옥에서 참된 평강을 누리며 기도와 찬송을 이어 갔고, 한 걸음 더 나아가 간수와 그의 가족에게 복음을 전하기까지 했다(행 16:31-32).

셋째, 우리 안에 성령으로 '희락'을 이루어야 한다.
그래서 바울은 이어지는 15장에서 이렇게 말했다.

"믿음이 강한 우리는 마땅히 믿음이 약한 자의 약점을 담당하고 자기를 기쁘게 하지 아니할 것이라 우리 각 사람이 이웃을 기쁘게 하되 선을 이루고 덕을 세우도록 할지니라"(롬 15:1-2).

참된 기쁨은 자기를 기쁘게 하는 것이 아니라 다른 사람들을 기쁘게 하는 것이다.

하나님 나라를 이루는 이 세 가지 요소는 서로 깊은 관련이 있다. 의란 하나님과 나 사이에서 최상의 의로운 관계를 이루는 진리의 법칙이다. 평강이란 나와 내 자아 사이에서 최상의 의로운 관계를 이루는 형태다. 내가 나를 용서해야 한다. 내가 나와 화해해야 한다. 희락이란 나와 내 이웃 사이에서 최상의 의로운 관계로 인하여 맺히는 열매다. 그때 어떤 일이 일어나는가?

"이로써 그리스도를 섬기는 자는 하나님을 기쁘시게 하며 사람에게도 칭찬을 받느니라"(롬 14:18).

사랑하는 여러분!

우리는 매번 주님이 가르쳐 주신 기도를 드린다. "하늘에 계신 우리 아버지, 아버지의 이름을 거룩하게 하시며 아버지의 나라가 오게 하시며…." 여기서 '나라'는 '하나님 나라'를 뜻한다. 주님은 하나님 나라가 임하길 기도하라고 하셨다. 하나님 나라를 소원하고 열망을 가지라는 뜻이다.

정말 하나님 나라가 임하길 소원하는가? 그렇다면 먼저, 내 안에 하나님 나라가 임해야 할 것이다. 내 가정에 하나님 나라가 임해야 할 것이다. 교회에 하나님 나라가 임해야 할 것이다. 하나님 나라는 성령 안에서 의와 평강과 희락이다. 성령의 주춧돌 위에 이 세 기둥이 세워져야 한다. 이 집이 지금 내 안에 세워지고 있는가? 어느 정도로 세워지고 있는가? 우리 한 사람, 한 사람이 하나님 나라를 세워 나가면 하나님 나라는 점점 확장될 것이다. 마치 겨자씨 비유처럼 확장되어 갈 것이다.

> "천국[하나님 나라]은 마치 사람이 자기 밭에 갖다 심은 겨자씨 한 알 같으니 이는 모든 씨보다 작은 것이로되 자란 후에는 풀보다 커서 나무가 되매 공중의 새들이 와서 그 가지에 깃들이느니라"(마 13:31-32).

29.

강한 믿음은 약한 믿음을 '담당한다'

15:1-7

드디어 로마서의 결론 부분에 이르렀다. 로마서는 16장까지 있는데 결론이라니, 무슨 말인가? 16장에는 여러 사람들의 이름이 거명되는데, 바울은 지금까지 하나님 나라를 세우면서 영적 교제를 함께 나누었던 여러 사람들을 떠올리며 그들의 안부를 묻는 것으로 로마서 대단원의 막을 내린다. 그러므로 로마서의 결론은 16장이라기보다는 15장이라고 할 수 있다. 15장이 바울의 마지막 권면이요 부탁이다. 그래서 바울이 로마 교회 성도들에게 다시 한번 강조하면서 다루고 싶은 마지막 당부가 여기에 있다.

강한 믿음, 약한 믿음

앞서 여러 번 언급했듯이, 로마 교회는 성향이 전혀 다른 두 부류로 구성되어 있었다. 이방인과 유대인, 정복자와 피정복자, 본토인과 이민자다. 한쪽은 막강한 힘을 가졌고, 다른 한쪽은 미미한 힘을 가졌다. 그야말로 물과 기름 격이다. 그래서 어떤 문제가 불거지면 서로 날카롭게 대립하곤 했다. 로마 교회만 그러했던가? 골로새 교회도 마찬가지였다.

"그러므로 먹고 마시는 것과 절기나 초하루나 안식일을 이유로 누구든지 너희를 비판하지 못하게 하라"(골 2:16).

고린도 교회도 그러했다.

"내 형제들아 글로에의 집 편으로 너희에 대한 말이 내게 들리니 곧 너희 가운데 분쟁이 있다는 것이라"(고전 1:11).

에베소 교회도 그러했다.

"평안의 매는 줄로 성령이 하나 되게 하신 것을 힘써 지키라"(엡 4:3).

이같이 초대 교회들은 대부분 문제들을 안고 있었다. 그도 그럴 것이 교회만큼 이질적인 집단이 없기 때문이다. 세상의 여타 공동체나 단체들은 얼마간의 공통점을 갖고 있다. 출신 학교, 직장, 취미, 고향 등이다. 하지만 교회는 빈부귀천, 취미 등이 가지각색이다. 따라서 어떤 문제 앞에서 서로 예민해질 수 있다.

당시 로마 교회 성도들에게는 '먹는 문제', '날에 관한 문제'가 가장 큰 이슈였다. 그때 바울이 이 문제에 대해 어떤 입장을 표명했는가? 그것은 진리도, 죄도 아니라고 했다. 정결한 음식만을 먹고, 안식일만을 지켜야 한다는 것은 진리가 아니다. 음식을 가려서 먹지 않고 다른 날(안식일 다음 날인 주일)에 모이는 행동은 죄가 아니다. 그러면 무엇인가? 한쪽은 믿음이 강하고, 다른 한쪽은 믿음이 약할 뿐이다. 믿음이 강한 자, 믿음이 약한 자가 누구인가? 바울은 이를 음식과 날을 가지고 구분할 수 있다고 했다. 믿음이 강한 자는 음식과 날에 더 이상 얽매이지 않는다. 하지만 믿음이 약한 자는 반대로, 음식과 날에 얽매인다. 이처럼 초대 교회 당시는 음식과 날을 가지고 믿음이 강한지, 약한지를 구분했다.

일제강점기 때는 무엇을 가지고 믿음이 강한지, 약한지를 구분했는가? '신사 참배'였다. 일본은 한국 기독교를 향하여 신사 참배를 강요했다. 그러자 1938년 9월 10일, 조선예수교장로회 제27차 총회에서 신사 참배를 결의했다. 신사는 종교가 아니므로 신사 참배를 하는 것은 교리에 위배되는 것이 아니며 애국적 국가 의식일 뿐이라는 해괴한 논리를 펴면서 말이다.

하지만 이 결의를 분연히 반대한 소수가 있었다. 신사에 절하는 것은 우상 숭배가 틀림없다고 보았기 때문이다. 그들은 모두 검거되어 투옥되었는데 대략 2,000명이 되었고, 그중에 순교자만도 50여 명에 이르렀다. 마지막까지 옥에 갇혀 있던 이들이 약 17명이었는데, 해방과 동시에 출옥했다. 출옥 성도 중 한 분이 한상동 목사님(1901-1976)이다.

한상동 목사님이 가끔 고신대학교에 오셔서 채플을 맡아 설교하셨는데, 그 모습을 직접 보고 얼굴을 뵙는 것만으로도 큰 은혜가 되었다. '어떻게 그 고초를 견디셨을까? 숱한 검거와 투옥을 반복하며 어떻게 순결한 믿음을 지키셨을까?' 하며 절로 고개가 숙

여겼다. 그런데 한국교회사는 한상동 목사님의 부인 김차숙 사모님(1902-1977)을 더 귀한 분으로 기술하고 있다.

김차숙 사모님은 경남 진해 웅천에서 평양까지 옥바라지에 혼신의 힘을 쏟으셨다. 옥중에 계신 목사님의 마음이 약해지지 않고 흔들리지 않도록 도우셨다. 또한 옥중 순교자가 생기면 큰 장독 하나를 평양산정현교회의 마당에 갖다 두셨다. 그러면 성도들은 '순교자가 생겼구나!' 하고서 장례물품들을 순사 몰래 독 안에 넣어 두었고, 사모님은 그것을 가져다 장례를 치르셨다. 다음은 김차숙 사모님의 말이다.

"누가 와서 목사님을 달라 하면 머리카락 할 올도 줄 수 없었습니다. 그러나 하나님이 장차 조선 교회를 위하여 목사님을 순교 제물로 달라 하니 우리는 생명까지 바쳤습니다."

참으로 태산과 같은 믿음을 가지신 분들이다. 이같이 일제강점기에는 신사 참배 여부가 믿음이 강한지, 약한지를 구분하는 잣대였다.

그러면 오늘날은 무엇을 가지고 믿음이 강한지, 약한지를 판별할 수 있을까? 성수주일 하고, 새벽기도를 놓치지 않고 드리고, 십일조를 드리고, 열심히 봉사하고, 쉼 없이 기도하고, 금식도 자주 하며, 일절 세상의 오락이나 취미 생활을 끊고, 시간만 나면 성경 읽고, 방송 설교를 듣고, 전도도 열심이고, 성경 필사도 하는 분들이 믿음이 좋은 분들일까? 사실 우리는 그런 분들을 보면 '믿음이 대단하다. 강하다' 하고 칭송하고 부러워한다. 그러나 정말 그들이

하나님 눈에 믿음이 강한 자

진정으로 믿음이 강한 자들은 어떤 자들인가? 하나님이 보시는
기준은 무엇일까?

"믿음이 강한 우리는 마땅히 믿음이 약한 자의 약점을 담당하고 자기
를 기쁘게 하지 아니할 것이라 우리 각 사람이 이웃을 기쁘게 하되 선
을 이루고 덕을 세우도록 할지니라"(롬 15:1-2).

세 가지다. 첫째, 믿음이 약한 자의 약점을 담당하는 자다. 둘째,
이웃을 기쁘게 하는 자다. 셋째, 덕을 세우기를 힘쓰는 자다.

로마서의 총주제가 무엇인가? "오직 의인은 믿음으로 말미암
아 살리라"(롬 1:17)라는 말씀에서 알 수 있듯이, "믿음"이다. 도대
체 믿음이란 무엇인가? 예수를 구주로 받아들이고, 내 죄를 씻는
길은 율법이 아니라 오직 주님을 받아들이는 것임을 믿는 것이 믿
음인가? 그렇다면 그 믿음은 어떻게 표현되어야 하는가? 그 믿음
은 어떻게 드러나는가? 바울은 이웃과 어떤 관계를 가지며 신앙생
활 하고 있느냐를 기준으로 그 사람의 믿음이 판가름 난다고 말한
것이다.

바울은 이 사실을 강조하기 위해서 두 단어를 사용했다. 먼저,
'마땅히'라는 단어다. 이 단어가 얼마나 부담되는지 모른다. 헬라
어로 'ὀφείλω'(옵헤일로)인 이 단어는 빚, 채무와 관련하여 쓰이는

단어다. 이 단어는 하고 싶으면 하고, 하기 싫으면 하지 않아도 된다는 뜻이 아니다. 내 기분과 감정, 그때그때의 형편에 따라 이렇게 해도 좋고 저렇게 해도 좋다는 뜻이 아니다. 반드시 그렇게 해야 한다는 뜻이다. 성경은 '마땅히' 해야 할 일들을 열거하고 있다.

"너는 마땅히 매년 토지소산의 십일조를 드릴 것이며"(신 14:22).
"너희 의인들아 여호와를 즐거워하라 찬송은 정직한 자들이 마땅히 할 바로다"(시 33:1).
"그 음성이 이르되 이리로 올라오라 이 후에 마땅히 일어날 일들을 내가 네게 보이리라 하시더라"(계 4:1b).

더 신경 쓰이는 단어가 있는데, '담당하다'라는 말이다. 이 단어가 어디에 나오는가? 헬라어 'βαστάζω'(바스타조)는 '어깨에 걸머지다', '운반하다', '책임지다'라는 뜻이다. 하지만 단순히 그런 뜻을 뛰어넘어 사용된다.

"그는 실로 우리의 질고를 지고 우리의 슬픔을 당하였거늘 우리는 생각하기를 그는 징벌을 받아 하나님께 맞으며 고난을 당한다 하였노라"(사 53:4).
"우리는 다 양 같아서 그릇 행하여 각기 제 길로 갔거늘 여호와께서는 우리 모두의 죄악을 그에게 담당시키셨도다"(사 53:6).

어떤 사건인가? 우리 주님이 우리의 모든 허물을 대신 덮어 쓰시고 하나님의 진노를 대신 받으셨다는 것을 '당하다', '담당하다'

라는 단어로 표현하고 있다. 이 사실을 마태는 다음과 같이 인용했다.

"이는 선지자 이사야를 통하여 하신 말씀에 우리의 연약한 것을 친히 담당하시고 병을 짊어지셨도다 함을 이루려 하심이더라"(마 8:17).

이처럼 이웃의 약점을 나의 약점으로 알고 아픔, 괴로움, 연약함, 부끄러움 등을 내가 대신 짊어지는 자가 믿음이 강한 자다. 그는 자연히 이웃을 기쁘게 한다.

"우리 각 사람이 이웃을 기쁘게 하되 선을 이루고 덕을 세우도록 할지니라"(롬 15:2).

여기에 '선을 이루고', '덕을 세우다'라는 말이 나온다. '선'과 '덕'을 한 단어로 표현하면 '유익'이다. 즉 이웃에게 도움이 된다는 뜻이다. 이웃에게 도움이 되는 일이 말만 가지고 가능한가?

"만일 형제나 자매가 헐벗고 일용할 양식이 없는데 너희 중에 누구든지 그에게 이르되 평안히 가라, 덥게 하라, 배부르게 하라 하며 그 몸에 쓸 것을 주지 아니하면 무슨 유익이 있으리요"(약 2:15-16).
"모든 것이 가하나 모든 것이 유익한 것은 아니요 모든 것이 가하나 모든 것이 덕을 세우는 것은 아니니 누구든지 자기의 유익을 구하지 말고 남의 유익을 구하라"(고전 10:23-24).
"유대인에게나 헬라인에게나 하나님의 교회에나 거치는 자가 되지 말고 나와 같이 모든 일에 모든 사람을 기쁘게 하여 자신의 유익을 구하지 아니하고 많은 사람의 유익을 구하여 그들로 구원을 받게 하라"(고전 10:32-33).

선한 사마리아인의 비유에서 다른 사람을 기쁘게 하는 것, 즉 다른 사람에게 유익을 주는 것이 어떤 것인지를 확인할 수 있다.

"가까이 가서 기름과 포도주를 그 상처에 붓고 싸매고 자기 짐승에 태워 주막으로 데리고 가서 돌보아 주니라"(눅 10:34).

믿음의 클라이맥스는 덕을 세우는 것이다. 어떻게 하는 것이 덕을 세우는 것일까? 바울은 우상 앞에 드린 제물, 즉 고기를 얼마든지 먹을 수 있는 믿음이 있었다. 우상은 사실 아무것도 아니기 때문이다. 그런데 누군가 믿음이 약한 사람이 바울의 모습을 보고 '아, 바울 선생이 고기를 먹네. 어떻게 그럴 수 있지?' 하고 낙심하며 그 양심이 상하게 된다면, 그것은 하나님께 죄를 짓는 행위와 다를 바 없지 않은가. 그래서 바울은 결단했다.

"그러므로 만일 음식이 내 형제를 실족하게 한다면 나는 영원히 고기를 먹지 아니하여 내 형제를 실족하지 않게 하리라"(고전 8:13).

사실 우리나라 기독교 초창기에는 술과 담배를 허용했다. '불경이', '막초'라고 불렸던 담배를 사경회 중간 휴식 시간에 제공하기까지 했다. 하지만 희망을 잃어버린 젊은이들이 좌절하여 술독에 빠지고, 담배 골초가 되며, 도박을 하는 등 온 나라가 멍이 들 대로 들어 가는 모습을 보면서 교회 지도자들은 '예수 믿는 사람들까지도 그렇게 살면 이 나라가 희망이 없다. 믿는 사람들이 빛과 소금이 되어야 한다'는 생각에 이르렀다. 그래서 1901년 조선예수교 장로회 공의회에서 "7대 강령"이라는 지침서를 발간하고 이를 실천하겠다는 서약을 하는 자들에게 세례를 베풀었다. "7대 강령"의 내용은 이렇다.

"(1) 예배 출석 (2) 성수주일 (3) 부모 효도 (4) 일부일처 (5) 인가 귀도(引家歸道, 가정을 인도하여 도에 이르게 한다. 즉 가정복음화) (6) 근면 성실 (7) 금주 금연"

1914년에는 "담배를 피우는 자는 절대로 장로로 세우지 않는다"는 원칙을 공포하기도 했다. 이것이 우리 선배들이 물려준 신앙의 유산이다. 그런데 만약 누군가 "성경 어디에 담배 피우지 말라고 했느냐? 술 마시면 죄라고 했느냐?"라고 주장하면서 교회 안에서 술잔을 기울이고 시도 때도 없이 담배를 손에 쥔다면 그 사람은 경건한 신앙생활을 포기하겠다는 것으로 봐야 할 것이다. 그런 사람을 본다면 누구나 실족할 것이다.

따라서 아무리 할 수 있는 자유, 믿음이 있다 할지라도 양심에 가책을 받는다면, 또한 내 곁의 형제를 실족시킬 수 있다면 그 형제를 위해서 내 권한과 자유를 제한할 수 있어야 한다. 다시 말해, 언제나 나 중심이 아니라 이웃 중심이 되어야 하는 것이다. 이러한 삶을 가리켜 바울은 무엇이라고 했는가?

"그러므로 그리스도께서 우리를 받아 하나님께 영광을 돌리심과 같이 너희도 서로 받으라"(롬 15:7).

예수 그리스도가 우리를 받으셨다. 죄인인 우리를, 허물 많은 우리를, 그야말로 약점투성이요, 머리부터 발끝까지 상하고 터지고 새로 맞은 흔적뿐인 우리를, 그래서 성령의 열매 대신 '육체의 열매'를 주렁주렁 맺고 있는 우리를 예수님은 그대로 받으셨다. 그러므로 우리 또한 서로 받아야 한다. 장점이 많아서가 아니다. 나에게 유익이 되기 때문이 아니다. 그저 예수 그리스도가 나를 받으신 것처럼 나도 내 곁의 형제를 받아야 한다. 그의 약점까지도, 허물까지도 받아야 한다. 즉 믿음이 약한 자의 약점을 기꺼이 담당하고, 이웃을 기쁘게 하며, 덕을 세우기를 힘쓰는 자가 되어야 한다. 이것이 믿음이 강한 자의 모습이다.

잠시 후 우리 모두는 하나님의 심판대 앞에 설 것이다. 그날은 생각하지 못할 때 갑자기 나는 화재처럼 우리에게 임할 것이다. 주님이 재림하실 것이다. 언제 오실까?

"신랑이 더디 오므로 다 졸며 잘새 밤중에 소리가 나되 보라 신랑이로다 맞으러 나오라 하매"(마 25:5-6).

그때 무엇을 챙길 것인가? 현금과 귀중품일까? 그때 우리가 갖고 나갈 것은 아무것도 없다. 오직 하나, 믿음이다. 믿음을 내보여야 한다. 왜냐하면 주님은 믿음을 보기 원하시기 때문이다.

"인자가 올 때에 세상에서 믿음을 보겠느냐 하시니라"(눅 18:8b).

왜 믿음을 보시려 할까?

"너희 믿음의 확실함은 불로 연단하여도 없어질 금보다 더 귀하여 예수 그리스도께서 나타나실 때에 칭찬과 영광과 존귀를 얻게 할 것이니라"(벧전 1:7).

사랑하는 여러분!

"이기적(利己的)이 가장 이타적(利他的)이다"라는 말이 있다. 처음에는 잘 수긍이 가지 않았는데, 가만히 생각해 보니 고개가 끄떡여졌다.

예를 들어, 빵집을 운영하는 사람이 있다고 하자. 그는 맛있는 빵을 만들기 위해 심혈을 기울인다. 누구를 위해서인가? 자기를 위해서다. 하지만 그 맛있는 빵 때문에 많은 이웃이 행복하고 즐거워한다. 코로나19로 인해 모두 철저히 마스크를 쓴다. 누구를 위해서인가? 자기를 위해서다. 이기적이다. 하지만 마스크를 쓰는 것은 이타적이다. 교통 법규를 지키는 것은 누구를 위해서인가? 자기를 위해서다. 이기적이다. 하지만 다른 사람을 위해서다. 이타적이란 말이다. 열심히 공부해 의대에 간다. 이기적이다. 하지만 의사가 되어 다른 사람들의 병을 고친다. 이타적이다.

그러므로 이기적이 가장 이타적이라는 말은 옳은 말이다. 믿음이 그렇다. 철저히 이기적이다. 자기를 위해서다. 하지만 그 이기적인 믿음이 이타적이 되어야 한다. 그래야 그 믿음이 온전한 믿음이 되는 것이다. 그래서 바울은 "강한 믿음이란 무엇인가? 강한 믿음의 소유자는 과연 누구인가? 믿음이 약한 자의 약점을 담당하는 자다. 자기를 기쁘게 하는 것이 아니라 이웃을 기쁘게 하는 자다. 선을 이루고 덕을 세우는 자다"라고 말했다.

> "그러므로 그리스도께서 우리를 받아 하나님께 영광을 돌리심과 같이 너희도 서로 받으라"(롬 15:7).

바울은 사실 이 한마디를 하기 위해 지금까지 로마서를 기록했다. 로마서의 핵심은 행위가 아니라 '믿음'이다. 믿음이란 무엇인가? 믿음이 약한 자의 약점을 담당하고, 이웃을 기쁘게 하고, 선을 이루고 덕을 세우기를 힘쓰는 것이다. 나의 믿음을 스스로 점검해보자. 나의 믿음은 과연 어떠한가?

30.

길이 막히면, 뜻이 있다

15:22-29

로마서는 총 16장으로 이루어져 있지만, 사실상 15장으로 마무리된다. 더 정확하게 말하면, 15장 13절에서 끝난다.

"소망의 하나님이 모든 기쁨과 평강을 믿음 안에서 너희에게 충만하게 하사 성령의 능력으로 소망이 넘치게 하시기를 원하노라"(롬 15:13).

그러므로 이 본문은 '에필로그'(epilogue)에 해당한다고 할 수 있다. 바울이 지금까지 해 온 주장 중에서 정말 강조하고 싶은 부분을 다시 한 번 진술하는 종결 부분이라는 뜻이다. 바울은 무엇을 강조해 왔는가?

먼저, 로마서의 중심 키워드인 '믿음'이다(롬 1:17). 강한 믿음, 좋은 믿음의 소유자는 어떤 자인가? 성수주일, 새벽기도회, 십일조, 봉사 활동, 전도, 성경 읽기, 큐티 등이 전부인 양 생각해서는 안 된다. 나와 이웃의 관계를 점검해 봐야 한다. 진정한 믿음은 민음이 약한 자의 약점을 담당하고, 이웃을 기쁘게 하며, 선을 이루고 덕을 세워야 한다. 이것이 강한 믿음이기에 바울은 로마서를 끝맺으면서 다시 한 번 이 믿음을 강조했다.

하나님이 자꾸 막으실 때가 있다

결론 부분에서 바울이 또 하나 강조하는 것이 있다. '믿음'이 너무 중요하기에 다시 한 번 짚었듯이, 믿음만큼 중요하기에 다시 한 번 꼭 짚고 넘어가는 것이 무엇인가?

"이제는 이 지방에 일할 곳이 없고"(롬 15:23a).

주후 57년경 바울은 고린도에서 이 로마서를 쓰고 있었다. 그는 고린도에서 할 일을 거의 마쳤다. 그러므로 고린도에 더 이상 머물 이유가 없었다. 어디든지 가려고 하면 갈 수 있었다. 로마 시민권까지 가진 자유인이었기 때문이다. 그런데 바울이 평소에 어느 지역을 마음속에 담고 있었던가? 로마다. 그러므로 이제는 언제든지 로마에 갈 수 있었다. 그렇다면 바울은 무엇 때문에 로마에 가려 했는가?

"그러므로 나는 할 수 있는 대로 로마에 있는 너희에게도 복음 전하기를 원하노라"(롬 1:15).

바울은 또 이렇게 말했다.

"이는 지나가는 길에 너희를 보고 먼저 너희와 사귐으로 얼마간 기쁨을 가진 후에 너희가 그리로 보내 주기를 바람이라"(롬 15:24).

여기서 '그리'는 서바나, 지금의 스페인을 말한다. 당시는 문명 지역의 끝을 스페인으로 보았다. 그러므로 스페인에 간다는 것은 땅끝, 즉 변방까지 가겠다는 뜻이다. 바울은 무엇 때문에 로마로 가려고 했는가? 무엇을 위하여 서바나까지 가려고 했는가? 오직 하나, 복음을 위해서였다. 그런데 어떤 일이 일어났던가?

"어떻게 하든지 이제 하나님의 뜻 안에서 너희에게로 나아갈 좋은 길 얻기를 구하노라"(롬 1:10).
"형제들아 내가 여러 번 너희에게 가고자 한 것을 너희가 모르기를 원하지 아니하노니…지금까지 길이 막혔도다"(롬 1:13).

이상하게 길이 막혔다. 그것도 한두 번이 아니라 여러 번 막혔다. 더 정확하게 말하면 하나님이 길을 막으셔서 꿈을 포기하게 하셨다. 바울이 여러 번 시도했지만 그때마다 허사였다. 도무지 하나님의 뜻을 알 길이 없었다. 왜 하나님이 그의 선한 뜻을 수포로 돌아가게 하셨을까? 그것도 한두 번이 아니고 여러 번이나 말이다. 바울은 많이 실망했을 것이다. 하나님의 영광을 위해 나섰고, 하나님 나라를 위해 나아가려고 하는데 하나님이 막으시는 이유를 알 수 없었기 때문이다. 그의 가슴 밑바닥에는 오랫동안 물음표가 남아 있었다.

그런 그에게 깨달음이 왔다. 하나님이 막으신 이유를 몰라 힘들어했는데, 편지를 마무리하는 시점에야 이르러 알게 된 것이다. 하나님이 선한 일을 막으신 이유가 무엇이었던가?

"그러나 이제는 내가 성도를 섬기는 일로 예루살렘에 가노니"(롬 15:25).

'그러나'란 '하지만', '그래도 되지만'이라는 뜻이다. '이제는'에 담긴 뜻은 다음과 같다.

"내가 가려고 하면 얼마든지 로마도, 서바나도 갈 수 있다. 그런데 여기서 나는 내 꿈, 내 계획보다 더 중요한 하나님의 뜻, 계획을 발견했다. 그것은 내가 예루살렘 성도를 섬기길 원하신다는 것이다. 그래서 나는 내 꿈인 로마가 아닌 하나님의 뜻인 예루살렘으로 가려고 한다."

그러면서 바울은 로마로 갈 수 있음에도 불구하고 가지 않았다. 서바나로 가려는 꿈까지도 접었다. 사실 바울은 지난 20여 년 동안 오직 복음에 미쳤다. 결혼까지도 포기했다. 바울의 고백을 들어 보라.

"내가 달려갈 길과 주 예수께 받은 사명 곧 하나님의 은혜의 복음을 증언하는 일을 마치려 함에는 나의 생명조차 조금도 귀한 것으로 여기지 아니하노라"(행 20:24).

바울은 일생을 이런 마음 자세로 살았다. 그래서인지 베스도 총독 앞에 끌려갔을 때 총독이 그에게 뭐라고 했던가? "바울아 네가 미쳤도다"(행 26:24)라고 했다. 그때 바울이 뭐라고 맞받아쳤는가?

"바울이 이르되 말이 적으나 많으나 당신뿐만 아니라 오늘 내 말을 듣는 모든 사람도 다 이렇게 결박된 것 외에는 나와 같이 되기를 하나님께 원하나이다 하니라"(행 26:29).

이같이 바울은 복음 전하는 일에 미쳤다. 오직 복음만을 위하여 달려왔고, 복음 전하는 일을 최우선으로 생각했다. 복음 전파를 가장 가치 있는 일로 여겼다. 주님이 명하셨기 때문이다. 그래서 그 복음을 로마에 전하려고 하는데, 서바나까지 가려고 했는데 하나님이 막으셨다. 그 이유를 몰라 힘들어했는데 드디어 주변 사람들과 상황을 통해 하나님이 하나님의 뜻을 보여 주셨다. 그 뜻이 무엇이었던가?

막힌 길 너머에서 찾은 하나님 뜻

"그러나 이제는 내가 성도를 섬기는 일로 예루살렘에 가노니 이는 마게도냐와 아가야 사람들이 예루살렘 성도 중 가난한 자들을 위하여 기쁘게 얼마를 연보하였음이라"(롬 15:25-26).

역사학자들은 당시 예루살렘에 극심한 가뭄과 기근이 있었다고 증언한다. 마치 그 옛날 사사 시대에 베들레헴에 살고 있던 엘리멜렉과 나오미가 극심한 기근으로 모압으로 이주했듯, 예루살렘에 극심한 기근이 찾아와 많은 사람이 곤란에 빠져 있었다. 그 중 특히 심한 곤란에 처한 이들이 있었는데, 바로 예루살렘 지역에 살던 그리스도인들이었다. 왜냐하면 당시 유대 사회에서 예수를 믿는다고 하면 동네에서나 가문에서 쫓겨나 유랑 생활을 해야 했기 때문이다. 예루살렘의 그리스도인들에게는 기근이 덮친 상황이 엎친 데 덮친 격이 아닐 수 없었다.

이 소식을 멀리 마게도냐와 아가야 성도들이 전해 들었다. 그때 그들이 어떻게 했던가? 한결같이 십시일반 구제(연보)에 참여했다. 그야말로 기쁨으로 정성껏 참여했다. 복음에 빚진 자의 심정으로 참여했다(롬 15:27). 예루살렘의 가난한 성도들을 위하여 헌금하는 것이 마땅한 일이라고 생각했다. 따라서 그들은 정성껏 헌금을 모았을 것이다.

문제는 누구를 통해 저 멀리 예루살렘 성도들에게 연보를 전달하느냐는 것이었다. 그때 모두의 뇌리에 누가 떠올랐을까? 바울이다. 왜냐하면 바울을 통해서 예수를 믿게 된 사람들이었기 때문이다. 바울이면 신뢰할 수 있었고, 헌금이 잘 전달될 수 있을 것이다. 이 분위기를 감지했던 바울이 그때 어떤 생각을 했을까? 우선순위를 어디에 두었던가?

'아, 하나님이 로마로 가려는 나의 발걸음을 막으시더니, 하나님의 뜻이 있었구나. 하나님은 내가 복음을 전하는 것보다 먼저, 지금 기근으로 힘들어하는 예루살렘 형제자매들에게 이 연보를 잘 전달하는 전달책이 되어 그들을 섬기기를 원하셨구나.'

그래서 바울은 하나님의 뜻에 순종하기로 결심하고서 편지를 이렇게 마무리했다.

"그러므로 내가 이 일을 마치고 이 열매를 그들에게 확증한 후에 너희에게 들렀다가 서바나로 가리라"(롬 15:28).

바울이 지금 우리에게 무엇을 깨닫게 해 주는가? 하나님이 오늘 한국 교회 성도들에게 무엇을 먼저 요구하시는가? 코로나19로 힘든 우리에게 어떤 메시지를 주시는가? 복음을 전하는 것은 대단히 중요하다. 사실 이보다 더 중요한 것이 어디 있겠는가. 복음 전파 사명을 그 무엇과 바꾸겠는가. 우리는 주님이 재림하시는 순간까지 이 일을 해야 한다. 그야말로 복음을 전하기 위해서라면 생명을 조금도 귀한 것으로 여기지 말아야 한다.

하지만 하나님은 이보다 먼저 해야 할 일이 있음을 깨우쳐 주신다. 그것은 이웃을 섬기는 것이다. 이웃에게 그리스도의 사랑을 전하는 것이다. 먼저 이 일을 하기를 하나님은 원하신다. 특히 어려움에 처한 우리의 이웃을 향하여 우리가 이 일을 먼저 행하기를 원하신다. 복음을 전하려는 바울의 발걸음을 막으시고, 먼저 그가 연보를 전달하는 전달책 역할을 하기 원하셨던 것처럼 말이다.

오늘날 한국 교회의 권위가 땅에 떨어졌다. 예수 믿는 것이 이렇게 부끄러운 때가 없었다. "예수 천당" 하면 전부 손가락질한다. 전도지도 전달하지 못할 지경에 이르렀다. 이런 우리에게 하나님이 무엇이라고 말씀하시는가? 복음 전하는 일을 잠시 내려놓고 어려움에 처한 사람들에게 다가가라고 하신다. 이것이 하나님의 뜻이다.

길이 막힐 때가 있다. 분명히 하나님의 영광을 위한 길이며 하나님 나라 확장을 위한 선한 꿈인데, 이상하게 막으실 때가 있다. 그것도 여러 번 막으실 때가 있다. 그때 우리는 하나님의 뜻을 찾아야 한다. 내 계획과 꿈을 내려놓고 하나님의 뜻을 찾아야 한다. 길이 막힐 때, 뜻이 있다. 분명히 하나님의 뜻이 있다. 우리의 믿음보다 더 중요한 것은 하나님의 뜻이다. 우리가 하나님의 뜻을 찾아 그 뜻대로 살아가려고 힘쓰는 것이 하나님의 소원이다.

언젠가 미국에서 결혼한 지 4년밖에 안 된 부부가 자녀를 무려 9명이나 두고 있어 화제였다. 2016년 결혼한 펜실베이니아의 맥신, 제이컵 영 부부는 난임으로 임신이 되지 않자 고민 끝에 아이를 입양하기로 하고 2개월간 입양 관련 교육을 받았다. 그러고는 아이를 너무 원했던 터라 한 명이 아닌 두 명을 입양하고 싶다고 밝혔다. 한 달쯤 지났을 때 삼 남매인데 입양할 수 있겠냐는 연락이 왔다. 무조건 좋다고 답했다. 그런데 또 얼마 지나지 않아 다시 위탁보호소에서 먼저 입양한 삼 남매에게 여동생이 하나 있는데 그 아이도 입양할 의향이 있는지를 물어왔다. 좋다고 했다. 네 아이 모두 4세 이하였다.

사 남매를 입양해 키우면서 이들 부부는 큰 기대 없이 인공수정을 한 번 더 했는데 놀랍게도 임신이 되어 아들을 선물로 받았다. 그런데 이렇게 아이 다섯을 키우고 있는 이들에게 놀라운 일이 일어났다. 자연 임신은 불가능하다고 결론이 난 그 부부가 임신을 한 것이다. 그것도 네쌍둥이를 말이다. 병원에서는 네쌍둥이는 위험하다고 경고했지만, 마침내 네쌍둥이를 무사히 출산하면서 이 부부의 자녀는 모두 9명이 되었다. 주변에서는 모두가 이구동성으로 "뜻을 이루지 못하던 부부가 4명의 아이를 입양한 후 이들의 선행에 하늘도 감동한 것이 틀림없다"라고 말했다. 부부의 마음 씀씀이가 참 아름답다. 다음은 그들의 인터뷰 내용이다.

"처음에는 사실 두 명 정도 입양하고 싶었지만, 네 살 이하의 남매

3명을 입양할 의향이 있냐는 제안에 망설임 없이 좋다고 이야기했다. 또 한 명 엘리엇을 입양할 때도 남매들을 서로 떨어뜨려 놓고 싶지 않아서 그렇게 하기로 했다. 그 이후 2018년 10월 헨리를 낳았을 때 전율을 느꼈다. 사 남매를 입양한 일은 나의 인생에서 가장 잘한 일이었다."

2019년 4월 11일 헌법재판소에서 '낙태죄' 헌법 불일치 판결이 내려졌다. 그러자 정부는 임신 14주까지는 별도의 사유나 상담 절차 없이 임산부 본인의 의사에 따라 낙태 결정이 가능하도록, 24주까지는 사회·경제적 사유가 인정될 경우 낙태가 가능하도록 하는 법안을 입법 예고했다. 그래서 이 문제는 사실 발등에 떨어진 불, 뜨거운 감자다. 물론 이후 다양한 개정안이 나왔지만 합의점을 찾지 못해 자동 폐기되었지만 말이다. '낙태 관련 정부 입법안'에 반대하는 성명서의 일부를 소개하면 이렇다.

"낙태죄 자체가 태아의 존엄한 생명권을 보호하기 위한 입법 목적으로 만들어진 것이며 낙태가 전면 허용되면 남성들은 피임에 더욱 소홀히 할 것이며, 임신의 책임 또한 여성들에게 가중될 것이고 여성들에게 낙태를 강요하는 일이 더욱 많아질 것이다. 실제로 영국의 경우 1967년 합법화 이후 연간 2만 1,407명의 태아가 죽어 나갔고 2016년에는 연간 20만 8,500명으로 폭증, 1967년부터 2016년까지 낙태된 태아는 850만 명에 달하고 있다. 현재 대한민국의 출산율은 0.918명으로 OECD국가 중 꼴찌에 해당한다. 그런데 낙태를 허용하면 인구 절벽을 더 부추기는 결과를 초래할 것이다. 태아는 생명이다! 낙태는 살인이다. 원하면 누구나 죽이고 없 앨 수 있는 존재가 아니다."

생명의 존엄성을 수호하고 생명을 지키는 것은 어떤 이유로도 양보할 수 없는 우리 신앙의 일부다. 사실 우리 인간은 (임신 주수가) 언제부터 생명인지 알지 못한다. 성경도 몇 주부터 생명이라고 말하지 않으나, 태아가 생명이라는 사실은 분명히 밝히고 있다. 그런데 의사가 진료를 거부하면 그것까지 처벌하겠다는 것은 심히 부당한 처사다. 모두 한때 태아이지 않았던가. 태아는 볼 수 없다고 한다. 하지만 임신 6주면 심장 박동 소리를 들을 수 있다. 임신 14주면 남녀 성별 구별이 가능하다. 태아는 독립적이며 고유한 인격체다.

맥신, 제이컵 영 부부는 아이를 출산하는 길이 막혔을 때 4명의 아이를 입양하자 다시 5명의 아이를 선물로 받았다. 이 부부가 네 쌍둥이를 임신했다는 사실을 알았을 때 의사의 권고대로 그중에서 몇 아이를 낙태시켰다면 어떻게 되었을까? 우리는 정말 길이 막힐 때 하나님의 뜻을 찾아야 한다. 우리 주님도 마찬가지셨다.

"아버지여 만일 아버지의 뜻이거든 이 잔을 내게서 옮기시옵소서 그러나 내 원대로 마시옵고 아버지의 원대로 되기를 원하나이다"(눅 22:42). 그때 주님이 얼마나 간절히 기도하셨던가?

"예수께서 힘쓰고 애써 더욱 간절히 기도하시니 땀이 땅에 떨어지는 핏방울같이 되더라"(눅 22:44).

그런데 주님 역시 그 뜻이 관철되지 않았다. 힘쓰고 애써 더욱 간절히 기도하셨는데도 길이 막혔다. 그런데 알고 보니 더 큰 뜻이 기다리고 있었다.

"이러므로 하나님이 그를 지극히 높여 모든 이름 위에 뛰어난 이름을 주사 하늘에 있는 자들과 땅에 있는 자들과 땅 아래에 있는 자들로 모든 무릎을 예수의 이름에 꿇게 하시고 모든 입으로 예수 그리스도를 주라 시인하여 하나님 아버지께 영광을 돌리게 하셨느니라"(빌 2:9-11).

사랑하는 여러분!

우리는 이제 로마서를 닫아야 할 시점에 이르렀다. 로마서는 두 부분으로 나뉜다. 전반부(롬 1-11장)는 '어떻게 구원을 받았는가', 후반부(롬 12-16장)는 '구원받은 자는 어떻게 살아야 할 것인가'를 다루고 있다. 어떻게 구원을 받았는가? 믿음으로 구원받았다. 그래서 '믿음'을 다시 한 번 다룬 것이다. 어떻게 살아야 할 것인가? 하나님의 뜻을 분별하며 살아야 한다.

"너희는 이 세대를 본받지 말고 오직 마음을 새롭게 함으로 변화를 받아 하나님의 선하시고 기뻐하시고 온전하신 뜻이 무엇인지 분별하도록 하라"(롬 12:2).

길이 막히는가? 그것도 여러 번 막히는가? 하나님의 또 다른 뜻이 있다. 아니, 더 큰 뜻이 있다. 내 생각과 꿈, 계획과 전혀 다른 뜻이 있다. 나를 향한 하나님의 뜻이 있다. 그 뜻을 발견할 수 있어야 한다. 지금 바울은 하나님을 원망할 수 있는 상황이었다. 아니, 원망해야만 했다. 하지만 그는 그 속에서 하나님의 뜻을 찾았다.

"하나님이 원하시는 것이 이것이구나. 하나님은 세계 최고의 권력자들이 모여 있는 서쪽 로마가 아닌, 저 멀리 동쪽 예루살렘, 가난한 자들이 배고파 어찌할 바를 모르는 곳으로 가기를 원하시는구나. 가서 '예수 천당'을 외치기보다는 따뜻한 '빵 한 조각'을 나눠 주며 같이 울고 같이 기뻐하기를 원하시는구나!"

그래서 바울은 고린도에서 연보를 어깨에 메고 예루살렘을 향해 나아갔다. 하나님이 길을 여신다. 그 길을 신뢰하라. 그 길에 서라. 지금 쫓겨나듯, 떠밀려 가듯 보이지만 하나님이 있게 하신 그 자리에서 사명을 붙잡으라. 하나님이 보내신 그곳에서 하나님의 일을 하라. 그것이 꼭 "예수 천당"을 외치는 일이 아니어도 좋다. 아니, 그보다 먼저 우리는 따뜻한 손을 내밀어야 한다.

31.

천국에서 불릴 새 이름

16:1-13

언젠가 북한의 남쪽 진남포로부터 평양을 거쳐 북쪽 묘향산까지 올라간 적이 있다. 차창 밖으로 펼쳐지는 풍광이 하나같이 낯설고 새롭고 안타까웠다. 드디어 골짜기를 굽이굽이 돌아 묘향산에 도착했을 때 잠시 휴식 시간이 주어졌다. 단풍이 곱게 물든 산속으로 걸어 들어갔을 때 서산대사가 말을 걸어왔다.

"이보게, 친구!
살아 있는 게 무언가
숨 한 번 들여 마시고
마신 숨 다시 뱉어 내고

가졌다 버렸다
버렸다 가졌다
그게 바로 살아 있다는

증표 아니던가?

그러다 어느 한 순간
들여 마신 숨 내뱉지 못하면
그게 바로 죽는 것이지.

어느 누가
그 값을 내라고도 하지 않는
공기 한 모금도
가졌던 것 버릴 줄 모르면
그게 곧 저승 가는 것인 줄
뻔히 알면서

어찌 그렇게
이것도 내 것 저것도 내 것
모두 다 내 것인 양
움켜쥐려고만 하시는가?

아무리 많이 가졌어도
저승길 가는 데는
티끌 하나도 못 가지고 가는 법이리니
쓸 만큼 쓰고 남은 것은
버릴 줄도 아시게나.

자네가 움켜쥔 게 웬만큼 되거들랑

자네보다 더 아쉬운 사람에게

자네 것 좀 나눠 주고

그들의 마음 밭에 자네 추억 씨앗 뿌려

사람 사람 마음속에 향기로운 꽃 피우면

천국이 따로 없네, 극락이 따로 없다네."

서산대사가 썼다는 "서산대사 시비"(西山大師 詩碑)다. 묘향산 하면 서산대사가 떠오른다. 그는 그곳 원적암에 칩거했다. 그러던 그가 85세의 나이로 운명하기 직전 마지막으로 이 시를 읊었다고 한다. 전해 오는 이야기에 의하면, 여러 제자들 앞에서 이 시를 읊은 후 그 자리에서 입적을 했다고 한다.

로마서 16장을 펴고 있다. 로마 교회 성도들을 향한 바울의 마지막 말이다. 그런데 16장은 서산대사의 글과는 색깔이 전혀 다르다. 서산대사의 글은 "왜 그렇게 사는가? 그렇게 살아 되겠는가?" 하는 권면과 충고가 주를 이루고 있다. 하지만 로마서 16장에는 위로, 격려, 칭찬, 축복이 담겨 있다. 그야말로 훈훈함이 물씬 풍긴다. 마치 바울이 자기와 함께 지금까지 교제를 나누었던 여러 사람들을 카메라 앞에 불러 모으고는, 모두 각각 독특한 포즈를 취하면서 단체 사진 촬영에 임하는 분위기다.

모두 몇 명쯤 될까? 몇 번이나 숫자를 헤아렸지만 이상하게 헷갈렸다. 최종적으로 37명으로 정리를 했다. 욕심 같아서는 한 사람씩 다 살펴보고 싶었다. 왜냐하면 저마다 진한 감동을 불러일으킬 만한 기막힌 간증거리들을 가슴에 담고 있기 때문이다. 하지만 여기서는 그중 특히 눈에 들어오는 몇 사람들만 선정하여 그들의 모습을 살피려고 한다. 누가 제일 먼저 눈에 들어오는가?

바울 사역에서 잊을 수 없는 사람들

뵈뵈: 일꾼이요 보호자

첫째, 뵈뵈다. 뵈뵈라는 여성이 제일 먼저 언급되기 때문이다. 첫 번째는 언제나 중요하다. '팔복' 가운데서도 예수님이 제일 먼저 말씀하신 복이 중요하다(마 5:3). 사랑의 속성 가운데서도 제일 먼저 언급된 사랑이 중요하다(고전 13:4). 성령의 아홉 가지 열매 가운데서도 제일 먼저 언급된 열매가 중요하다(갈 5:22). 믿음의 대표 주자들 가운데서도 제일 먼저 언급된 사람이 중요하다(히 11:4). 특히 여자들이 제대로 대우받지 못하던 시대에 여러 사람들 가운데 뵈뵈가 제일 먼저 언급되었다는 것은 예사로운 일이 아니다. 바울은 뵈뵈를 어떻게 소개하고 있는가?

> "내가 겐그레아 교회의 일꾼으로 있는 우리 자매 뵈뵈를 너희에게 추천하노니 너희는 주 안에서 성도들의 합당한 예절로 그를 영접하고 무엇이든지 그에게 소용되는 바를 도와줄지니 이는 그가 여러 사람과 나의 보호자가 되었음이라"(롬 16:1-2).

뵈뵈의 섬김은 독특하고 향기로웠다. 이를 두 단어를 통해 확인할 수 있다. 하나는 '일꾼'이라는 단어다. 바울은 그녀를 '일꾼'이라고 불렀다. 헬라어로 'διάκονος'(디아코노스)란 이 단어는 여성명사가 아닌, 특수한 사역을 뜻하는 남성명사다. 그래서 이 단어를 다른 곳에서는 '집사'(執事)로 번역하고 있으며 남자에게만 붙였다. 그런데 여성인 뵈뵈를 집사라고 불렀다. 뵈뵈가 어떤 역할을 했는지 충분히 짐작할 수 있다.

당시 고린도 교회에는 약 30개의 작은 공동체가 있었다. 그중 하나가 겐그레아 교회였다. 그러니 숫자도 미미했고, 오늘처럼 어떤 조직도 없었다. 초기의 한국 교회도 그렇지 않았던가. 장로도 없고, 안수집사도 없는 교회들이 부지기수였다. '조사'(助事)라는 직함을 가진 사역자가 여러 교회를 맡아 목회했다. 그때 '영수'(領袖)라는 분이 있었다. 이것 또한 정식 직분은 아니지만, 안수집사, 장로, 심지어 교역자의 역할을 감당했다.

아마 뵈뵈가 그러했던 것 같다. 여장부 역할을 감당했다는 뜻이다. 겐그레아라는 조그마한 항구 도시에 있던 교회에 예수 믿는 사람들이 몇 명이나 되었겠는가. 심방도 하고, 음식도 하고, 철야기도도 하고, 병문안도 가고, 장례도 집례하고, 전도도 하고, 상담도 하고, 필요할 때는 예배도 인도하는 등 그야말로 사람이 적어 손이 턱없이 모자라던 때에 힘써 주의 일을 감당했던 여성이 뵈뵈였다.

또 하나 '보호자'라는 단어가 눈길을 끈다. '여러 사람과 나의 보호자가 되었음이라'라는 말은 특히 멀리서 복음을 위하여 고린도까지 온 바울을 극진히 대접하고 모셨다는 것을 뜻한다. 음식이 필요하면 공급해 주고, 머물 수 있는 방을 제공하며, 마가의 어머니처럼 사람들이 모일 수 있는 다락방도 내놓았을 것이다. 바울이 사역하기에 불편함이 없도록 다양한 분야에서 배려를 아끼지 않왔던 여성이 뵈뵈였다.

이런 뵈뵈를 바울이 어느 정도 신뢰했던가? 이 편지의 전달자가 누구인가? 로마서, 즉 성경을 누구의 손에 들려서 로마로 보냈는가? 정말 심혈을 기울여 적었고 매우 소중하게 생각했던 이 편지를 바울이 아무에게나 맡겼겠는가? 마게도냐와 아가야 성도들이 자신들이 모금한 연보를 아무에게나 맡겼던가(롬 15:25-26)? 그들이 오직 믿을 수 있는 바울에게 연보를 맡겨서 예루살렘에 전달해 주기를 바랐듯이, 바울 역시 편지의 전달책으로 뵈뵈를 지명하고 그녀에게 이 중차대한 일을 맡겼다.

더군다나 로마서라는 이 편지가 지금처럼 얇고 가벼웠을까? 아니다. 상당한 양의 두꺼운 두루마리 편지였을 테니 당연히 남성에게 맡길 법한데, 그럼에도 바울은 여성인 뵈뵈에게 이 일을 맡겼다. 그만큼 신뢰했다는 뜻이 아닌가. 그래서 바울은 여러 사람들 가운데 제일 먼저 뵈뵈를 언급하면서 당부까지 했다.

"첫째, 합당한 예절로 영접하라. 둘째, 소용되는 바를 도와주라. 셋째, 나와 여러 사람을 위하여 혼신의 힘을 쏟은 것을 한시라도 잊지 마라."

브리스가와 아굴라: 동역자요 목까지도 내놓은 자

둘째, 브리스가와 아굴라다. 바울이 어떻게 소개하고 있는가?

"너희는 그리스도 예수 안에서 나의 동역자들인 브리스가와 아굴라에게 문안하라 그들은 내 목숨을 위하여 자기들의 목까지도 내놓았나니 나뿐 아니라 이방인의 모든 교회도 그들에게 감사하느니라"(롬 16:3-4).

바울은 지금 고린도에 있다. 그리스 아덴(아테네)을 거쳐서 왔다. 지난 20년간의 선교 사역 동안 보람된 일이 많았을 것이다. 반면, 힘들고 낙심했던 때도 있었을 것이다. 언제, 어디에서였을까? 바로 아덴에서였다.

아덴은 당시 로마와 쌍벽을 이루는 학문과 철학의 도시였다. 로마가 '칼의 도시'였다면, 아덴은 '펜의 도시'라 할 수 있다. 따라서 바울은 로마를 복음으로 정복하기에 앞서 철학의 도시 아덴을 정복해야겠다는 뜨거운 열망이 있었다. 그래서 아덴으로 향했다. 어렸을 때부터 가말리엘 문하에서 당대의 학문을 섭렵했던 바울이 아닌가. 그는 스스로 일컫기를 "내가 비록 말에는 부족하나 지식에는 그렇지 아니하니"(고후 11:6)라고 했을 정도로 학문에 대한 자부심과 긍지가 대단했기에 담대히 아덴으로 향했다. 내로라하는 쟁쟁한 학자들과 당당히 겨루어 보고 싶은 바람도 있었을 것이다.

드디어 아덴의 그 유명한 아레오바고 언덕에서 바울은 철학자들과 논쟁을 했다(행 17:22). 그 결과는 어떠했던가? 아무런 열매도 얻지 못했다. 아니, 참담한 패배였다. 지금까지 아덴에서만큼 실패한 적이 없었다. 그러자 바울은 마치 쥐구멍이라도 찾는 듯한 심정으로, 홀로 발걸음을 터벅터벅 옮겨 고린도로 갔다. 완전히 탈진된 상태였다(행 18:1). 그런데 그곳에서 누구를 만났던가? 누가 기다리고 있었던가? 바로 브리스가와 아굴라 부부였다(행 18:2).

브리스가와 아굴라 부부도 원래는 이달리야(이탈리아)에 살았다. 그런데 글라우디오 황제가 모든 유대인을 로마에서 쫓아냈기에 본의 아니게 로마를 떠나 떠돌다 보니 고린도에 이르렀다. 바울과 이 부부는 만나자마자 이심전심 통했다. 특히 같은 직업인

천막을 만든다는 공감대가 있었다. 평일에는 천막을 함께 만들고, 안식일마다 함께 모여 말씀을 배우는 중에 가까워지기 시작했다. 바울을 통해 제자훈련을 받았고, 그 과정에서 바울의 목회철학과 비전을 공유하게 되었다. 그때부터 이 부부는 바울의 협력자들이 되었다.

여기서도 역시 두 단어가 눈에 들어온다. 하나는 '동역자'라는 단어다. 동역자란 영어로 'fellow worker' 혹은 'helper'라고 한다. 돕는 사람, 측근에서 손을 서로 맞잡은 사람을 뜻한다. 성경에서 동역자라는 호칭을 주로 누구에게 붙이는가? 바울은 디모데를 '나의 동역자'라고 불렀다(롬 16:21). 디도를 동역자(고후 8:23), 빌레몬을 동역자(몬 1:1)라고 불렀다. 이같이 바울은 목회자를 동역자라고 불렀다. 하지만 이 부부는 평신도였다. 그런데 바울은 그들을 동역자라고 서슴없이 불렀다. 즉 이 부부는 복음을 전하는 일에 바울과 한마음 한뜻이었다. 바울이 복음을 위하여 배를 타고 수리아로 가면 같이 이삿짐을 쌌다(행 18:18). 그러다가 바울이 또 에베소로 옮기면 미련 없이 함께 떠났다(행 18:19). 그들은 복음을 위하여 떠돌이, 집시가 되는 것을 마다하지 않았다.

그랬던 이 부부가 지금 어디 있는가? 로마에 있다. 이 부부는 바울이 로마에 오려던 것을 알고 있었기에 먼저 가서 마치 세례 요한처럼 대비했던 것이다. 그들은 평신도였으나, 복음이 최우선이었다. 그들에게 직업이나 집은 복음을 전하기 위한 수단 정도밖에 되지 않았다.

또 하나 눈에 띄는 단어는 '목'이라는 말이다.

"그들은 내 목숨을 위하여 자기들의 목까지도 내놓았나니 나뿐 아니라 이방인의 모든 교회도 그들에게 감사하느니라"(롬 16:4).

성경 중에서 가장 실감 나며, 어쩌면 섬뜩하기까지 한 표현이 무엇일까? '목이 잘리는 것'은 가장 끔찍하고 섬뜩한 일이 아닐 수 없다(마 14:8). 그런데 이 부부는 이런 마음 자세로 바울을 대했다. 바울의 목숨을 지킬 수만 있다면 자신의 목쯤은 기꺼이 내놓겠다는 마음이었다는 뜻이다. 어떻게 바울의 뇌리에 새겨지지 않을 수 있었겠는가. 디모데후서는 바울의 유언장이다. 바울이 그 마지막 부분에, 마지막으로 언급한 사람이 누구인가?

"브리스가와 아굴라와 및 오네시보로의 집에 문안하라"(딤후 4:19).

바울의 사역에서 잊을 수 없는 사람들, 마지막 숨을 거두는 순간 가슴에 품고 간 사람들이 바로 이 부부, 브리스가와 아굴라였다.

루포와 그의 어머니: 택하심을 입은 자요 내 어머니
셋째, 루포와 그의 어머니다.

"주 안에서 택하심을 입은 루포와 그의 어머니에게 문안하라 그의 어머니는 곧 내 어머니니라"(롬 16:13).

그들의 흔적은 갈보리 십자가의 길, 즉 비아 돌로로사(Via Dolorosa)에서 발견할 수 있다. 비아 돌로로사는 모두 14개 장소인데, 그중

다섯 번째 장소를 성경은 이렇게 설명하고 있다.

> "마침 알렉산더와 루포의 아버지인 구레네 사람 시몬이 시골로부터
> 와서 지나가는데 그들이 그를 억지로 같이 가게 하여 예수의 십자가
> 를 지우고"(막 15:21).

예수님은 사형 언도를 받으시고 비아 돌로로사의 길을 걸어가
셨다. 전체 400m 정도 되는 길에 급한 경사가 있었다. 무엇보다
'해골'이라는 별명이 붙을 정도로 험한 길이었다. 예루살렘 성전
을 세운답시고 돌을 캐냈다. 즉 돌산이었다. 얼마나 날카롭고 험준
했을까. 예수님이 가다가 쓰러지시고, 쓰러진 몸 위로 채찍이 가해
지는 상황이 반복되었다. 십자가를 지신 채 말이다. 그러다 주님은
완전히 지쳐 버리셨다.

상황이 이 지경에 이르자 군인들은 주변을 두리번거렸다. 그때
십자가 가장 가까이에 있는 한 사람이 눈에 들어왔다. 군인들은
다짜고짜 시몬이라는 구레네 사람을 끌어내 억지로 십자가를 대
신 지웠다. 순식간에 일어난 일이었다. 사랑하는 아버지가 졸지에
사형수처럼 십자가를 지고 골고다로 올랐다. 따라가지 않을 수 없
었다.

목적지에 다다랐을 때 군인들은 예수를 십자가에 못 박았다. 그
분은 십자가 위에서도 침묵하셨다. 아니, 원수들을 위해 기도하셨
다. 그리고 오후 3시경 운명하셨다. 완전히 숨을 거두셨다. 그런
데 그 예수께서 사흘 만에 부활하셨다. 40일 동안 수없이 많은 사
람에게 나타나셨다. 그때 구레네 사람 시몬은 '이분이 바로 오실

메시아, 하나님의 아들이시구나!' 하고 깨달았다. 그때 이 가족은 "나의 주님이시요, 나의 하나님이시니이다" 하며 예수를 구주로 영접했다.

이들의 고향은 어디인가? 구레네(Cyrene)는 '키레네'라고도 부른다. 지금의 아프리카 리비아라고 보면 된다. 그 먼 곳에서 유월절을 지키기 위해 예루살렘에 왔다가 주님의 십자가를 대신 지는 경험을 한 것이다. 하지만 그것은 은혜였다. '억지로'의 은혜였다. 그들은 생활 터전으로 돌아가지 않고 대신 복음을 전하는 사역에 뛰어들었다. 그러던 중 바울이 로마에 대한 꿈을 갖고 있다는 사실을 알고서는 예루살렘에서 저 멀리 로마까지 달려갔다. 자기 집, 고향으로 가지 않고 선교지를 향하여 나아갔다. 이런 시몬의 아들 루포와 그의 어머니를 향해 바울은 무엇이라고 말했는가?

> "주 안에서 택하심을 입은 루포와 그의 어머니에게 문안하라 그의 어머니는 곧 내 어머니니라"(롬 16:13).

역시 두 단어가 눈에 들어온다. 하나는 '주 안에서 택하심을 입은 자'라는 표현이다. 택하심을 입었다는 것은 구원받았다는 뜻이다. 성령이 확실히 인을 쳐 주셨다. 천국 백성이 된 자라는 의미다. 또 하나의 단어는 '내 어머니'라는 표현이다. 가장 자극적인 표현이 '목'이라고 한다면, 가장 감동적인 표현은 '어머니', '내 어머니'라는 말일 것이다. '어머니'라는 말에 무엇을 더 보탤 수 있겠는가. "내 어머니니라"라는 한 줄이면 끝이다. 지상의 수많은 언어 가운데 '어머니'라는 단어만큼 함축적이고 감동적이고 눈물을 훔치게 하는 단어가 또 어디에 있겠는가.

천국에서 불릴 영광스럽고 아름다운 새 이름

비록 몇 사람들만 다루었으나 나머지 사람들도 똑같다. 그들도 뵈뵈, 브리스가와 아굴라, 루포와 그의 어머니와 조금도 다를 바 없다. 그러면 여기에 등장하는 인물들의 공통적인 특징이 무엇인가?

첫째, 바울의 뇌리에 새겨진 사람들이다. 바울이 교제하던 사람들이 이들뿐이었을까? 더 나아가 당시 로마 교회의 구성원들이 이들뿐이었을까? 당시 로마 교회 성도 수는 약 300명쯤 되었다고 한다(Roger W. Gehring). 그런데 바울은 그중에서 오직 몇 사람들만, 자신의 뇌리에 새겨진 사람들만 언급하면서 고마워하고 문안을 했다. 그들이야말로 바울의 뇌리에 깊게 새겨진 이들이다.

둘째, 성경에 새겨진 사람들이다. 지금 그들의 이름은 바울이 쓴 편지에 새겨져 있다. 하지만 이 편지가 단순한 편지인가? '로마서'라는 성경이다. 성경은 성령의 감동으로 기록된 책이다(벧후 1:21). 성령이 친히 쓰신 책이다. 그렇다면 성경은 다른 말로 표현하면 '생명책'이다. 이 이름들이 어디에 새겨진 것과 마찬가지인가?

"글레멘드와 그 외에 나의 동역자들을 도우라 그 이름들이 생명책에 있느니라"(빌 4:3b).

"오직 어린양의 생명책에 기록된 자들만 들어가리라"(계 21:27b).

"누구든지 생명책에 기록되지 못한 자는 불 못에 던져지더라"(계 20:15).

'호'(號)를 사용하는 이들이 있다. 이이(李珥)는 '율곡', 이황(李滉)은 '퇴계', 이원록(李源綠)은 '육사', 이광수는 '춘원', 김정희는 '추사'라는 호를 가지고 있다. 호를 가지게 된 사연들이 있다. 육사(陸史)는 대구형무소 수감 번호가 264였기에 '이육사'(二六四)를 호로 삼았다. 김정희가 사용한 호는 무려 503개나 되었다. 보통은 두 자인데, 그는 '향각자다처로향각노인'(香閣煮茶處鱸香閣老人)이라는 열 자나 되는 호도 즐겨 사용했다고 한다. 그만큼 필체가 다양해서일까?

그런데 후대 사람들은 본명보다는 호를 더 기억한다. 이이보다는 이율곡, 이황보다는 이퇴계, 이원록보다는 이육사라고 부른다. 또한 김정희보다는 그의 호인 추사(秋史)가 훨씬 더 친근하게 불리고 있다. 그의 글씨체를 '추사체'라고 하는 것도 마찬가지 이유에서다. 서산대사의 본명은 휴정(休靜, 1520-1604)인데, 우리는 그를 서산대사로 기억한다.

장차 우리는 어떠할까? 천국에서 우리는 어떻게 불릴까? 이 땅에서 육신을 입은 우리가 사용하던 이름, 불리던 이름으로 불릴까?

사랑하는 여러분!

"귀 있는 자는 성령이 교회들에게 하시는 말씀을 들을지어다 이기는 그에게는 내가 감추었던 만나를 주고 또 흰 돌을 줄 터인데 그 돌 위에 새 이름을 기록한 것이 있나니 받는 자밖에는 그 이름을 알 사람이 없느니라"(계 2:17).

여기 '새 이름'이란 단어가 있다. 분명 새 이름을 받는다고 한다. 우리가 천국에 가면 땅 위에서 불렸던 본명이 없어지고 새 이름으로 불린다. 하나님이 새 이름을 지금 '흰 돌'에 새기고 계신다. 그날 하나님이 우리에게 주실 것이다. 받는 자밖에는 그 새 이름을 알 수 없다.

하지만 로마서 16장에 새겨진 사람들이 어떤 새 이름을 받을지에 대해서는 짐작이 간다. 그 이름들은 이렇다. 뵈뵈는 '일꾼이요 보호자', 브리스가와 아굴라는 '동역자요 목까지도 내놓은 자', 루포와 그의 어머니는 '택하심을 입은 자요 내 어머니' 등이다. 왜냐하면 지금 그들은 성령으로부터 새 이름을 받았기 때문이다. 어떤 이는 '그리스도께 처음 맺은 열매', 또 어떤 이들은 '많이 수고한 자', '주 안에서 내 사랑하는 자', '주 안에서 많이 수고한 자' 등 정말 영광스럽고 아름다운 새 이름을 받았다.

우리 또한 하늘에서 영원히 불릴 이름이 영광스러운 새 이름일 수 있도록 믿음의 경주를 경주하는 자들이 되기를 바란다. 하나님이 지금 내게 주실 새 이름을 짓고 계신다는 사실을 한시도 잊지 말자.

32.

성도가 나누는 문안은 던진 생명줄이다

16:21-27

언젠가부터 로마서 전체를 성도들과 함께 나누었으면 하는 열망이 있었으나 그러지 못했다. 바울이 로마에 가려는 열망을 가졌으나 이상하게 길이 막혀 가지 못했던 것처럼 말이다(롬 1:13). 물론 그동안 부분적으로는 살펴보았으나 처음부터 끝까지 다룬 적은 없다. 로마서라는 책이 주는 무게감 때문이었을까?

그런데 2020년에 접어들어 전대미문의 코로나19 사태가 터졌다. 교회가 문을 열고 닫기를 반복했고, 예배 횟수가 줄어들었다. 회집 수도 급격히 줄어들었다. 무엇보다 교회를 향한 세상의 눈빛이 싸늘해졌다. 이런 와중에 로마서가 눈에 들어왔고, 이때에 로마서 말씀을 나눠야겠다는 감동이 찾아왔다. 그래서 로마서를 펼쳤고, 반복해 속도감 있게 다뤄 보기로 했다. 중간 중간 여러 차례 다루고 싶은 말씀들이 있었으나 약속대로 달려왔고, 어느덧 총 32장으로 로마서의 대장정을 마무리하게 되었다.

생명책에 이름이 기록된 자들의 표징, 문안

우리는 로마서를 통해 구원받는 믿음이 무엇인지, 구원받는 믿음을 소유한 자들이 어떻게 살아야 하는지를 분명하게 확인했다. 로마서는 사실상 15장 13절에서 끝이 난다.

"소망의 하나님이 모든 기쁨과 평강을 믿음 안에서 너희에게 충만하게 하사 성령의 능력으로 소망이 넘치게 하시기를 원하노라"(롬 15:13).

그렇다면 이어지는 나머지 뒷부분은 무엇인가? 단순한 인사요, 마무리인가? 그렇지 않다. 정말 중요한 메시지를 담고 있다. 그 이유는 바울이 로마서 16장 26절에서 밝히고 있다. '이 편지는 영원하신 하나님의 명령과 그 신비의 계시를 따라 된 복음'이라고 말이다. 무슨 뜻인가? 이 편지는 단순한 편지가 아니라는 것이다. 성령이 바울을 감동, 감화하셔서 신비의 계시를 보여 주셨고, 그 계시를 따라 이 편지가 쓰였다는 것이다(딤후 3:16). 다시 말해, 로마서는 성령의 감동으로 쓰인 성령의 작품, 곧 성경이요, 생명책임을 강조하고 있다.

바울은 그 생명책에 30명이 넘는 사람들의 이름을 빼곡히 기록했다. 그러니 그냥 넘어가도 될 일인가? 이것이 의미하는 바는 무엇일까? 우리가 마지막으로 나눠야 할 주제다. 바울은 빌립보서에서 이렇게 말했다.

"글레멘드와 그 외에 나의 동역자들을 도우라 그 이름들이 생명책에 있느니라"(빌 4:3b).

바울은 글레멘드를 언급하면서 그 이름이 생명책에 있다고 말했다. 그런 바울은 로마서 16장에 여러 사람들의 이름을 기록했다. 이것을 어떻게 이해하면 될까? 이들 또한 글레멘드처럼 그 이름이 생명책에 기록된 자들이라는 뜻이 아닐까? 이름이 생명책에 기록되는 것이 왜 그토록 중요한가? 요한은 요한계시록에서 이렇게 말했다.

"누구든지 생명책에 기록되지 못한 자는 불 못에 던져지더라"(계 20:15).
"오직 어린양의 생명책에 기록된 자들만 들어가리라"(계 21:27b).

그러니까 로마서 16장에 언급된 성도들은 그 이름이 생명책에 기록된 자들, 곧 구원받은 자들이다. 그러면 그들의 공통점은 무엇일까? 로마서 16장을 쭉 살펴보노라면 그들의 이름과 함께 연속적으로 반복되는 단어가 하나 있다. 그것은 '문안'(問安)이다. 무려 20회 이상 반복되고 있다. 헬라어로 'ἀσπάζομαι'(아스파조마이)인 이 단어는 단순히 '안부를 묻다', '연락을 취하다' 정도가 아니다. '끌어들이다', '포옹하다', '환대하다'라는 뜻을 담고 있다. 아니, 그 사람을 나의 뇌리, 마음에 받아들인다는 뜻이 '아스파조마이'다.

"내가 너희 무리를 위하여 이와 같이 생각하는 것이 마땅하니 이는 너희가 내 마음에 있음이며"(빌 1:7a).
여기서 '너희가 내 마음에 있다'는 표현은 '내 안에 네가 있다'

는 뜻이다. 이것이 바로 '아스파조마이'다. 그러므로 구원받은 자들, 즉 생명책에 그 이름이 기록된 자들은 문안, 즉 '아스파조마이'가 있는 자들이다. 그런데 바울은 그들을 다시 두 부류로 나누었다. 먼저 로마서 16장 1-16절에 나오는 부류로 나눈 후, 잠시 호흡을 가다듬고 21절 이하에 나오는 부류로 나누었다.

먼저, 전반부에 나오는 부류는 어떤 자들인가(롬 16:1-16)? 그들은 지금 로마에서 땀 흘려 수고하고 있다. 하나님의 교회를 세우기 위해 온갖 힘을 쏟고 있다. 그중에서 특히 뵈뵈(롬 16:1-2), 브리스가와 아굴라 부부(롬 16:3-4), 그리고 루포와 그의 어머니(롬 16:3)가 눈에 들어온다.

앞 장에서 이들에 대해 살펴보았다. 뵈뵈가 '일꾼'이요 '보호자'로서 어떻게 하나님 나라를 세우는 데 헌신했는지, 브리스가와 아굴라 부부가 바울의 '동역자'로서 바울을 위해서라면 '목'이라도 내놓겠다는 자세로 얼마나 최선을 다했는지, 루포와 그의 어머니가 비아 돌로로사의 길에서 만난 나사렛 예수를 위해 리비아에 있는 삶의 근거지인 구레네로 돌아가지 않고 복음을 전파하고자 얼마나 진력했는지를 바울은 우리에게 알려 주었다. 그들뿐인가? 나머지 평신도들도 한결같은 마음으로 하나님 나라 확장에 진력하며 최선을 다했다. 그중 몇 사람들만 더 살펴보자.

에배네도: 아가야의 첫 열매, 많이 수고한 자

에배네도도 그러했다. 바울은 에배네도를 어떻게 소개하는가?

"그는 아시아에서 그리스도께 처음 맺은 열매니라"(롬 16:5b).

고린도전서 16장 15절을 보면 '아가야의 첫 열매'가 등장한다. 그렇다면 여기 에배네도는 아가야의 첫 열매임이 틀림없다. 언제나 처음 예수를 믿는다는 것은 결코 쉬운 일이 아니다. 가정에서, 집안에서, 동네에서 처음 복음을 받아들인 사람에게는 많은 핍박과 조롱과 따돌림이 뒤따른다. 하지만 에배네도는 그 모든 고난을 감수하며 그 지방에서 예수 믿는 첫 열매가 되었다. 처음 맺은 열매는 귀하다. 그래서 하나님이 첫 열매를 요구하시는 것이다.

"주 여호와의 말씀이니라…너희 예물과 너희가 드리는 첫 열매와 너희 모든 성물을 요구하리라"(겔 20:40).
"그러나 이제 그리스도께서 죽은 자 가운데서 다시 살아나사 잠자는 자들의 첫 열매가 되셨도다"(고전 15:20).

에배네도가 지금 무엇을 받고 있는가?

"내가 사랑하는 에배네도에게 문안하라"(롬 16:5a).

에배네도는 바울을 위시한 여러 성도들로부터 정중한 문안을 받고 있다.

마리아: 많이 수고한 자
마리아도 그러했다.
"너희를 위하여 많이 수고한 마리아에게 문안하라"(롬 16:6).

당시 '마리아'라는 여인을 통해 메시아가 탄생하실 것이라는 예언 때문에 딸을 낳으면 마리아라는 이름을 많이 붙였다. 그렇다면 여기서 마리아는 누구일까? 지금 로마까지 가서 하나님 나라 확장을 위해 진력하고 있는 마리아는 과연 누구일까? 옥합을 깨뜨리던 베다니의 마리아일까? 일곱 귀신 들렸다가 고침을 받은 막달라 마리아일까? 알 수는 없다. 하지만 분명한 것은 이 마리아는 유대인이었지만 먼 로마까지 달려가 '많이', '분에 넘치도록', '최선을 다해' 수고했다는 것이다.

마리아는 고린도 성도들처럼 인색함으로나 억지로 하지 않았다(고후 9:7). 에베소 성도들처럼 눈가림으로 하지 않았다(엡 6:6). 골로새 성도들처럼 사람 앞에서 알짱거리지 않았다(골 3:22). 이 마리아가 지금 무엇을 받고 있는가? 문안을 받고 있다.

안드로니고와 유니아: 친척이자 조력자

안드로니고와 유니아도 그러했다.

"내 친척이요 나와 함께 갇혔던 안드로니고와 유니아에게 문안하라 그들은 사도들에게 존중히 여겨지고 또한 나보다 먼저 그리스도 안에 있는 자라"(롬 16:7).

학자들은 안드로니고와 유니아가 브리스가와 아굴라처럼 부부였을 것이라고 본다. 그들은 바울의 친척이었다. 친척 간에는 서로를 다 알되, 약점까지도 다 안다. 그래서 주님은 선지자가 고향에서 환영받는 자가 없다고 하셨다(눅 4:24). 그러므로 그들이 친척이었다는 것은 바울의 약점을 훤히 알고 있었다는 뜻이다. 하지만 그들은 사람을 보지 않았고, 바울이 전하는 복음에 집중했다. 바울의 사역을 중요하게 생각했다. 그래서 복음을 전하는 바울과 함께했다. 옥에도 갇혔다. 바울보다 예수도 먼저 믿었다. 하지만 사도인 바울을 존중하며 그의 조력자가 되기를 기뻐했다. 이 부부가 지금 무엇을 받고 있는가? 문안을 받고 있다.

여기에 언급된 뵈뵈, 브리스가와 아굴라, 루포와 그의 어머니, 그리고 에배네도, 마리아, 안드로니고와 유니아의 공통점이 무엇인가? 모두 예외 없이 문안을 받고 있다는 것이다. 구원받은 자, 생명책에 그 이름이 기록되어 있는 자에게 나타나는 중요한 표징은 문안을 받는 자들이라는 점이다. 나는 그들처럼 문안을 받고 있는가?

구원받은 성도는 문안하고, 문안 받는다

이제 후반부(롬 16:21-27)에 나오는 부류는 어떤 자들인가? 그들은 지금 고린도에서 바울과 함께 바울의 복음 사역에 자원하여 동참하고 있다. 구체적으로 누구인가? 디모데, 누기오, 야손, 소시바더, 더디오, 가이오, 에라스도, 구아도다. 그들은 지금 로마에 있는 믿음의 동역자들에게 무엇을 하고 있는가?

디모데: 바울의 후계자이자 참 아들

첫째, 디모데는 무엇을 하고 있는가(롬 16:21)? '디모데'(Timothy)라는 이름은 '하나님을 공경하는 자', '하나님을 영화롭게 하는 자'

라는 뜻을 가졌다. 그는 루스드라 출신이었다. 아마 바울의 제1차 전도 여행 때 복음을 듣고 회심한 것으로 보인다. 아버지는 헬라인이었으나 유대인 어머니 유니게와 외할머니 로이스를 통해 신앙을 전수받았다(행 16:1-3; 딤후 1:5). 사도 바울이 아덴 선교지로 출발할 때 그는 실라와 더불어 베뢰아에서 따로 복음 사역에 헌신했으며(행 17:10-15), 다시 바울의 지시에 따라 데살로니가에서 독립적으로 사역했다(살전 3:1-2). 그 후 바울과 고린도에서 합류했고, 계속 바울을 시중들었다(행 18:5; 살후 1:1). 그야말로 바울의 분신과 같은 존재였다.

디모데는 바울의 제3차 전도 여행 때도 함께했으며 바울이 예루살렘으로 귀환할 때 동행했다(행 20:4). 훗날 바울이 로마 옥중에 있을 때 쓴 마지막 편지인 디모데후서를 보면, 디모데가 에베소 교회에서 목회하고 있었던 것으로 보인다. 디모데후서에는 디모데를 향한 바울의 애틋한 정과 친밀감이 잘 나타나 있다(딤후 4:9, 21). 이 서신은 두기고에 의해 디모데에게 전달된 듯한데, 디모데는 이 서신을 받고 로마 옥중에 있는 바울을 면회했으며, 혹자는 이때 디모데도 함께 투옥된 것으로 보기도 한다.

아무튼 전승에 의하면, 디모데는 바울 순교 이후(주후 67년경), 에베소 감독으로 지내다 도미티아누스(Domitianus) 황제 박해 때 64세의 나이로 순교한 것으로 전해진다(주후 90년경, Eusebius, Nicephorus). 비록 디모데는 신체적으로 허약하고 성격도 다소 소심했던 것으로 보이기는 하지만, 젊은 시절부터 아덴, 데살로니가, 고린도, 에베소 등지에서 바울의 지시로 별도 사역과 목회를 할 정도로 바울의 신임을 받은 신실하고 실력 있는 지도자였다.

실로 디모데는 바울의 후계자, 아니 심복, 그림자라고 해도 과언이 아니다. 그래서 그는 공적인 자리에서는 '동역자'로 불렸지만 사적인 자리에서는 '아들'로 불렸다. 그것도 '참 아들'로 불렸다.

"사랑하는 아들 디모데에게 편지하노니 하나님 아버지와 그리스도 예수 우리 주께로부터 은혜와 긍휼과 평강이 네게 있을지어다"(딤후 1:2). "믿음 안에서 참 아들 된 디모데에게 편지하노니 하나님 아버지와 그리스도 예수 우리 주께로부터 은혜와 긍휼과 평강이 네게 있을지어다"(딤전 1:2).

디모데는 '눈물'과 '거짓이 없는 믿음', 즉 '참 믿음'의 소유자였다.

"네 눈물을 생각하여 너 보기를 원함은 내 기쁨이 가득하게 하려 함이니 이는 네 속에 거짓이 없는 믿음이 있음을 생각함이라"(딤후 1:4-5a).

그 디모데가 지금 무엇을 하고 있는가? 문안을 하고 있다. 바로 이것이 믿음생활이요, 신앙생활의 핵심임을 보여 준다. 구원받은 자가 해야 할 일이 무엇인가? 복음을 전하는 것도 대단히 중요한 일이다. 그러나 바울은 로마서 16장에서 구원받은 자, 곧 생명책에 그 이름이 기록된 자는 다른 사람에게 문안을 하는 자임을 강조하고 있다. 문안이 있는 것, 그것이 바로 믿음생활이요, 신앙생활의 핵심 중 하나임을 보여 주었다(딤후 1:4).

더디오: 바울의 대필자

둘째, 더디오는 무엇을 하고 있는가(롬 16:22)? 로마서 다음에 나오는 서신이 고린도전서인데, 바울이 고린도 성도들에게 보낸 편지다. 바울은 고린도에서 로마서를 썼다. 그러면서 세운 교회가 고린도 교회다. 지금도 고린도에 가면 고린도 교회의 흔적을 볼 수 있다. 그 교회 제1대 담임목사가 '바울'이라고 새겨져 있다. 바울이 정말 애정을 가지고 목회했던 교회다.

그런데 바울이 고린도를 떠난 후에 이 교회가 헝클어졌다. 여러 문제들이 불거졌다. 분쟁이 일어났고, 파벌이 조성되었으며, 음행하는 일이 벌어졌고, 교회 일을 세상 법정에 고발하는 볼썽사나운 일이 일어났으며, 우상의 제물을 먹는 문제로 다툼이 일어났다.

바울은 어디서 고린도전서를 썼는가? 에베소에 머물고 있을 때였다(고전 16:8). 그런 바울이 고린도 교회에서 일어났던 이 모든 문제를 어떻게 정확히 파악할 수 있었던가?

"내 형제들아 글로에의 집 편으로 너희에 대한 말이 내게 들리니 곧 너희 가운데 분쟁이 있다는 것이라"(고전 1:11).

만일 글로에가 자기의 뜻, 주관, 편협한 생각을 가미하여 바울에게 고린도 교회의 상황을 전달했다면 고린도전서라는 성경이 어떻게 쓰였겠는가? 글로에는 자기의 생각과 주관을 섞지 않았다. 사실 그대로, 있는 그대로 바울에게 알렸다.

오늘 우리는 누군가에 대해서 이야기를 할 때 정직하고 진실해야 한다. 왜냐하면 우리는 하나님을 믿는 하나님의 자녀이기 때문이다. 그런데 우리는 누구의 이야기를 할 때 자기의 감정이나 생각을 가미하거나 사실을 왜곡할 때가 많다. 글로에는 그렇지 않았다. 글로에는 진실한 이야기를 바울 사도에게 전했고, 그 이야기에 근거하여 쓰인 책이 고린도전서다.

로마서는 누가 썼는가? 바울이다. 하지만 바울이 친필로 쓴 것이 아니라 누군가에게 대필로 맡겼다. 그때 이 일을 협력한 사람이 바로 더디오다. 이유가 무엇이었을까? 당시는 가죽이나 파피루스에 글을 써야 했는데, 전문적인 기술을 요했기 때문일 것이라는 견해가 있다. 하지만 그보다는 더디오란 사람이 너무나 신실하였기에 바울이 그를 불러 대필자로 수고해 달라고 부탁한 것이 아닌가 생각한다.

더디오는 바울을 실망시키지 않았다. 마치 연필처럼, 붓처럼, 그림자처럼 자기의 뜻, 생각을 담지 않고 온전히 바울이 전해 주는 대로, 바울의 뜻을 따라 로마서를 처음부터 끝까지 기록했다. 집필 기간이 몇 주 혹은 몇 달이었을 것으로 추정되는데, 그 긴 기간 동안 이 사역을 충실하게 감당했다. 더디오는 거들먹거리지 않았다. 한 번도 자기를 내세우지 않았다. 그러다가 마지막 순간, 문안을 전하는 시간이 되자 자기를 잠깐 나타냈다.

"이 편지를 기록하는 나 더디오도 주 안에서 너희에게 문안하노라"(롬 16:22).

더디오가 지금 무엇을 하고 있는가? 로마에 있는 성도들에게 문안을 전하고 있다. 문안을 하는 일에 빠져서는 안 된다는 사실을 알았기 때문이다. 문안을 하는 일은 성경을 쓰는 것만큼이나 중요하다는 것을 보여 준다. 믿음생활에 있어서 무엇이 중요하다고 생각하는가? 그것은 문안하는 것이다.

가이오: 교회와 바울을 돌보아 준 사람

셋째, 가이오는 무엇을 하고 있는가(롬 16:23). 가이오는 어떤 사람이었는가?

"나는 그리스보와 가이오 외에는 너희 중 아무에게도 내가 세례를 베풀지 아니한 것을 감사하노니"(고전 1:14).

바울은 가이오를 놓고 '나와 온 교회를 돌보아 주는 가이오'라고 하며 감사를 표했다(롬 16:23). 그렇다면 가이오는 디도 유스도와 동일 인물이 아닐까?

"거기서 옮겨 하나님을 경외하는 디도 유스도라 하는 사람의 집에 들어가니 그 집은 회당 옆이라"(행 18:7).

그렇다면 가이오의 풀네임(full-name)은 '가이오 디도 유스도'였을 것이다. 그는 특히 사역자들에게 큰 힘이 되었으며 고린도 성도들이 유대인 회당에서 쫓겨났을 때 그들을 자기 집으로 영접했으며, 자기 집을 예배 처소로 제공했다. 바울이 로마서를 쓸 때도 가이오의 집에서 썼을 것으로 추정하고 있다. 이 가이오가 어디에 다시 등장하는가?

"장로인 나는 사랑하는 가이오 곧 내가 참으로 사랑하는 자에게 편지
하노라 사랑하는 자여 네 영혼이 잘됨같이 네가 범사에 잘되고 강건
하기를 내가 간구하노라"(요삼 1:1-2).

가이오는 요한 장로로부터 분에 넘치는 복을 받았다. 요한이 중
심 어린 마음으로 하나님의 복이 임하길 바라면서 축원한 것이다.
이 가이오가 무엇을 하는가?

"나와 온 교회를 돌보아 주는 가이오도 너희에게 문안하고"(롬 16:23a).

가이오는 로마에 있는 성도들에게 문안을 전하고 있다. 진리를
증언하고 진리 안에서 행하는 것이 무엇인가? 그것은 곧 문안을
하는 것임을 우리에게 보여 준다. 구원받은 자는 어떻게 살아야
하는가? 문안을 하고, 문안을 받아야 한다.

사랑하는 여러분!

2020년 11월 초, 중국에서 있었던 일이다. 거동이 힘든 친어머
니(79세)를 생매장한 남성(58세)이 법원에서 징역 12년형을 선고
받았다. 현대판 고려장을 저지른 것이다. 그해 5월 2일 저녁, 아들
은 걸음도 제대로 뗄 수 없는 어머니를 냄새가 난다는 이유로 수
레에 싣고 나갔다. 그런데 아들은 돌아오고 어머니는 깜깜 무소식
이었다. 아내가 남편에게 시어머니의 안부를 물었다. 문안을 한 것
이다. 그러자 그는 "어머니를 버스에 태워 친척 집으로 보냈다"며
둘러댔다. 아내는 너무 이상해서 경찰에 신고를 했다. 경찰이 계속

끈질기게 추궁하자 아들이 범행을 털어놨다. 노모를 산속 외진 곳 구덩이에 묻었다고 뒤늦게 이실직고했다.

그런데 사흘이 훌쩍 지나 버렸다. 경찰이 급히 출동했고, 현장에서 2m가량 흙을 파 낸 끝에 노모를 구출했다. 불행 중 다행으로 나무판 뚜껑 아래 약간의 공기가 남아 숨을 쉴 수 있었던 것이다. 노모는 그래도 끝까지 자기가 스스로 구덩이를 파고 그 속에 들어갔다고 우겼다. 아들이 이 일로 혹시 형을 살까 싶어서였다. 병원에서도 내내 아들 걱정만 했다. 며느리가 시어머니에 대해 관심을 가지고 문안을 했기에 그 어머니의 생명을 건질 수 있었다.

주일 새벽 4시경 이 말씀 묵상을 마무리했다. 성경을 조용히 덮었다. 그때 이런 음성이 들렸다.

"문안은 생명줄과 같다. 문안을 하는 것은 생명줄을 던지는 것과 같다."

"물 위에 생명줄 던지어라 누가 저 형제를 구원하랴 / 우리의 가까운 형제이니 이 생명줄 그 누가 던지려나 / 생명줄 던져 생명줄 던져 물속에 빠져 간다 / 생명줄 던져 생명줄 던져 지금 곧 건지어라 / 너 빨리 생명줄 던지어라 형제여 너 어찌 지체하나 / 보아라 저 형제 빠져 간다 이 구조선 타고서 속히 가라 / 생명줄 던져 생명줄 던져 물속에 빠져 간다 / 생명줄 던져 생명줄 던져 지금 곧 건지어라"(새찬송가500장 1, 2절).

바울은 로마서를 덮으면서 중요한 메시지와 도전을 우리에게 남겨 주고 있다. 문안, 있는가? 문안을 받고 있는가? 문안을 하고 있는가? 그래서 성경은 곳곳에서 문안을 강조한다. 베드로 사도도 문안을 권면했다.

> "너희는 사랑의 입맞춤으로 서로 문안하라 그리스도 안에 있는 너희 모든 이에게 평강이 있을지어다"(벧전 5:14).

고린도 교회는 여러 가지 문제들로 진통을 겪고 있었다. 그 해결책이 무엇이었는가? 진실한 문안, 거룩하게 입맞춤으로 서로 문안하는 것이었다.

> "모든 형제도 너희에게 문안하니 너희는 거룩하게 입맞춤으로 서로 문안하라"(고전 16:20).
> "거룩하게 입맞춤으로 서로 문안하라"(고후 13:11b).

문안이 이렇게 중요하기에 바울은 로마 교회 성도들에게 보내는 편지에서 문안을 강조하며 마무리했다.

> "너희가 거룩하게 입맞춤으로 서로 문안하라 그리스도의 모든 교회가 다 너희에게 문안하느니라"(롬 16:16).

지금 누군가 당신의 문안을 간절히 기다리고 있다. 문안하는 것은 생명줄을 던지는 것과 같다. 신앙생활에서 중요한 것이 여럿 있다. 그중에서 문안은 그 어느 것 못지않게 중요하다. 구원받은 사람에게 나타나는 중요한 표징 중 하나가 문안이다. 문안을 받는 것이다. 문안을 하는 것이다. 이제 로마서를 덮을 시간이 되었다.

이 책을 덮으면서 우리는 스스로를 향해 반드시 이 질문을 던져야 한다.

"나는 문안을 받는 자인가? 문안을 하는 자인가? 누구에게 문안을 받고, 누구에게 문안을 하는가?"